“熊掌和鱼”

钱志龙博士教育讲堂系列之二

钱志龙

独立教育学者
探月学院 督学
惠灵顿（中国）教育集团 理事
北京中国学中心 董事

钱志龙博士在上海出生，就读于南洋模范中学，保送北京大学，获阿拉伯语专业文学学士学位。后旅居美国近十年，获伊利诺伊大学香槟分校传播学硕士学位、夏威夷大学文学硕士学位、南加州大学教育学博士学位。曾任美国罗耀拉大学实践教授、美国半岛国际学校小学校长、怡海教育集团总裁、中国传媒大学培训学院国际部主任、青苗国际双语学校副总校长、培德书院总校长等职。已出版著作有《校长日记：我在美国当校长》、《图解中西方教育的异路与同归》、《鲑去来——我的美国留学往事》（即出）。

BEAR'S PAW & FISH

国际教育的门里门外

钱志龙 著

南京师范大学出版社
NANJING NORMAL UNIVERSITY PRESS

图书在版编目(CIP)数据

国际教育的门里门外 / 钱志龙著. — 南京 : 南京师范大学出版社，2018.7

(“熊掌和鱼”钱志龙博士教育讲堂系列)

ISBN 978-7-5651-3701-3

Ⅰ. ①国… Ⅱ. ①钱… Ⅲ. ①国际教育—概况 ②留学生教育—概况—世界 Ⅳ. ①G51 ②G649.1

中国版本图书馆 CIP 数据核字(2018)第 069968 号

丛 书 名	“熊掌和鱼”钱志龙博士教育讲堂系列
书　　名	国际教育的门里门外
作　　者	钱志龙
策 划 人	戴联荣
责任编辑	丁　婧
出版发行	南京师范大学出版社
地　　址	江苏省南京市玄武区后宰门西村 9 号(邮编:210016)
电　　话	(025)83598919(总编办)　83598412(营销部)　83598297(邮购部)
网　　址	http://www.njnup.com
电子信箱	nspzbb@163.com
照　　排	南京理工大学资产经营有限公司
印　　刷	上海雅昌艺术印刷有限公司
开　　本	787 毫米×1092 毫米　1/16
印　　张	16.5
字　　数	305 千
版　　次	2018 年 7 月第 1 版　2018 年 7 月第 1 次印刷
书　　号	ISBN 978-7-5651-3701-3
定　　价	78.00 元

出 版 人	彭志斌

关于教育的“熊掌和鱼”，门里门外，明天和后天

无论对于个人、家庭还是社会，教育都是极其重要的。然而，在近些年的社会发展中，教育的乱象丛生，理论、概念变得十分混乱。一个孩子的成长本来是一场充满变数、难以预期的奇迹；在铺天盖地的忽悠和利诱之下，反而成为充满危机的冒险了。越来越多忧心忡忡、钱包鼓鼓的中国人走进国际学校，视留学为逃出生天的捷径；殊不知西天取经也是风谲云诡，千难万险。

钱志龙博士的教育指导应运而生。他在中国和美国求学、担任过两地多所学校校长的经历，使他出版的《校长日记：我在美国当校长》《图解中西方教育的异路与同归》等书深受读者欢迎。他的这本新著《熊掌和鱼：国际教育的门里门外》嘱我为序，我对国际教育并无了解，抱着学习的心态，以为是类似于留学指南的“教辅”，待打开之后方知大谬。延展细读，渐入佳境，有目不暇接之感，其对中西教育的洞察别具慧眼，精辟深刻，使我对钱博士的印象也在不断翻新“迭代”，以至于现在竟然难以对此书进行定位和归类了。

我想说的是，对于打算走出国门的家长，这无疑是一本重要的工具书。它所分享的新鲜的见识和体悟，所提供的翔实的意见和建议，对于一头雾水或者充满偏见执念的家长，会有清醒镇定甚至棒喝开悟的功效。这种对西方教育正本清源、拨云见雾的呈现，使之大大超越了留学参考的价值，不仅对家长，也对所有关注教育变革、教育创新的人士大有裨益。

对教育最重要、最根本的探究，就是“什么是好的教育”。正是在这点上，人们对中西教育的认知大异其趣。身为国际学校的校长，对于那些只关心主课和成绩的家长，钱博士的意见是：“如果我们只关注那些所谓的主课，一切向成绩看齐，那么一些更重要的东西反而可能被忽略了。比如：学生每周有多少户外活动时间？学生有哪些走出校门的机会？学生每堂课有多少机会发言？学生每天花多少时间做作业？做什么样的作业？学生每天的阅读时间是多少？学生每天有多少时间是自己支配的，怎样支配？”他对国际学校教育特色的理解，一是严格摒弃各种排名，二是开展丰富多彩的校园活动，三是深度的家校共建。

强烈地、严格地摒弃排名和公布成绩，是国外教育的一个基本共识，因为“真正好的学校，真正有水平的老师不是能帮考 90 分的孩子考到 95 分，而是

能让本来不爱学习的孩子爱上学习这件事，找到他人生的目标”。这种清澈纯真的教育理念，目前在国内几成空谷足音。另外一例是书中介绍越来越多的美国大学开始质疑中国学生的 AP（大学先修课程）成绩，甚至拒绝拥有过高过多 AP 成绩的学生。他们质疑的并非成绩的真实性，而是这些母语非英语的孩子竟然能把美国大学的课程考得那么好，“那么他们错过了什么？”这真是一个好问题，真正的教育之问！联想到近年来在美的华裔家长对“藤校”招生涉嫌“种族歧视”的抗议，可见背后教育理念的云泥之别。还有对教育和培训的理解，以及对中国及中国文化的认知，钱博士说，“最丢脸的事情莫过于在别人眼里你只是一个长得很像中国人，但却对中国一无所知的人”。

当前影响家长的各种混淆视听的“忽悠”，主要来自培训机构制造的教育焦虑。他们推动的是起跑线上的竞争，是“提高一分，干掉千人”，是刷题，是拼时间、拼命，甚至把“快乐教育”说成是西方的“巨大阴谋”，把补习教育说成是阶级晋升的“刚需”，等等。对此，钱博士的这些“不合时宜”的见解，正有拨乱反正、教育启蒙之效。

事实上，这本书的一个重要功能，是教育家长。这的确是中国教育最缺失、最荒芜的一环。中国父母对孩子的伤害是十分严重的，对优秀孩子和乖孩子伤害尤甚。他看到“大部分中国高中生的气质是不符合他们年龄特质的：排名靠后的学生眼神里满是愤世嫉俗的绝望，成绩中游的学生每日打着鸡血但身形体态中都透着黑矿里的童工般的疲惫，即使是那些所谓的不进北大誓不罢休的‘好学生’眼神里的那种不计代价的决绝，有时候也让我脊骨发冷”。一个孩子说：“我妈不爱我，她只是为我好，但所有她希望给我的东西，我都不想要。”

他希望家长克服内心的恐慌，不是纠缠于“送不送孩子去国际学校”“送不送孩子出国”这样的二元思维，而是回归教育的本质——让孩子认识自我，“找到并点燃自己的热情、天分、使命，并愿意为这个世界做点什么”。因为国际教育的真正目标，是培养孩子成为“来自中国的世界公民”。如昆山杜克的 Denis 校长所说：一个真正的世界公民不光是生活在地球村，而且参与它的建设。

于是，钱博士对真教育的坚守和张扬，通往了教育创新的必由之路。到了这个层面，我们看到的不仅仅是留学教育的鱼与熊掌之别，而是更为根本的传统教育与创新教育之别。一个流行的比喻说：我们有谁还会使用 10 年前的手机、30 年前的电视、50 年前的汽车吗？但是我们的学校教育还是 150 年前的！这才是真正的危机所在。无论是中国还是美国，都需要超越“教育工厂”的陈旧模式，开创面向未来的教育。这种需求在互联网和智能技术时代显得格外紧迫。根据科学家在《奇点临近》一书中的预测，强人工智能出现时间的中位数约为2040年，那意味着人工智能在今天能玩的“换人游戏”，到那时将有可能成为“杀人游戏”——在大多数行业无情地碾压人类。

那就是我们童萌可爱的孩子长大后将要进入的时代。他们需要全新的视野、思维、素养和能力。只有少数人意识到这一危险。当大多数成人依然在“为你好”的名义下捆绑和威逼孩子，让他们昏天黑地、披头散发地刷题时，少数人开始紧急从应试教育突围，义无反顾地进入创新教育的新场域。书中浓墨重彩地介绍了美国的特许学校HTH(高科技高中)、推动变革大学入学评价的MTC运动[①]，以及在中国方兴未艾的创新教育实践，如李一诺的一土学校、王熙乔的探月学院、昆山杜克大学、赵蔚的营地教育等等，让我们看到了地球两端“新人类”的共同努力。这是两个时代、两种教育黎明前的厮杀交锋，是与时间的赛跑。我们并没有胜算的把握，但是如果我们没有勇气突围，就将死无葬身之地！

这并不应该只是少数人的抉择，而是我们每一个人都应参与其中的共同使命。他热切地希望家长“踮一踮脚尖，尽你最大的能力眺望一下未来，想象一下10年后的世界、10年后的你，以及你在这个世界中所扮演的角色”。

这是钱博士寄望于我们每一个人的终极醒悟。

杨东平

2018年3月4日

(序言作者系21世纪教育研究院院长、国家教育咨询委员会委员)

① 由逾百所美国顶尖私立高中组成的MTC联盟(Mastery Transcript Consortium)发起，旨在推行全新的学生评价系统——素养成绩单(Mastery Transcript)。——编者注

自　序

我常年生活在北京，有一天突然意识到自己在应对“外地人过分同情的眼光”时，竟然说出这样一句话：

“其实雾霾也没大家想的那么糟啦，一年也就那么几个礼拜比较难熬……”

中国人的生命力就是这么顽强，一句“大家都吃，难道就毒死你一个人吗”，就让大家对有公害食品放宽了尺度；一句“我们都是这样过来的”，就让人觉得应试教育其实也没什么大恶。

但是当我从美国的加州回到北京，刚刚从舱门中探出头去，那种带着浓浓铁锈臭气味的空气瞬间进入我的肺，我忍不住剧烈咳嗽几分钟都停不下来的时候，我知道，它比大家想象的还要糟。

确实，如若没有对比，我们很难脱逃出这种“温水青蛙”的状态。读过我《图解中西方教育的异路与同归》一书，或听过我题为“略带偏见的中西方教育对比”演讲的人，可能比较熟悉我的态度。做这样的对比，本意不在厚此薄彼，只是希望略带戏剧化的冲突可以引发大家的思考。

和我 2009 年走进美国的小学时突然眼睛一亮一样，很多家长看完我的对比之后才蓦然意识到，原来学校还可以是这个样子，原来教育可以如此不同。当他们真的发现应试教育不但没有教给孩子什么有用的知识，反倒伤害了很多孩子生来就有的天分的时候，他们急着问我，如果我们已经下定决心要跟自己不认同的教育方式决裂，那具体该怎么办呢？

如果放到三十年前，可能真的没什么办法，读完小学上初中，读完高中上大学，念完大学保研考博，一切都是那么按部就班。谁也没听过“私立学校”“国际学校”“出国留学”“间歇年”“私塾”“书院”“营地教育”“游学”“创新学校”“在家上学”这些新鲜词汇。

我不得不说这是一个教育繁荣的时代，“繁荣”不是指它已经有多好，而是说中国的教育已经呈现出了多元化的态势。先不论好坏，只要家长们愿意，就可以有选择，只不过有些人面对新选择的时候会缺乏勇气和决心，就像 20 世纪 90 年代有人选择辞去公职、放弃铁饭碗下海创业一样，也有人苦苦守着随时可能倒闭的工厂，等待着诺亚方舟的出现。

在过去的五年里，也就是我从美国学成归来的第一个五年，我的主要工作经历就是在这个所谓的"国际教育圈"里。写这本书的初衷，想通过一个圈内人的视角，去描述一下这个可爱、可恨又有点可笑的圈子，八卦一下这个圈子里有点影响力又有点破坏力的人，解读一些这个圈子里让人开心又有点让人担心的现象。如果还能通过这些事实和道理，缓解家长们的一些焦虑情绪，那就更好。

在中国长大的人，多少有点二元的思维习惯。顺从了这种思维方式，在"熊掌和鱼"系列的第一部《图解中西方教育的异路与同归》一书里，我把东方和西方的教育放在了对立面做了比较；在第二部，即本书中，我又故意把"在国内上国际学校"和"出国留学"这两个选项做了一次冲撞对比，并梳理了一下"国际教育"这件事的前因后果与来龙去脉。

和第一部一样，我可能没办法给焦虑过度的家长开出一张万灵药方，拿去煮了服下，就没有烦恼了。我的本意也并不是劝大家都把孩子送去国际学校，甚至直接丢到国外。我可能会抛给大家一些问题，如果你能把焦虑心先放到一边，顺着这些问题进行一些深度的、有关教育本质问题的思考，说不定，你就有了自己的答案。

钱志龙

2018 年 2 月 2 日

目　录

第一章

国际教育之门里

——国际学校

第一节

国际教育的核心要素

好像一夜之间，“国际教育”突然就成了家长们当下最关注的话题之一。我微信里的100多个群，光群名含“国际教育”四个字的就有几十个。但是我突然有一种担心，不确定我们是否已经完全理解了“国际教育”这个词，是否合理地使用了这个词。国际教育的对立面又是什么？是本土教育，是乡土教育，还是中国教育？

我在美国加州的一所半岛国际学校做过三年小学校长，它的地理位置在美国，但它并不是一所美国学校，也没有完全使用美国的课程；这所学校除了教授英文之外，还教授法语和中文；但它又不是一所法国学校或中国学校，它的老师来自全世界30多个国家，学生的家庭来自40多个国家，它的学生99%都持有美国护照或拥有双重国籍，但是他们的心中装着一个更大的世界。

三年的校长经历，让我用一种独特的视角看到了一种我非常欣赏的国际教育的范式，具体的教学现场我已经在《校长日记：我在美国当校长》一书中详细描述了，今天我想就三个方面阐述一下我心目中的国际教育应该具备的三个最核心要素：国际课程、多元社区、全球视野。

一、国际课程

现在的国际教育市场有点像米兰的时装周，也有种“生旦净末丑”轮番登场的感觉，让人目不暇接：一会儿AP[①]火了，一会儿IB[②]变成新宠，一会儿还是A-Level[③]资格最老，等等，还有个IB同父异母的兄弟叫IPC[④]。不明就里的家长们大多听得一知半解，无所适从，似乎也找不到判断的标准，于是就更加焦虑了。

其实我并不能算是国际教育领域的专家，“新学说”[⑤]的创始人吴越女士才是，她和她的团队撰写的《国际课程在中国》和《中国国际学校发展报告》都

---

① Advanced Placement，大学先修课程，简称AP课程。

② International Baccalaureate Diploma Program，国际预科证书课程，简称IB课程。

③ General Certificate of Education Advanced Level，英国高中课程，简称A-Level课程。

④ International Primary Curriculum，国际小学课程，简称IPC课程。

⑤ 新学说（NewSchool Insight）是由国际学校资深专家共同打造的国际学校服务平台，主要为国际学校提供最新的行业资讯、研究报告，提供学校投建与管理等方面的专业咨询服务。——编者注

是相当不错的工具书。我只是在回国这五年多的时间里，深度参与了几所学校的创建和运营，先后做过教育集团总裁、副总校长、总校长、校董、督学，算是从各个层面的不同视角观察过国际学校的“nuts and bolts”[①]。所以斗胆以第一人称的视角来谈谈对几门主流课程的印象，难免会有以偏概全的问题，不妨请把我当成你家一个“远房大表姐”，带着放松的心情听听看。

（一）英国高中课程（General Certificate of Education Advanced Level，简称 A-Level 课程）

A-Level 课程是最早进入中国的一个国外的课程体系。它是源自于英国的国家课程，从它的全称 General Certificate of Education Advanced Level，就不难看出这个课程相当于一个高中结业证书，是英国的全民课程体系，也相当于英国的大学入学考试课程。

迄今为止，全球一共有 5 000 多个机构开设了英国高中课程，每年有数百万学生参加由剑桥大学国际考试委会员、英国资格评估与认证联合会等考试局组织的统一考试。

在 A-Level 课程之前，还有一个普通中等教育证书（General Certificate of Secondary Education，简称 GCSE），是英国学生完成第一阶段中等教育会考后所颁发的证书。在英国，完成 GCSE 的学生就意味着结束了义务教育的学习。如果学生选择上大学，才会继续读 A - Level 课程；也有很多学生选择去一些技术类的院校学习，毕业后会在相应的岗位就业。

除去英国本土，其他国家的 GCSE 课程被称为 International GCSE（国际普通中等教育证书）。在中国，学生一般在初中时选修该课程，不过很多学校会把本该两年修完的 International GCSE 课程压缩到一年内上完。International GCSE 每年两次考试，分别在 5—6 月和 11—12 月进行。如果 5—6 月的考试成绩不满意，可以参加当年 11—12 月的考试，最后取两次考试最好的一次为最终成绩。

A-Level 课程一般在中国开设基础数学、高等数学、物理学、经济学、计算机科学等课程供学生选择。大多数中国的国际学校都是从中学才开始开设 A-Level 课程。学生们在高二时根据自身爱好和学校开设的课程选择四门科目，很人性的是，高三时还可以退掉一门成绩不好的课程，因为大学申请时只需要提交三门成绩。其实，A-Level 科目选择范围很广，如果细分的话可多达 70 多

① 本意为螺母和螺栓，引申义为“具体细节，基本要素”。

门课程。但每个学校开设的科目通常在10门左右，好一点的学校，如惠灵顿国际学校开了15—20门，急功近利的学校可能只开那几门中国学生略有优势的数理化学科。

总的来说，目前A-Level课程从体系上来看是完整的，也比较容易入手，与IB课程相比，学生不用学那么多，而且允许学生偏科。A-level课程虽然是英国课程，但也受到全世界各个大学的广泛认可，申请美国大学也可以用它，当然可能极个别学校还希望你考个SAT(Scholastic Assessment Test)[①]。

（二）大学先修课程（Advanced Placement，简称AP课程）

大学先修课程是近几年才进入中国的。当年AP课程在中国落地的负责人，美国大学理事会的副总裁王湘波博士，正是我夏威夷大学的师兄。他非常有效率，只用了短短的几年时间，就让AP课程在中国遍地开花了。截至2016年，全国已经有252所学校使用AP课程，仅广东省就有36所。[②]

正如Advanced Placement的中文译文"大学先修课程"所暗示的，这真的是一个"大学"课程。有些家长轻信了中介或伪专家的建议："如果你将来打算去英国，就去读A-Level；如果想去美国，就去读AP。"听过我对两者的简单解释之后，大家应该都能立刻判断出来这个话说得非常不专业。

其实美国跟英国不一样，并没有一个专门为国际学生量身定制的课程，甚至并没有一个统一的国家课程，也没有一个大家可以一目了然的课程标准和考核标准。每个州有自己的课程大纲。如果跟美国的一所高中合作办学，应该就是用它所在那个州的课程。

另外一个更重要的误区需要澄清：申请美国的大学其实并不一定需要AP成绩。SAT和ACT(American College Testing)[③]才是美国的大学入学考试，相当于中国的高考。而且无论是SAT还是ACT，都主要检验学生的literacy(语文)和numeracy(数学)的基本技能，虽然SAT有一些专科课程，但也并不是每一所大学都要求学生提供专科成绩。

AP，说到底是一个锦上添花的东西，一个充分不必要条件。没错，它的学分也确实可以直接转入大学，从经济方面考量，它是可以省下一些大学的学费，所以很多中介公司会极力鼓吹这一点"小便宜"，但有多少打算送孩子出国

① 学术能力评估测试，即俗称的"美国高考"。

② 参见"新学说"传媒发布的研究报告《国际课程在中国》第128页。

③ 中文译名"美国大学入学考试"，是美国大学本科的入学条件之一，也是奖学金发放的重要依据之一。

的家庭真的会省那点钱呢?

美国的大学在录取的时候,不光是看孩子的综合实力,同时也希望看到孩子的个性化特长,这是他(她)和别人不一样的地方。“因材施教”在美国的教育体制里有更成熟的条件和操作方式,它高度认可每个孩子就是天生不一样的,他们的志趣所在、优势所在本应是不同的。AP 成绩可以进一步帮助大学的某些专业遴选到适合的人才。

所以,AP 课程的初衷和最根本的意义是它可以证明这个孩子在某些科目上是有天赋的,它可以让一些学有余力的孩子针对自己真正感兴趣的科目进行更深层次的探索。如果一个孩子本身是偏科的,是一个狂热的物理爱好者而对文学丝毫提不起兴趣,那他可以用这门优异的 AP 成绩来弥补他在其他科目上的不足。所以 AP 课程不是鼓励所有人去学所有科目的大学课程。

AP 课程本身是一个配套了考试体系的课程体系,和很多其他舶来品一样,其传到中国后出现了一个严重的问题——商业化。几乎是一夜之间,大家发现,AP 火了。大家都知道,在中国什么东西火了,也就意味着它快要出问题了——民办教育产业化的大环境也催生了考试商业化这个“小魔鬼”。

在美国,只有师资齐备的顶尖高级中学才有资格开 AP 课程,而且所有教 AP 课程的老师每年需要参加由 AP 总部开设的培训课程。而在中国,开设 AP 课程基本没有什么门槛,培训机构也可以开设 AP 课程。不难想象,一旦有以逐利为最高纲领的培训机构介入,它就不可避免地陷入了应试教育的窠臼。

在培训机构,老师会不会教 AP 课程不重要,只要能提高 AP 分数就行。于是,课程的成分越来越小,应试的比重越来越高,大家把所有的精力和财力都押在了考试分数上,而没有真正实现 AP 课程所强调的以兴趣驱动为初衷的因材施教。而且水涨船高,AP 成绩很快就变成了一个让学生们陷入无止境竞争攀比的“刑具”。

可想而知,孩子们就被逼惨了,他们在修完其实已经很难的外国高中课程之外,还要再去修更难的美国大学课程。尤其是那些所谓的好学校,孩子们动辄就去考四五门 AP,甚至考十几门的都有。学校在期末的时候,会公布这些成绩,并拉出我们最熟悉的血红色大横幅,这跟中国饱受诟病的河北某中学有什么区别?

电视里总是有雇佣一个身材苗条、体型健硕的模特或某个大牌明星来宣传减肥药的广告,其实这两者之间本来没有半毛钱关系,但是很多人就被这种海市蜃楼式的骗局蒙蔽双眼。这种以“光荣榜”形式出现的宣传和这些广告的原理如出一辙:能被某某名校录取的学生就那么几个学霸,却让很多考试能力中等偏上的学生耗尽了青春。

现在越来越多的美国大学开始质疑 AP 成绩，甚至有良心的学校开始拒绝拥有过高过多的 AP 成绩的学生。并不是质疑成绩的真实性，不是质疑孩子作弊或者偷题，而是质疑“这些母语非英语的孩子竟然能把美国大学的课程考出这么好的成绩，而且在那么多科目上都考得这么好，那么他们错过了什么？”

一天 24 个小时，一周 7 天，老天爷对谁都是绝对公平的，同样地，这些时间用来所做的事，往往也都是有代价的。当中国的“考试机器”在闷头刷分的时候，美国的高中生都在做什么？有得必有失，中国的孩子付出的代价是什么？希望望子成龙的家长和老师们能够理智地鼓励孩子有选择性地去读自己真正爱好的课程，而不要贪多。

我的好友——美国加州浸会大学（California Baptist University，简称 CBU）负责招生的副校长 Larry Linamen 教授曾经跟我有过一次深度的交流。他曾在中国偏远的地区支过教，对中国和中国人民有特殊的感情，所以也一直不遗余力地帮助中国学生进入他们的大学学习，甚至提供奖学金。

他跟我说他这几年从中国招到不少书面成绩顶呱呱的孩子，但见了真人后才发现并不是大家想象的那样的全能通才的优秀学生，而只是被严格训练过的精良的考试机器。他们在大学里面反倒会表现得更不适应，因为他们一辈子只学会了一件事情——考试。他们在课堂分享、口头报告、学术写作上，都暴露出了致命的缺陷。所以他现在越来越不相信成绩单和推荐信，每年都亲自到中国来面试学生。

提到 AP 我不得不提一下 AP 的“后台老板”——美国大学理事会。它的名字让人很容易误以为这是一个监管美国所有高校的权威机构。其实不然，它只是一个非营利组织、非政府组织，而且 6 000 多个成员机构里不光有大学，也包括了很多专门为冲刺名校设立的高中，在英式英文里这些学校也叫作“College”。

美国大学理事会在 19 世纪末，伴随着 Committee of Ten① 成立，由以哥伦比亚大学为首的 12 所大学和 3 所预科高中共同发起，旨在让中小学在学科教育方面有一个接近一致的知识标准。这件听上去就很像“工厂流水线”的做法完全符合当时的历史场景——为工业革命提供标准化的技术人才。而且为

① 即“十人委员会”。在 19 世纪晚期的美国，对教育标准化的渴望已经在全国范围内显现出来。各种相互竞争的教育哲学争论不休，有的主张死记硬背，有的主张批判性思维；有的重视古典拉丁语/希腊语的研究，有点则强调实践研究；有的认为高中生从一开始就应分成大学和工作两个路径，有的建议为所有学生提供标准化课程。由哈佛大学校长牵头组成的该委员会便旨在解决这一纷争。

了让这件事情做得更精准，他们还把这种标准细化到了每个年级。

我们现在回望19世纪的历史，知其然，知其所以然；但再拉回21世纪的语境里，更应该知其不必然，必将不然。教育的事情毕竟不是工业，而更接近农业。每个孩子生来不同，生来的使命也不同，他们需要的是根据他们自身成长的规律，按他们自己的节奏获得他们需要的能量，长成他们自己与众不同的样子，而不是所有孩子在同一时间，同一地方，以同一种方式被安上同一个零件。

自20世纪70年代以来，针对大学理事会的批评越来越多，因为它既是制定标准的人，又是研发考试的人。越来越昂贵的考试费用让它挣得盆满钵满，甚至爆出“非营利机构总裁年薪130万美元”的丑闻。在贫富差距不大的国家，这就属于赃款了，大学理事会忠实的支持者比尔及梅琳达·盖茨基金会于2009年停止了对它的资助。

（三）IB（International Baccalaureate）课程

IB课程是由国际文凭组织IBO（International Baccalaureate Organization）为全球学生开设的从幼儿园到大学预科的课程，为3—19岁的学生提供智力、情感、个人发展、社会技能等方面的教育，使其获得学习、工作以及生存于世的各项能力。IB课程最近几年得到越来越多的关注，也是我个人最偏爱的一个国际课程，曾在我工作的学校大力推行过。它起源于欧洲，起初是为了满足那些在海外务工人员子女的就学需求，所以在很多老牌的国际学校里比较普遍。现在中国越来越多的双语学校也开始采用它，截至2017年已经有118所学校开设了IB课程，在上海就有31所[①]。

因为我在推行IB课程的学校工作过，所以IB也是我相对比较了解的一个课程，接下来详细说一下IB的优势。

1. *以人为本*（People-oriented）

IB课程打破了我们熟悉的以知识为纲的课程设置，始终强调的并不是“我们要教给孩子哪些知识”，而是“我们要把孩子培养成什么样的人”。尤其在PYP[②]小学阶段，它以十项“学习者特征”（IB Learner Profile）贯串始终。每个单元都会有2—3个设定目标，在备课的时候，老师就已经开始思考通过课程的学习要赋予孩子哪些品格和能力：

---

① 参见“新学说”传媒发布的研究报告《国际课程在中国》第39页。

② “PYP”是“Primary Years Program”的缩写，是IB三大基础课程之一。主要为3—12岁的学生设计，是当今世界公认的培养精英学生的、高水平的IB国际小学项目。——编者注

勤于探究的人(Inquirers)
知识渊博的人(Knowledgeable)
心中有爱的人(Caring)
勇于冒险的人(Risk-takers)
热爱思考的人(Thinkers)
坚持原则的人(Principled)
擅于沟通的人(Communicators)
均衡发展的人(Balanced)
积极反思的人(Reflective)
思想包容的人(Open-minded)

2. 探究式学习(Inquiry-based Learning)

让孩子们自己成为学习的中心、学习的主体，把学习的主动权交回到孩子手里，让孩子们的好奇心来推动学习的进展，而不是老师准备了哪些东西就要全部塞进学生嘴里。IB 只提供了一个 framework(课程框架)，至于教什么内容、用什么方法教，留给老师很大的自由发挥空间。

国际学校的老师通常来自各个国家，老师们通过集体备课的方式，用他们从自己国家带来的智慧、经验和思考问题的角度共同构建课程，也体现了课程的世界性和多元化，让孩子们能够有更广阔的视角去了解这个世界。不像一些中国学校，一个老师跟六年；国际学校的老师通常是不跨年跟班的，学生每年都会接触到不一样的老师，会提出很多有意思的问题。

3. 跨学科的主题单元设计(Interdisciplinary-themed Units)

区别于今天上一节物理课，明天上一节化学课的传统做法，PYP 课程每年有 6 个大主题："Who we are? (我们是谁?) Where are we in place and time? (我们处在何时何地?) How the world works? (世界是怎样运转的?) How we organize ourselves? (我们怎样自我组织?) How we express ourselves? (我们怎样表达自己?) How do we share the planet? (我们如何分享地球所赠予的一切?)"

小学阶段始终在强调这 6 个主题，通过不同年龄段的知识结构，不同的心智水平去看同一个问题，通过这 6 个立意高远又带点哲学意味的主题单元，让孩子们去进行各个领域的探索，同时也通过很多艺术课程来教会他们怎么去表达自己的思考。

我们的生活本来就不是割裂成一个个学科的知识体系的，我们要解决的都是综合型的问题。那我们又何苦要先拆解这些知识，让孩子们割裂学习，然后再期待他们将来把这些知识组装起来去解决问题呢？我们何不从小就让他们在发现问题、解决问题的过程中涉及并运用到不同领域的知识，并进行深度学习与深度思考呢？他们通过这种方式获得的知识会因为有内在联系而更容易被深刻地理解，生动地掌握，长远地记住。

4. 创造，行动和服务课程(CAS——Creativity, Action & Service)

教育不光是为将来的生活做准备，它也已经是我们生命的一部分。不管我们学什么，最后都应该把知识转化成一种行动，用知识去解决实际的问题，实实在在帮到别人，让创造力转变成生产力，让学习变得更有意义。这一点，暗合了王阳明强调的“知行合一”学说。在CAS课程执行过程中，老师并不会手把手地去教学生们该怎么做，而是让学生通过小组讨论的方式确定选题，最后确定帮助哪一群人；自己想办法，决定用什么方式去筹款；动用什么样的关系联系到什么样的机构；最后怎样把钱送出去。

这样的学习，让学生对课题有拥有感，能够大大提升他们的学习动机。孩子们在调查研究、收集信息、整合知识、宣传策划、演讲表达、沟通妥协、任务执行及反馈方面，都得到了全面的锻炼。最可贵的地方是老师还教会了孩子感恩和责任，不光要在学业上给自己和家人一个交代，更让他们从小就积极地思考如何去回报社会，如何做一个对这个世界有贡献的人，而且并不仅局限于自己国家的事情，而是整个地球、整个人类的问题，比如贫困问题、能源问题、地球变暖等全球性气候问题等等。

5. 全球视野(Global Perspective)

IB课程在设定教学目标和课题的时候强调“世界性”与“共性”，它不代表某一个国家，而是结合了全世界很多国家特色的课程精华。标准化的课程也决定了其“transformability”(全球转学)的优势，比如你在中国读三年IB课程，转学去日本读一年，再去欧洲读两年，都没有问题。因为课程有标准、有国际性，很容易接上。IB课程每年都会更新，不断自我完善、自我修正，每年有很多新的东西开发出来，在全世界150多个国家的3 000多所成员学校里面被广泛使用。

当然，和所有其他课程一样，IB也不是完全没问题的：IB在寓教于乐的PYP学前和小学阶段素质教育方面的优势非常明显，但是到了高中阶段非常有挑战性，最后两年孩子们要通过非常大的努力把所有的知识融会贯通起来，最后得通过严格的考试才能拿到 DP[①] 证书。于是对初中阶段的 MYP[②] 要求就很高，而相对来说，MYP 却是 IB 里最薄弱的一个环节，尤其对于母语非英语的学生来说，语言方面的挑战很大。

据我所知，即使在那些以英语为母语的学生为主体的老牌国际学校里，也只有比例不高的学生最后能拿到 Diploma（文凭），大部分学生只能拿到 Certificate（证书）。但为了让数据没那么难看，这些学校心照不宣地在统计数据的时候同时做了个小动作——就不安排那些没希望拿到文凭的学生去参加 DP 考试。

正因为 IB 的课程难度很高，DP 文凭也是含金量非常高的一个证书，越来越多的大学认可 IB，都会给 IB 学校毕业的孩子加分，而且认可 IB 的大学一般都是好学校。但我们也不难得出一个结论：IB 固然让人心驰神往，然而并不适合所有学校和所有孩子。那些在师资、生源、校外资源、家长参与等方面都没有过人之处的学校，最好还是慎重考虑，不要仅仅因为流行和市场的考量而盲从妄动。

（四）国际小学课程（International Primary Curriculum，简称 IPC 课程）

IPC 课程同样是一个源自英国的课程。从 1985 年就开始研发，通过 30 多年的努力和迭代，已日臻完善。现在全球有 100 多个国家共计 2 000 所学校在使用 IPC 课程。不过跟之前的几个体系不太一样，IPC 是只针对小学的国际课程。

IPC 和 IB 一样，是素质教育的一个典范，因为它跨学科、主题式的单元设计特色很明显。通过很多一线教师和课程编写专家的共同努力，IPC 每年更新，打造出了 130 多个主题单元供老师们选择。他们在设计课程的时候花了很多心思打磨孩子们非常感兴趣的话题，比如海盗、动物、穿越、恐龙、外星人等等。通过对某一个有趣的主题的深度探索，让孩子从中学到很多他们想学到的知识。说到底，小学阶段不应该过分强调"知识点"，学什么科目都不重要。

其实，庄子在几千年前就说过：

① "DP"是"Diploma Program"的缩写，意为"文凭项目"，又称为"大学预科文凭项目"，主要为 16—19 岁学生设计。DP 被认为是走向世界一流大学的桥梁，是世界公认的高水准大学预科课程。——编者注

② "MYP"是"Middle Years Program"的缩写，意为"中学项目"。它是 IB 课程中承接 DP 大学预科项目与 PYP 小学项目的桥梁，是专为 11—16 岁学生设计的，意在为该年龄段学生入读 DP 大学预科做好准备，为入读世界名牌大学、成为国际型人才打好基础。——编者注

吾生也有涯，而知也无涯，以有涯随无涯，殆已。

这句话常被挂在图书馆里，当作学习励志类的名言警句来给孩子们洗脑，逼他们多“读死书”。庄子这句话的意思其实是：人的生命是有限的，而知识是无限的。用有限的生命去追求无限的知识，是很危险的事情。其本意并不是催促大家拼命读书，而是劝大家不要盲目读书，要合理利用有限的生命。

在不延长学生在校时间的前提下，宽度和深度永远是一对矛盾，现在越来越受到关注的 Deeper Learning（深度学习）就是在强调：与其什么都学但什么都没学透，倒不如让孩子就几个他们自己感兴趣的主题展开深度探讨和思考。在小学阶段，养成好的学习习惯与学习态度，通过“体验式学习”的方法让孩子们饶有兴致地去探究才是最重要的。

【拓展】

IB 和 IPC 的区别

从很多个角度看，PYP 和 IPC 很像，对于那些很喜欢 IB 但又觉得太遥不可及，还没有准备好彻底加入 IB 队伍的学校，我常常会推荐 IPC。跟“哪科不好补哪科”的应试教育比起来，IB 和 IPC 都不是头痛治头、脚痛治脚的西药。它们更像把身体当成一个整体系统去医治的中药，而 IB 和 IPC 之间的区别就是中草药和中成药的区别（如图 1）。

IB 只是一个课程框架，需要老师自己填东西进去，对老师的要求比较高。他们需要像老中医一样，需要学习怎么辨识好的草药，如何搭配，什么比例，自主性强的资深老师会觉得空间很大很自由。国际文凭组织每年都会要求成员学校送老师参加他们在各大城市组织的培训，规模大一点的学校还会请来 IB 认证的培训师给全校老师定制培训课程。

而 IPC 则更像由专业的课程编写专家已经配好了的中成药，会比较容易操作，尤其对于新入行的老师，或刚开始从体制内教课本转型进入跨学科主题式教学法的老师来说，更容易上手。但渐渐地，随着老师经验的积累，也可以照葫芦画瓢地开发出更符合自己气质、兴趣、特长的课程来，局部或全部替换 IPC 的“处方课程”了。

图 1　IB 课程 VS IPC 课程:“中草药”与“中成药”

二、多元社区

除了课程以外,国际学校的校园本身就是一个“桃李不言”的国际化环境,这也是国际教育最重要的元素之一。要实现国际化的教育,一定得有一个国际化的社区。这个社区不仅包括校领导、任课老师,也包括所有学生和他们的家长,甚至接送孩子的阿姨和校门口的保安,都是决定这个国际社区是什么样子的利益攸关者(stake holder)。学生们从小在这个多元文化的环境里面长大,就变成了他该有的样子。

(一) 如何看待外籍教师

我常常建议家长在择校过程中,不要去逼问校长:你们老师都是哪里来的啊? 是不是都是美国人啊? 都是什么学历背景啊? 我见过很多拥有博士学历但根本不会讲课的“孔乙己型”老师,我也见过没有教育相关学历但被孩子们奉为天神的“师子王”。教书这件事跟学历的相关性并不高,尤其在中国学历通胀(degree inflation)[①]的语境下。

而且我认为老师的国籍背景也不应被过度地做文章,即使是英、美、加、澳这四个向全球输出以英语为母语的老师的主要国家,这些国家的老师口音上的差别也是非常明显的。英式发音和美式发音就像东北话和四川话一样,各自有很强烈的文化性和韵味在里面,没必要也没办法去排名比较。当然,在向来“傲娇”的英国老贵族眼里,他们根本不承认有英式英语和美式英语一说,只有“英国英语和糟糕的英语”(British English & Bad English)之分。追捧英

① 和过度印制钞票造成货币通胀、钱变得不值钱一样,学历也因为大学扩招,学生和老师的水平并没有得到相应提高而造成学历不值钱的现象。

式英语的人说它更经典、更贵气，钟情美式英语的人觉得它更酷、更流行，这种评价都只是茶余饭后的说笑而已，不要太当真。

其实，印度、菲律宾、新加坡、南非也都是以英语为母语的国家。即使像俄罗斯、荷兰这些多语言国家，英语使用频率也很高。我个人尤其偏爱东欧一些国家的老师，综合素质和艺术修养非常高，比起“美国小混混”背包客，或从没离开过爱尔兰的“英国老农民”，他们既不倨傲轻浮，也不孤陋寡闻，还更容易相处。

我们经常嘲笑印度人说英文时好像嘴里含着一个大枣，嘲笑新加坡人和马来人说中文、英文时都有一股“榴梿味”，嘲笑香港人说“粤式普通话”时好像棍子在敲饼干桶。其实我非常羡慕在新加坡、中国香港、马来地区长大的人，和欧洲人一样，生来就能讲好多种语言，兼顾了至少两种语言和多种文化的传承。我们听不懂，那是我们自己的浅陋，不是别人的问题，任何版本的英语并没有高低贵贱之分。

而孩子们则像一个个海绵宝宝一样，在 0—13 岁之间，会对外来的词汇和音符吸收、吸收再吸收。如果一个孩子从小能听到很多种语言，能听到各色的口音，这就相当于为他开通了更多的频道。最后谁的口音他都能听得懂，甚至还能惟妙惟肖地模仿——这是一个多么强大的优势啊！

家长也不需要担心孩子的口音问题，又不是 24 小时在一起，没那么容易被定型，一年跟一个老师，孩子的口音只会更多元，更加具有包容性、理解力和同理心。语言频道宽的人，在产出自己口音的时候是根据他个人的爱好或者他所处的大环境而决定的。他将来如果去美国的亚拉巴马州留学，他会自然而然地跟当地人一样元音拖长并上扬；他去英国的伦敦，十有八九会染上抑扬顿挫的牛津腔。

我的第二个硕士读的专业就是 TESOL(Teaching English to Speakers of Other Languages，对外英语教学)。我们有非常严谨的科学考证，孩子们在越早的时候接触到的语言越多，他就更有希望精确地掌握接近母语的地道口音。13 岁之后，脑桥长合，口音接近母语者的可能性会越变越小。

一个学校国际化的程度越高，也就是说老师的国籍越多元，对孩子来说越是一个求之不得的好处，可以不出国门就接触到来自五大洲的老师的母国文化。所以我希望大家打消顾虑，鼓励学校用更开放的眼光从各个国家招聘真正优秀的老师，打造真正的国际化校园。不过听说现在国家对于外国专家审查越来越苛刻。严选是对的，但希望不要用错了标准，比如国籍和学历歧视。

跨文化沟通的能力，可能在中国这样的单语言、单文化的国家还不是很明显，但是如果你到了像美国这样的移民国家的话，这种素养是非常有用的。我相信全球化的趋势是不可逆的，地球正在变得越来越小，孩子们将来一定不光只是个中国人，不光只是个美国人，他是一个世界公民，他们需要了解各个国家的背景和文化，包括一些禁忌。他们从小在这样的环境中成长，就会大幅度地提升他们的包容性、理解力和同理心。

孩子们其实生来是没有偏见的，他们发自内心地善良，不会有那么多思维定式和偏见，反而是我们这些大人们长期在单一文化的成长环境里，在应试教育的学习土壤里，在各种歧视根深蒂固的传统思维里，变得越来越狭隘、越来越不宽容。

我在美国做校长的那所三语学校，你打电话的时候根本不可能分辨出电话那头的人是哪个国家来的。明明听到一口标准的台湾腔，一见面，我的妈呀，原来是个小黑人。那些第一次来的参观者就会大声惊叫："哇，这个小黑人中文怎么讲得这么好啊？"这就是我们大人的局限性，我们的成见。但是对很多在湾区[①]长大的孩子来说，他们天然并不会把肤色和语言联系在一起。

尤其在旧金山这样的移民城市，如果你问别人"Where are you from?"（你从哪里来？）这样的问题，你可能会收获一个类似"Market Street"（市场街）的奇葩回答。对于那些敏感的人来说，这种问题甚至都是有一点冒犯的。因为在移民国家，大家虽然来自五大洲，但国家归属是美利坚，他们的完整回复可能是：

"I am American. I speak English but not Mandarin. I can understand Cantonese, but I can't speak it. My grandparents came from Europe, and my father was an immigrant from Hong Kong."（我是美国人，我说英文但不会说普通话。我能听懂广东话但我不怎么会说。我的祖父母来自欧洲，我的爸爸是香港移民。）

说回到不同国籍的老师，我觉得老师们的经验、阅历、个人修养，他们对教育的热忱，对孩子的真爱，还有他们对中国和中国人的感情这些因素，其实要远比"给他们颁发护照的是哪个国家和那个国家的国力如何"更重要。不要去挑剔他们是不是发达国家来的，是不是主流国家来的，说什么"学校怎么请了个菲佣来做老师"，这些都是很狭隘的想法，会被人笑话的。

很多人关心国际学校是怎样招聘老师的，国际学校其实有一个自己的人

① 即"旧金山湾区"（San Francisco Bay Area），美国加州第二大都会区，也是世界上最重要的高科技研发中心之一。

才圈子和成熟规范的招聘渠道。有那么几个比较知名的中介或猎头公司，会定期在一些主要的港口城市举办大大小小的现场招聘会，比如伦敦、旧金山、纽约。亚洲地区越来越大的需求也吸引了很多招聘会去中国香港、曼谷、新加坡举行。我觉得不用多久，他们就会直奔北京、上海、深圳来了。

这种招聘会成本相对比较高，首先你得是这些机构的会员（会员费不便宜），他们才会把所有老师的信息给校长和人事总监看。然后负责招聘的人员还要亲自飞过去，因为老师的水平直接影响学校的办学品质，总校长本人亲自来“钓鱼”也佐证了学校办学的诚意。这样的招聘会上的老师，品质相对有保障，因为人才公司已经做了初步的认证和筛选，他们有一些硬指标（虽然有些标准我不完全认同）。

首先是关于教师资格。无论来自哪个国家，他必须是一个受过专业训练的职业教师，而不仅仅是一个外国人。说实话，现在中国的国际教育市场，对外教的需求肯定是供不应求的，所以也势必造成了鱼龙混杂的局面。就像不是随便一个中国人都可以教汉语一样，一个蓝眼睛白皮肤的外国人也不一定能教英文。但在利益驱动下，无良的中介公司帮忙伪造简历和学历的事情也早已不是新闻。

现在外国人来中国打工的动机和原因也更多元了。我相信有些人是真心喜欢中国、希望能有在中国教书生活的体验，但也非常有可能的是，其中有些人因为在自己国家混不下去而流窜到了中国。如果是国家的经济情况不景气，人口负增长之类的理由还好一点，但我实在忍不住会猜想有没有可能是他个人的工作表现不佳才来到中国。

最令家长毛骨悚然的是，前段时间爆出来一个有多次猥亵女童历史的老师竟然在中国某家知名国际学校工作了好多年。确实，即使在美国，在州际信息没有被数字化联网之前，被加州州政府吊销教师执照的老师，只要搬去德州，还是有可能谋到一份教书的差事，更不用说逃到外国去了。如此看来，怎样保证请来的是兼具资质与师德的老师，有时候不光要考验校长鉴别英语简历真伪的能力，还有赖于一位校长基于阅历的直觉——不管科不科学，我挑老师很注重面相。

所以，与其问老师是从哪个国家来的，倒不如问问校长他是通过什么方式招来的，或花了多大代价请来的，因为这个信息直接反映了这个学校办学用心的程度和舍得花钱的程度。说得直白一点，国际教师圈既是一个成熟规范的市场，也是一个弱肉强食的丛林。每个老师都有他的身价，每个学校也有自己的竞标 pay scale(薪级)[1],而且通常在这样的招聘会上,这些信息是透明的。

一个在说得上名字的学校有十年教学经验的、每年参加各种岗上培训的有资质的老师,跟一个在中介公司上了几小时课拿到一张含金量极低的 TEFL 证书(Teaching English as a Foreign Language,一种通用英语教师资格证书)的 backpacker teachers(背包客老师)的身价肯定是不一样的。虽然并不是每个好老师在找工作时都是只看薪酬高低,但同样有情怀、有水平的老师,付出同样的努力,没有道理不优先选择那些不惜血本愿意给老师更多福利,让他们能够无后顾之忧、安心教学的良心学校。

看得多了,你会发现这个"池子"其实也并不大,也就那么几百所学校在争抢那几万名老师。你也会发现有一群老师就是在这些国家、这些城市里的这几所国际学校里跳来跳去。而且我个人以为,那些朝秦暮楚、在每一家学校待的时间不超过两年的老师其实并不一定是最棒、最抢手的老师。

这个时候,校长的推荐信便成了一个老师顺利转会的护照。中国社会可能还不是一个成熟的信用社会,所以大家都没那么在意,常常见到老师做一些过河拆桥的事,而那些真正希望在教育圈深耕的老师,会如爱惜自己的羽毛一样看重自己离开一个学校时给社区(也包括给校长)留下的印象,负责的老师即使要离开也会提前足够长的时间告知,以便学校提前物色接替人选。

国际学校的老师们其实有一些特质是共通的,包括年轻几岁的我也有点这样的"浪子气质"。说得通俗一点,这是一群无根的人,是一群比较淡化出生地概念、不太留恋故土的人;说得学术一点,这是一群国际化程度比较高的人。他们很难留在自己的出生地生活,甚至会嫌弃他们的故乡地方太小,人口太少,信息太闭塞,目光太短浅;他们更愿意去闯荡江湖,体验世界各国的风情。

天生的秉性也好,后天培养的气质也好,他们的这种"无根性"决定了他们可能将在这个国际学校的圈子里度过大半辈子。他们带着自己的孩子在各个国家辗转,甚至在世界各地生育他们的子女,比如去印度生一个孩子,在中国生一个孩子,他们的整个家庭就这样一点点壮大起来,每个孩子可能讲不同的第二语言。我其实很喜欢甚至羡慕这群人,他们有极其开阔的视野和金钱买不来的阅历,跟他们聊天永远不会乏味,他们可以告诉你很多奇闻轶事。

---

① 教师薪酬跟其他行业相比,相对稳定、固定,一般只有两个衡量参数,即学历和工作年限,也没有什么激励机制,聘用的时候讨价还价的余地也不多,即使校长有想法,也会因顾虑其他老师的感受而止步不前。这可能也是教师这个职业一直吸引不来顶尖的人才的原因之一,需要认真面对、改革。

老师是一所国际学校最核心的资产(assets)和竞争力。一所学校换校长没关系,再频繁地换校长也问题不大;但是如果有一年这个学校一半的老师都跑了,那这个学校一定是出大问题了:可能是领导的管理方式有问题,也可能是这个学校的发展方向变了。一所国际学校的教师流动性(turnover rate),是衡量一个学校质量的一个重要标准,10%—25%的流动比例都还算正常。

外国老师背井离乡来中国教书,总得管吃管住啊,要让他们愿意来这个有雾霾的城市,要花的代价注定是越来越大的。即使没有空气污染问题,能留住外教的可能性也不大。他们中的大多数本来就并没有打算在中国扎下根来,要在中国待一辈子,除非他们娶了个中国太太或者嫁了个中国老公。而那种中文流利的外籍老师,乃至他们的双语家庭是校长们疯抢的极品。

我们一般用"expatriate"而不是用"foreign"这个词来描述外籍教师,"foreign"更侧重强调原生国籍,而"expatriate"更精准地描述了这个族群的动态属性。因为他们中的大多数只是想来中国感受一下,那他们可能只有1—3年的计划。他们投入的精力、对这个学校的感情和忠诚度都是有限的,你不能怪他们。

那到底哪些因素可能让一个好外教可以多留几年呢?我个人的经验有如下四条。

第一,学校方面。校方不但要给足配得上老师的薪资和福利,还要提供充分的学习和培训机会,给老师成长和发展的空间。好的校长或创办人在做预算的时候,都会留出10%以上的经费用于在职培训,甚至允许老师自己出去上他自己喜欢的课程,学校全额报销。

第二,家长方面。除了绝对不能用消费者的态度对待老师之外,还要让老师感受到足够的温暖和真诚。我之前的学校家长们自发成立了"24小时外教服务热线",专门帮助外教解决一些学校的人事部门没办法关注到的问题,比如交水电费、与房东的纠纷问题等;还有,积极地帮外教们找个情投意合的中国对象,也是很"阴险"但又很有效的策略。

第三,学生方面。我始终以为,对于那些主动选择做老师的人,最大的回报一定不是薪资,而是看到学生获得成就的满足感。这种成就不仅仅是优异的成绩和傲人的奖状,更重要的是学生自我的蜕变成长。如果老师们的首要任务不再是教完教学大纲里的知识点,而是全身心地投入到与孩子发生情感联结的过程中去;如果学生在老师的滋养鼓励下成为一个自信的人,那老师自然也不会舍得离开。

第四，社区方面。如果学校能形成一个学生、老师、家长共同成长的学习社区，使老师有机会走出教室、走出校园、走出学校安排的宿舍，去领略中国的地大物博和多彩文化，让老师们觉得有看不完的地方、学不完的东西，他们自然也会多待几年。

（二）积极培养中国籍教师

1. 着力提升教师的专业素养，拓展本土教师的国际视野

在过去的几十年里，我们极大程度地依赖于这群我们称之为“外国专家”的人来帮助中国的教育发展。不论是在双语学校还是在公立学校的国际部，现在连一些普通公立学校也都已经花得起钱去请外教来丰富学校的教学资源。这种现象本身是件好事情，是让校园快速实现国际化最省力的做法。

不过现在随着中国国力强大，中国的教育人才储备也在逐渐增长。我们有很多学生在中国接受了基础教育，然后去国外接受高等教育。他们的眼界和经验相对均衡，他们既了解中国教育的现状和潜在的问题，又学到了国外教育的精髓，知道如何摒弃一些糟粕，那他们最后很有可能成长为一名拥有双语双文化的、国际化程度很高的老师。

他们中的很多人已经能够教外教教的课了，而且他们还能做很多外教不能做的事情，比如跟家长无障碍地沟通，比如更了解中国学生的需求和挑战，他们在行政管理方面也开始扮演越来越重要的角色。这些老师的身价，在接下来的几年内会迅速翻番，成为学校竞相争夺的目标人群。

我个人是推崇“同工同酬”的，对中国现在为数不多的几家已经实现了同工同酬的学校充满尊敬。但即便如此，对于这件事情我并不主张一蹴而就的推行做法，短时间内无差别、无条件地全面提高本土老师的工资，并不能真正起到调动工作积极性的目的。再说得简单粗暴一点：可能大多数老师现在还不值这个钱。我希望他们能通过自己的意愿和努力，积极寻找岗上培训的机会，逐步提高自身的能力，用最快的速度获得面向未来的教学经验。

在我工作过的学校，我苦思冥想，终于想到了一个既符合“同工同酬”理念，又不违背市场规律的方式。我把老师的工资拆成更细碎的成分。首先按岗位设工资区间，按经验和受训内容设区间梯度，随就职年限增长；外加入职奖励和续签奖励，年份越久，奖励额度越高。这样就取消了岗位工资的国际差别，只要你能胜任，就能拿到不菲的薪水，并且是被鼓励留下来的。

与此同时，住房补贴按老家远近分成不同的档次；一年两次往返交通补贴

分成国际航班、国内航班、国内高铁三档；医疗保险分成国际和国内两档，年轻健康的单身外教可以选择更便宜的国内保险但可选择兑现现金差额；对于师生比例过高的创校校区，本土老师虽不能马上享受子女全免学费待遇，但享受50%折扣，并按就职年限按10%的比例逐年递增，直至全免。

除了海归人才，我也很看重本土教师的培养，我经常安排中国老师去做外国老师的助教，其实我是有私心的。一方面当然是给外教老师更多的支持，让他们的课堂管理更加有序，让他们更有可能实现因材施教，关注到每一个孩子。另一方面，我是真的希望这些老师偷学些本事。因为本土老师没有机会出国看到别的孩子是怎么上课的，还停留在自己的老师当年是怎么教他的深刻印象中，很难跳脱出来。

校长现在可能还没有实力送每位中国老师出国留学，但是我把你们跟外教放在一间教室里，没吃过猪肉，你就多看几回猪是怎么跑的呗，偷学满师你就值钱了。教师是门槛不高的一个行业，只要你用心，去“偷学”、去模仿、去请教，你就会很快得到提高。但有时候老师也不一定领这个情，可能还觉得我让中国人去给外国人打下手，太没尊严了。如果老师这点韬光养晦的精神都没有，那就注定一辈子拿几千块钱的工资，谁也帮不了他。

中国老师毕竟根在这里，他们在学校留下来的可能性要大很多，学校一定要珍惜和重视他们的才华，看见并认可他们的付出，肯定并鼓励他们的好学，给到他们应得的补偿，并给予充分、及时、真诚的回馈，让他们看见进步的阶梯和发展路径。把这些老师留住，让他们生根、开花，再让他们带徒弟，将来一定会成为中国国际教育的主力。

被定义成中文教员的老师有时候很难摆脱他们的局限性，尤其是那些不会英语的老师，他们从某种意义上讲，是很孤独地在教授他们的中文课，我觉得有点遗憾。因为一个学校的课程，尤其是双语教学，需要中文老师和英文老师互相了解彼此的课题和进展，互相了解你在教什么、我在教什么，彼此间要配合，而不是“各人自扫门前雪”的状态。

有些老师为了提高自己负责的科目成绩，甚至使出各种手段，包括但不仅限于布置大量的功课，以争夺孩子的时间。这就很像应试教育学校里老师们的吃相了，最后把学生整得很惨。学生的收获，不是时间或知识的简单叠加，我希望中文老师们用更高的标准和更强烈的危机感去要求自己，去思考“如何让1+1大于2”的问题。毕竟，比起指望外教学会中文，还是中国老师提高英语水平的机会更大一些。

图 2　钱博士的“中餐西做”教学理念

在我创建的两个校园里，我都提出了“中餐西做”的方法（如图 2），我们教的是中国的课程；对于国家规定的内容，我们也可以采用“西式”的方法，采用更加人性化、更加活泼、更加趣味的方法，去实现中国课程的教学。这就需要我们的老师敢于迈出他们谨小慎微惯了的步子，去挑战自己的舒适区，去丰富并多元化他们的课堂呈现。

2. 逐步提高教师行业准入门槛，努力改善教师职业生态环境

中国的师范类大学现在有一个很奇葩的现象：绝大部分的毕业生不会成为老师，或者说他们报考的那一天就压根没想过要做老师。他们只在乎这个学校的排名，或者实惠一点的是看中了学费减免。这种荒谬，从校名的英语翻译上似乎也得到了验证：中国的师范类大学没有像哥伦比亚大学的教育学院那样翻译成“Teachers’ College”，而统一翻译成了“Normal University”。我就此问题问过很多老外，几乎所有的美国人都觉得这种用法很奇怪。“Normal”这个词来自法语，很久以前被借用到英语里，但已经几十年没人这么用了。[①]

我们细细思考一下，当下的教育乱象，追本溯源，与这个和校名一样过时的教师培训体系脱不了干系，于是这个笑话突然就变得没那么好笑了。说自己没醉的人一般已经醉得失去理智了，而说自己正常的人一般都多少有点不太正常。但是，再换一个角度，我又觉得中国当下的教育是不是太“正常”了？

① 无论在北美、英国还是在澳大利亚，“normal”的意思都是“普通的、正常的”。硬要从词根上去说，“norm”（意为“标准，规范”）就算变成形容词，译成“规范的”，也离“教师培养”相去甚远。

太按部就班了？太标准化了？我们是不是也需要重新思考一下老师的责任和教课的方式了？我们是不是需要一批“不太正常”的老师了？

其实在教师培养方面，美国也没好到哪里去。跟中国一样，选择教书的通常不是最优秀的那一批学生。这句话我一说出口就不忍心了，因为我也见过许多德才兼备的老师，全心全意地把毕生所学都倾注到教学的过程中。但冷酷的数据告诉我们，每年 SAT 的考分统计出来，那些选择师范专业的学生的平均分要远远低于当年所有学生的平均分……

这句话换一种说法可能就没有那么刺耳：和中国一样，美国给到教师的薪资福利也不足以吸引到最才华横溢的那群人。而相反，那些在很多教育评估指数上遥遥领先的国家，比如芬兰、新加坡，无一不是用最高的薪水、最严苛的遴选标准去吸引最优秀的人才加入教师队伍。在教育受到全世界追捧的芬兰，只有全国排名前 7%的人才才有资格做老师，而且教越小的孩子越需要更棒的老师和更严苛的培训内容。

在中国，我们几乎是反其道而行之，我们把高级职称、中级职称、初级职称和没有职称分别授予了大学老师、中学老师、小学老师和幼儿园老师，这些老师在社会上获得的尊重和重视也是逐步递减的。这种政策往往误导人们以为教越小年纪的孩子越容易，其实稍微有点常识的人都会认同教大人比教小孩容易得多得多。但现实是，我们的学前教育领域的研究和师资培养是如此匮乏和落后。

而最荒唐、最讽刺乃至让我焦虑不已的事实是，在孩子发育、发展最关键的启智时期，我们把孩子丢给一群受教育程度最低、薪资待遇最差的外地“阿姨”手里。这句话说出来可能误伤了个别优秀幼儿园老师的自尊，但是如果我们一起去翻一翻幼师们的简历，再捋一捋他们在那些幼师中专或大专学校里修了哪些课，课上他们都学了些啥，恐怕不用等到新闻继续报道更多虐童事件，很多妈妈就会辞职把孩子接回家里自己带。

美国的师范类专业和中国不一样的是，至少美国没有幼师大专，大部分的 School of Education（教育学院）或 Teachers' College（教师学院）里，大部分的学生是冲着这个职业来的，有些是出身教师世家，从小耳濡目染，对教育是有情怀、有想法的，从小就对孩子有一份格外的热情和兴趣。

在中国，我们通常都把同情和关注投向了受苦受难的学生，可有谁去关注教师的职业倦怠？有人说：不会啊！照理说教书是一件最不容易产生倦怠的职业，他们每天接触的是生命力最旺盛的孩子，他们做的工作是面向未来的事情，他们每天都和人打交道，而不是机器、数据、产品或压得人喘不过气来的

KPI，每年还有那么长的假期……

但当我们走进教室和教学现场看一看，这里发生的事情跟未来关系并不大，大家都是一天天、一周周地把考试对付了。老师是和孩子绑在一起的螳螂和蝉，知了如此不自由，螳螂又能快活到哪里去？学生们至少每年还是被架上不同的磨盘，但有些老师可能一辈子就教一个年级、一门专业课，同一本教材教了十几年，同一道题讲了几百遍——不倦怠才怪！

表面上看教师的服务对象是学生，但是在当下的教育生态下，哪个老师能躲过家长的责备、纠缠和不谅解？除了把自己当成上帝的家长，各级领导一年几十次的检查、验收、评优都给老师们带来无谓的压力和负担，很难静下心来去观察每一个孩子。教师心浮气躁，孩子怎么会不浮躁？听说有些学校甚至聘用一个全职的“表姐”，专门负责填各种表，让人啼笑皆非。可见形式主义和官僚主义也是造成教师职业倦怠的杀手之一。

如何在茫茫人海中找到这样一群对孩子有真爱，对教育有热忱的老师胚子，并用最先进的资讯和科技手段给予他们最以人为本的职业发展（Professional Development）培训，让他们与时俱进地跟孩子一起学习、一起成长，是每一所国际学校、每一位校长最艰巨的任务。

要想指望在最短的时间里重新打造一个全新的教育生态，教师培养是重中之重。我们一边要亡羊补牢地给师范生重新进行职业培训，用承诺大幅增长薪酬的方式激励他们主动参加科学而先进的师训，提升自己的能力和素养；与此同时，我们也应该用至少跟企业同样丰厚的待遇，外加悠长假期的诱惑，吸引一批综合素质更高的大学毕业生，学什么专业都无所谓。通过最高效率的密集培训，让他们成为可以跟学生们共学共长的创新型老师。

根据《奇点临近》的预测，机器人将在未来的二十年之内取代人类社会80%的岗位。人工智能带来就业危机的同时，也给我们提供了一个难得的重塑教育行业人才结构的机会。机器人最不容易取代的是那些跟人类情感有关的工作，那还有什么比教师，尤其是低年级的教师更需要投入情感的工作呢？

其实我一直有一个大胆而激进的想法，也始终对年轻的妈妈们心存幻想。我这些年在校长岗位上呼吁了很多次，也成功地改造了一批妈妈成为合格的老师。她们“一把屎一把尿”地抚养自己的孩子长大，这种在操作现场获得的实践经验远远比大专生在枯燥老套的课堂里学到的考完就忘的生硬知识更有用。

我们误以为母性是与生俱来的，所有母亲都有舐犊情深的本性，直到我亲眼看见我养的小仓鼠把自己刚下的6只崽一只一只吃掉。就跟哺乳期的妇女才能产奶的道理一样，母性是需要被激活的。那些自己还没养育过孩子的年轻姑娘们，要面对一屋子满地爬和大声尖叫的熊孩子，如果没有一点与生俱来的圣母心的话，确实勉为其难。随着符合特殊教育标准或处在特殊教育标准边缘的儿童人数与日俱增，这份差事也确实越来越不好做。

有人难免会担心：妈妈们虽然综合素质、实战经验、应变能力、耐心和母性更多一些，但毕竟没有受过专业的训练呀？得了吧！我敢保证，学历教育里那些用几年的时间，用低效的方法教授的理论知识和技能，只要你用心，读该读的书，看该看的电影，听该听的讲座，几个月你就能掌握。如果真的需要，你也能在网上考出一张教师资格证。

三、全球视野

很多从体制内学校转到体制外学校的学生绝望地发现，刚逃出高考的火坑，却又陷入了洋高考的陷阱。聘什么样的老师、用什么样的课程并不足以界定一所学校是否是国际学校。我觉得最能把国际教育和应试教育区分开来的重要指标是看学校真正关心的是什么：是学生的书面成绩，是他作为一部精良的考试机器能进排名多少的名校，能为学校挣来什么奖牌和荣誉，还是他作为一个人，对自己的了解有多少，他的梦想是什么，能为这个世界做点什么？

（一）严格摒弃各种排名

学校不应该有排名，在这一点上，我是决不妥协的，任何比较都是暴力。不管用什么理由把学生分成优、良、中、差，把报考学校分成前50、前100，就谈不上是什么特别高贵的学校。即使有功，也一定是急功；即使有效，也一定有很多副作用，有利用学生的血汗成本为代价为学校、校长取得荣誉的嫌疑。

很多“名校”之所以有名，是因为他们“掐尖儿”获得最好的学苗，然后用最稀缺但未必最好的资源，最严苛但未必最合理的时间表，最高的训练强度但不能体现个性化的培养方式，参加“含金量”最高的比赛和考试，只为了送他们去同样“有名”的学校。其实这些本来就很优秀的孩子在哪里都会出类拔萃，学校的功劳是微不足道的。真正好的学校，真正有水平的老师不是能帮考90分的孩子考到95分，而是能让本来不爱学习的孩子爱上学习。

美国再差的学校，我都没听说过排名，更不用说张榜公示了。我多么希望所有人站起来共同抵制排名这个鬼东西，但又很绝望地发现很多时候排名是家长的需求。可能中国人以前穷怕了，普遍活得没有安全感，不知道自己孩子的排名心里就不踏实。我们习惯了攀比，考高了要炫耀，考低了要羞辱，哪怕是考了倒数第三也好过什么都不知道，至少后面还有两个垫底。难道“比上不足比下有余”就是我们对孩子最高的期望吗？

这种急功近利的排名，已经造成了很多恶果，只是我们还没有把它量化、公示出来而已。排名伤害了很多孩子的学习动机，那些书面成绩差的孩子还不是受伤最深的，至少他们还学会了“抗挫力”（如果他们扛下来的话）。我更担心的其实是那些仅仅为了荣誉、为了奖励而学习的“优等生”，越是优秀的孩子可能受到的伤害越大。这种学习动力不一定能持久，甚至不一定是健康的。现在越是名校的大学生越没有学习动机，越是成绩好的学生越容易做出极端的事情，不用我多说，新闻会说。

《中国教育研究》杂志发布的一项针对北京、上海、广州等地 20 多所中小学的问卷调查显示：在孩子们眼中，最让他们感到自豪和满足的并不是成年人眼中比什么都重要的成绩，而是能否在集体中实现自己的价值。46.19%的孩子表示，最让他们感到自豪的是可以帮助身边的人解决问题，有一群好朋友。只有 21.07%的孩子认为，考试取得好成绩或在竞赛中取胜是最值得自豪的事。

（二）丰富多彩的校园活动

国际学校的另一个特色就是丰富多彩的校园活动，几乎每个星期都有，不管是慈善公益的，还是展示学生才艺和个性的，不管是增加学校凝聚力的，还是让家长深度参与孩子成长的，什么嘉年华呀、戏剧节呀、艺术周呀、爱心跳呀、彩色跑呀、专家讲座呀、有机市集呀，真是数不清。

有些家长们来参观学校，一见面就问课程：你们学校都教些什么？我往墙上一指，这就是我们这周教的内容——国际艾滋病日。孩子们通过了解这个疾病、了解这个人群，他们学会了太多东西，不光是科学知识，还有包容、关爱、不偏见、不歧视等珍贵的品质。课程不一定是一门课、一个知识点，它所包容的东西要远远胜过一本教材里的一个章节，它是立体的、它是人性的、它是多元而丰富的。

家长总忍不住担心一个学校活动太多就会耽误孩子学习的时间，我不厌其烦地跟家长们解释并强调课程的新定义。

> In the early years of the 20th century, the traditional concepts held of the "curriculum" is that it is a body of subjects or subject matter prepared by the teachers for the students to learn.

(20世纪初，对课程的传统定义是教师为学生准备要学习的科目及题材之总和。)

To a progressivist, a listing of school subjects, syllabi, course of study, and list of courses of specific discipline do not make a curriculum. Broadly speaking, curriculum is defined as the total learning experiences of the individual.

(而对进步主义者来说，学校的科目、教学大纲、学习课程以及特定学科的课程列表都不足以构成课程。广义而言，课程应定义为个人的学习经验之总和。)

所以，这些“活动”就是他们每天该做的事，从活动中学习，从自己身上学习，从和同学的讨论中学习，从一场舞台剧中学习，从帮陌生人一个忙中学习，从慈善工作中学习，从关心一些比他们自己更大的话题中学习。这才是真正对的教学内容和教学方法，它不是课外的(extracurricular)，它是课内的(curricular)。我们要知道，应试教育和素质教育，在理念上是对立的，但在教学现场并不是非此即彼的二元选择。没有一所应试教育的学校会说自己反对素质教育，关键是看这所学校拿出20%还是80%的时间去做。

我们学校曾做过一个叫作“Movember”[①]的公益项目，整个十一月，全校所有的男老师，包括校长，都不刮胡子。为的是鼓励学生去募款，最后由募款金额最高的同学在十一月底的时候来决定让老师把胡子修成什么样子。学生们决定把扶助对象锁定为所有男性前列腺患者，这是一个发源于澳大利亚的关怀男性健康的活动，所以由男老师们来担当这个“牺牲品”，也是顺理成章的。当然，女老师也可以参加，她们可以在脸上画胡子，学生们玩得很尽兴。

老师们的付出不是直接捐款，而是以真正言传“身”教的方式，激发学生们的潜能和创造力。几乎所有的孩子都喜欢在老师身上搞“恶作剧”，他们带点小“报复心”的小邪恶和成就感，也增添了校园的欢乐。让孩子们不拘一格地去做好事，这可能就是创造力的一种表现吧。

(三) 深度参与的家校共建

学校不但会鼓励孩子们去设计甚至组织这些活动，而且鼓励家长们也参与进来。这也是国际学校又一个与众不同的地方，我们不但“希望”，而且“要

① Mustache(胡子)+November(十一月)=Movember

求”家长们成为学校的共建力量。我通常在面试过程中就会提醒家长们:“作为父母,作为孩子的第一位,也是他的终身老师,你需要参与到学校的活动中,你需要成为孩子成长过程中的重要环节,成为他学习的伙伴。”

如果你真的这么做了,你会成为非常受欢迎的家长,不用靠给校长送什么别致的挂历,给老师包多少红包,孩子过生日时给全班同学买什么土豪的礼物而获得所谓的“欢迎”和“重视”。你的孩子会更爱你,别的孩子也会更爱你。

“我妈妈是这个星期的讲故事阿姨。”
“我爸爸在图书馆帮助学校输入书目。”
“我们全家一起参加了校园运动节。”

……

这些都是将来孩子们会想起来、会让你们全家都很开心的事情。

希望大家能够正确地理解“家校共建”这件事,而不是简单粗暴地认为学校在偷懒、在省钱,这是我见过所有的贵族学校的统一标准。贵族的贵不是“昂贵”的贵,而是“高贵”的贵。在我之前任职的美国学校里,无论是硅谷的精英、政府的高官,还是IT界的天才,在孩子的学校里你就是捋起袖子,一起搬砖、一起剥蒜的志工。重视教育的最基本的表现形式不是看你捐多少钱,而是尊重学校和校长参与学校的活动,绝不当着孩子的面批评学校、校长或老师。

在中国传统的家校关系里,家长是把孩子丢给学校的,无论是学费高的私立学校,还是学费低的公立学校,他们认为把孩子送到校门口,自己的任务就完成了。尤其是那些完全不理解教育本质,也不肯花时间去学习教养孩子技巧的家长,把学校当成小家电修理店,把自己已经“玩儿坏了”的“收音机”交给学校,希望来接的时候,孩子已经被修好了。

既然有这种“托付”的态度,就很难避免家长心中生出的消费者心理,尤其是那些出了高额学费的国际学校家长。一旦他们把孩子领回家,发现学校并没有如他们的期待“修好”被他们自己弄坏的收音机,他们会向学校发难,甚至起诉,认为学校无能,还有可能把原来是家庭的责任归咎给校方。

请家长们务必要放弃消费者的立场和态度,如果你把自己当消费者,你就把自己的孩子当成了商品。成为学校的同盟,把校长当成你的合作伙伴,而不是让你颐指气使的客服经理,这可能是择校的过程中要做的最重要,也可能是最难的功课。毕竟学费这么贵,毕竟为了能交得起这么贵的学费,家长会更辛苦,但这偏偏又是能使你所有的投资和付出最后让你获得回报的唯一路径。

这么多年，我没见过一个光靠学校就能把孩子变得很优秀的例子，每一个了不得的孩子背后，一定有一个不得了的家庭，有事业和家庭两不误的家长。

国际学校通常有两种家长会。一种是一对一的，学期末的时候学校把家长约来，班主班老师花 20—30 分钟时间去跟你单聊你的孩子，聊他的优势和进步空间，聊他的成长轨迹和发展趋势。而不是像批斗会那样，把全班家长叫来，公布成绩和排名，当着所有人的面，挨个批评或表扬孩子在学校的表现。

而更打动我的是另一种由孩子主导的家长会，老师和家长做观众，由学生自己用 presentation（公开演讲展示）的形式自信地告诉家长："Mum, this is what I learned this year, and this is the project I did with my partners."（妈妈，这是我这一年来学到的东西，这个项目是我和我的小伙伴们一起完成的。）没有排名，你也可以觉得心里踏实，因为你看到了孩子实实在在的能力和进步。

在截然不同的学校文化中，家长扮演着完全不同的角色。现在越来越多的学校开始建立起 PTA 制度（Parent-Teacher Association，家长教师协会），但执行起来却有很大的差别。有些家长误以为成为 PTA 的成员，能更近距离地接触到学校的管理层，能为孩子争取到更多的关注或更好的机会，于是想尽办法通过炫耀自己的财富、学历或社会关系和海外资源争夺这个席位，却并没有真心服务于学校的意识。

还有些家长误会了学校希望家长参与学生成长的目的和方式，为了让孩子的作品获得老师的表扬或更高的分数，采取完全包办的手段，让孩子的作业成为自己炫技的机会，不惜代价地替孩子完成学校本来希望家长和孩子共同参与的活动。这些做法都是舍本逐末、南辕北辙的。

PTA 的健康发展，能帮助学校实现 Communication（沟通）、Collaboration（合作）、Community（社区）这三个"C"的目标和共处方式。除了个别一夜暴富的土豪，很多国际学校的家长们本身就是非常优秀的个体，他们自身的资源、才智是学校不可或缺的重要力量。家长不但要舍得花钱送孩子去那么贵的学校，而且要舍得花时间去参与这个学校的建设，be the change you want to see（把它变成你心目中理想的样子）。

第二节 如何选择一所适合你的国际学校

择校对家长来说是一项非常艰巨的任务，我 2012 年回国，先后在几所不同的国际学校担任校长工作，在跟近万名家长的接触中，我所观察到的家长们的各种纠结焦虑、患得患失，也体现在他们择校时完全不知该问哪些问题上。

一、家长们最不该问的问题——关于聚焦

在聊该了解的信息之前，我们先来看看家长们在择校时最常问的那些问题：

- 你们教的是哪国的课程？
- 你们的教材用的是哪家出版社的？
- 你们的学费能打折吗？
- 你们校车几点开？
- 你们老师都是哪个大学毕业的？
- 你们多久考一次试？
- 你们学生都上什么大学？

这些“鸡毛蒜皮”的事儿，不是不重要，但每个学校的运作是大同小异的。大部分学校都是7点钟上课，3点钟放学，前后差别不会超过1个小时；校车的安排，在我看来，是一件跟学校没什么关系的事，无非就是一群人想要用最快捷、方便、经济且互不耽误的方法聚集到同一个地方。当然前提条件是学校不想从中挣钱。

至于课程表，最短的我见过一节课30分钟的，最长的有一节课180分钟的，各有各的好处，而且每个年龄段的特质又不一样。只要学校能解释清他们是怎么想的、怎么做的，不是原则性的问题，短的可以连起来上啊，长的也可以有课间休息啊，其实没有本质差别。

假期安排更简单，都是活人为活人制定的规则。无非是两种，外国人多的学校放圣诞假，中国人多的学校放春节假，外国老师多、中国学生多的就各放两个星期。遇到我这种觉得“行万里路”比“读万卷书”更重要的“霸道”校长，一年春夏秋冬都得有假，不然你都不知道春天的第一枚嫩芽是怎么婀娜登场，秋天的第一片落叶是如何优雅谢幕的。

问哪国课程的家长可能将来还会问他儿子上几年级；问老师毕业院校的家长可能是当年高考马失前蹄，旧伤未愈；问教材哪家出版社的家长可能更关心下一届的政治局常委的候补委员是谁，而不是孩子到底学到了什么；问毕业

生去哪里的家长，我倒想反问一下别人去了哪个大学说到底跟你女儿有多大关系？

所以，首先，很多有关柴米油盐的细节和能够在网站和宣传资料上找到的信息不要问，你在浪费校长宝贵的时间；其次，问出来会让人觉得你不够档次的问题不要问，比如学杂费、校车、校服、校餐的费用，校长是不会跟你谈钱的；最后，那些和学校价值观完全不符的问题不要问。其实互相面试、互相挑选的过程在提问环节就已经开始了，有些问题，一问出来就知道不是同路人，你就上了校长和招生官的黑名单了。

二、家长们最应该了解的问题——关于理念

你应该抓住难得和校长面对面的宝贵机会去问一些更核心、更有价值的问题，比如：

- 学校的办学宗旨是什么？校训是什么？
- 学校的创办人是谁？他为什么要办学校？
- 学校的管理模式是什么？投资人和校长是怎样分工的？
- 学校的一把手是谁？什么背景？
- 学校的食堂是怎么运作的？空气质量是怎么保证的？

（一）办学宗旨

一个学校最核心的东西就是“Mission Statement”，翻译成中文，洋味儿足一点叫“使命宣言”，乡土味儿重一点就是“办学宗旨”。这个听上去虚头巴脑的东西其实非常关键，它决定了这个学校以什么样的理念去治校，用什么样的方法去实施，选择怎样的老师上岗，旨在培养什么样的学生。同时，它也决定了这个学校是个什么样的地方，聚集了怎样的一群人。

办学宗旨通常需要创校的核心团队细细推敲、时时拷问、常常反思。甚至还可能因时代的变化而调整，每隔几年做一次更新，并不一定是一成不变的。遗憾的是，在很多学校，如此重要的一件事却往往被忽略，“办学宗旨”仅仅是在网站上一个形同虚设的摆件，点开了图标也只是贴着一些从别的学校网站上东拼西凑来的唱唱口号的东西。

在美国做校长的时候我每年都要参加一个年会，叫 National Association for Independent Schools（国家独立学校联合会）。美国中小学校里大约有6%

是私立学校，这些学校从属性上讲是私有的，但从性质上讲是独立的。我觉得“独立”这个词非常关键，一个学校只有敢于探索，并勇于坚持自己认为是正确的教学方法，才可能有独一无二的特色和可持续的生命力。

在一次大会上，一位须发皆白的老校长说过这样一句振聋发聩的话：一所独立的学校要能坚持下来，必须敢于独立于三件事情。一是敢于独立于社会正确或不正确的普世价值观；二是敢于独立于国家英明或不英明的教育政策；三是敢于独立于家长正当或不正当的诉求。能否做到这三点决定了一个独立学校最终能走多远。

校训跟办学宗旨性质相似，内容相关，但它应该更朗朗上口，更精炼，更容易记住。大家可以先想一想你母校的校训，或者你孩子在读学校的校训是什么。如果它已不再被提及，不再被遵从，那都是件危险的事情。就拿我的母校来说，北大的校训到底是什么？可能大多数人真的搞不清，所以北大已不再是一百多年前的那个“思想自由、兼容并包”的学术圣殿。

（二）创办人背景

中国教育正在经历一个非常特殊的时期，民办教育遍地开花，国际学校如雨后春笋。且不说它的好坏，至少家长们有了选择，可以从他们不认可、不喜欢的教育里走出来。中国也必定会经历下一个时期，好的会留下来，不好的会被淘汰。创始人的办学初心，他的个人品格，对回报的诉求，等等，都会对学校的存亡产生绝对性的影响。

说得再直白点，中国教育已经成了一个产业，很多资本视教育为一个炙手可热的投资领域，这可能是一种幸运，也可能是一种悲哀。借助民间资本的力量，让中国的教育发展变得更多元是符合时代需求的，而且品质优、声誉好的学校自然也会有家长愿意买单。但如果办学的动机仅仅是盯上了家长越来越鼓的钱包，把利润放在了品质之前，那就要出问题。

我曾接到过无数电话问我们需不需要融资，要不要开分校，想不想上市。我曾多次在有资本在场的教育论坛上表过态，喊醒或吓走过不少逐速利、逐暴利而来的投资人。教育和别的产业不一样，一个学校的开花结果、止损盈利，有它不可违背的发展规律，并和嗜“血”逐利的资本天性（尤其是私募基金）有天然而不易调和的矛盾。一个学校要想长足发展、实至名归，得有一个不受资本绑架和干预的底线。

（三）投资人和校长的关系

投资人和校长之间的关系要处理得非常妥帖，governance（治理）和

management(管理)的分工应该非常明确。国外的私立学校一般都有一个董事会或理事会,由一群跟学校没有直接利益瓜葛,但有一定理财或法律等专长的人来监督校长的工作,并保证学校的可持续发展。

董事会的主要职责就是想尽一切办法找到并任命一个德才兼备且可以托付的校长。而校长作为学校的学术带头人和运营总监,全权聘用他觉得值得聘用的人,花他觉得应该花的钱,做他觉得必须做的事。校长每年向董事会做述职报告,并为他的预测、成就、失误及规划提供足够的证据和解释。如校长迟迟不能兑现对董事会的承诺或因为决策失误造成学校发展的迟滞,董事会有权罢免校长。

国内在这方面起步比较晚,大部分私立学校还是以个人投资为主,又有各种"不可为外人道也"的国情,所以,有土地和政策资源的人创办学校,董事长兼任总校长,投资人过度揽权,财务状况不透明等现象比较严重。这种模式在创校初期会表现得简明、高效,但对于学校的长远发展来说一定是有隐患的。

不过也有例外,比如我熟识的北京君诚国际学校的张爱君女士,一个被学生们尊称为"张奶奶"的校长。她和已经辞世的先生两个人用几十年的心血和汗水,用低调的坚持和守护,把一间小小的学校做到今天的千人规模。她是留学日本回来的,除了学会了日本人以一当百的干练高效,也学会了亲力亲为的行事风格和做事拼命的精神。

很多办学的企业家是在别的地方挣够了钱,行有余力才建一个学校。我以前觉得这样挺好,不指着学校养活自己。但认识了张校长之后,她又让我看到,教育是要走心的一个行业,跟种花、种菜一样,是要天天盯着、守着的一份事业。可惜像她这样把学校当成家,把员工当成家人,把每一个学生当成自己的孩子,心无旁骛只做好办学这一件事的董事长并不多。

(四)一把手

越来越多的国际学校把大校长称为教育行业的职业经理人,我对这个称呼有种比较复杂的感受。没错,一个学校需要被运营、被经营,一把手应该是一个训练有素、阅历丰富的经理人。校长不光要懂得怎么看财务报表,还一定要亲自负责学校的收入支出;校长不光要知人善用,还一定要亲手掌管人力资源。没有财务和人事权的校长一定会在关键时刻失去对学校的主导权。

这对于很多校长可能会是一个挑战,因为绝大部分的中国校长都是普通老师出身,因为教学水平好而慢慢被提拔成学科组长、年级组长、教务长、副校长或校长。他们的职业生涯中很少有机会参加专门针对企业运营的培训。读书人出身的老师们，经常和单纯天真的孩子们在一起，难免也缺了一些面对尔虞我诈的市场的天分和经验。

这让我想起我年轻时上过的一门领导力课程，我们进行过一场关于“经理(Manager)和领导(Leader)异同”的讨论。一把手的校长应该不光是一个高效的管理者，他更重要的岗位是精神领袖和学术带头人。他的成长背景、学力和见识、办学治校的经历，乃至他对未来的预测和前瞻能力决定了他能带领学校走多远，能让学校毕业的孩子飞多高。

现在有一个令人担忧的现象，不论是只收外国护照的外籍子女学校，还是民营的双语学校，一把手的大校长通常都是外国人。而且很明显，好校长的供不应求造成了普遍的良莠不齐、鱼龙混杂。有些甚至在国外只是一个在学校里慢慢熬成了老年人但还没有熬成校长的平庸老师，因为中国投资人和家长没有基本的辨别能力，到中国摇身一变就成了可以对中国教育指手画脚的校长。

这些从海外花天价高薪聘来的外国校长，即使在他的国家曾做得很棒，但考虑到他的文化背景、语言能力、异国生活的经验，他是不是足以去管理一所外国的学校，完全取决于他愿不愿意放下他的年纪、地位、之前的经验和趾高气扬的态度，他愿不愿意花时间去了解中国孩子学习上可能遇到的障碍，他愿不愿意请教当地的教育者并和他们并肩面对挑战。

在这个中国教育国际化发展的特殊时期，很遗憾，以家长为代表的教育消费者们还没有完全摆脱妄自菲薄、崇洋媚外的心态。但我相信，随着越来越多的人才从海外回流，越来越多的本土教师茁壮成长，一定会有越来越多具有双语能力和国际视野的中国教育者来做中国国际学校的校长。这是必然趋势，在企业界已经实现了，教育界也不会太晚。

在每天都有新的国际学校开张、每个学校都在到处挖校长的今天，校长已经不能被简单地当成高薪聘用的高级劳工；投资人如何给到校长和他学识、经验、能力相匹配的物质回报以及“合伙人”的身份，是经过市场规律调节后的结论；而投资人如何给到校长和他的责任、义务相匹配的权利和信任也是最终决定这位校长跟这个学校的缘分有多深，能陪伴学校走多远的最重要因素。

（五）衣食住行

学校不光是一个学生学习的地方，它首先是一个孩子生活成长的地方。孩子们的生长发育、身心健康比任何事情都重要。学校每日餐点的品质是一个学校对孩子关爱程度的最根本、最直接的反映。

我们教孩子知识之前，应该先考虑不要以教育为借口夺走孩子本来就有的东西，比如想象力、好奇心、创造力和同理心。同理，我们在给孩子提供什么营养之前，应该先考虑不要以喂养为理由反而引发伤害他们的副作用，比如营养过剩、肥胖、早熟、挑食等问题。食堂所用的蔬菜是否绿色、有机，且不含农药残余和催生素？禽肉的饲养、屠杀过程是否安全、人性，且不含超标抗生素和激素？

餐饮管理不光是保证饭菜安全、营养、可口，整个食堂的采购、运营也很关键。我始终相信料理食物是一件跟良心有关的事情，从业者对人、对食材有没有基本的尊重很关键。据我的观察，几乎每个学校自营的食堂，管理上都存在不同程度的腐败、低效和浪费等问题，很难完全杜绝。所以，我做校长时，在钻研课程之前总是先整顿厨房。

学校根本上是一个教书育人的地方，像校餐、校车、校服这样的配套服务最好是承包给更专业的人去做，并设置规范而严格的监督制度。有人觉得让家长参与食堂管理运营可能会有利益冲突，但我实在无法想象在校生的家长会做出伤害自己孩子的事情。我会让有经营餐厅经验的家长监督，乃至高度参与到食堂的运营和品质把控事务中来，因为妈妈、奶奶们的母性使然，天性细致肯定比校长更擅长管理厨房、采购食材和烹饪饭菜。

三、家长们可能不知道的问题——关于教师

梅贻琦先生说过："大学者，非大楼之谓也，乃大师之谓也。"学校最核心的竞争力绝对不是它的硬件设施，而是它的教师队伍。老师在这个学校到底有没有得到尊重和赏识，有没有得到合理的回报，对他们的工作效率和职业激情高低是非常关键的。

我建议家长们想尽一切办法，问到以下问题的答案，且不要接受"每月5 000—50 000元不等"这样圆滑的官方回答，除非你可以粗暴地理解为只有校长一个人拿了50 000元，其他老师都是5 000元上下。

- 老师的工资是多少？老师的聘用标准是什么？
- 老师每天授课的时间有多长？岗位是怎样设置的？
- 老师每年花多少时间多少钱参加培训？
- 老师们会接受怎样的培训？谁来培训？
- 老师是怎样备课的？跟谁一起备课？

我曾参加过由第三方机构组织的国际学校人才对接市场，也就是校方和老师当场握手成交的海外招聘会。因为已经是春天最后一场，四十几个学校劳民伤财大老远跑过去，抢七十几个其实已经是挑剩下的老师。在那种场合，每个学校给老师的薪资是公开透明的，而且每年都在涨，让我深刻地感知目前已经到了一个人才争夺白热化的时代。

不但抢校长已经抢到头破血流，外教市场也呈现出严重的供不应求。校长不能光靠自己的影响力招兵买马，投资人得提供充足的粮草军饷，学校在老师身上的投资直接反映出自身的价值观和办学诚意。那些用“能找到 5 000 的，为什么要给 5500”的人事政策来招人的学校，怎么可能办得好？

整个教育圈的普遍薪资已经低得令人发指，尤其是幼教行业的从业者，在北京拿着到手不过 3 000 元的月薪，五六个人挤一间不能保证每天洗澡的廉租房，每天看到部分土豪家长开着几十万的豪车来接那已经折磨了自己一天的熊孩子，还要卑躬屈膝地向对方解释孩子膝盖上的瘀青和袖子上的汤渍……

不少一夜暴富的中国人很容易生出“上帝”心态。回国后，我发现在中国很少听见对服务人员（例如餐厅服务员、空姐、门童、出租车司机、公交司机）说“谢谢”，大部分人的逻辑是“老子已经花钱了，他们服务我是应该的”。我想说的是，如果我们现在还不开始关注社会公平、资源共享、乡村教育、留守儿童这些日益严重的社会问题，等泰坦尼克号沉船的时候，大家都难逃一死，因为你的船舱只是比底层人民的船舱晚一点进水而已。

如果我们不能指望公办学校在一夜之间统一提高老师薪水的话，就得靠民办学校用更高的薪资标准，把好老师一点一点从公办学校挖出来，倒逼有关部门抬高教师行业的整体回报和准入标准，从而慢慢改良中国的教育生态。

当然，我并不觉得教育是一个能简单用金钱来衡量或收买的职业。真心投身教育的人所期待的回报一定不是纯物质的。要吸引来优秀的老师，要靠有竞争力的高薪，但要留住优秀的老师不被愿意多出 1 000 块薪资的学校挖走，就需要为老师提供更重要的资源——成长的空间和实现自我价值的平台。

在教师聘用标准上，一个学校采取什么样的立场和优先权，又是一个非常重要的指标。老师的成长经历还是毕业院校的名声更重要？老师的专业素养还是学习力更重要？一纸文凭还是老师的生命体验更重要？师德师品还是教学能力更重要？无论在面试时怎么问问题，有两件事情我觉得是底线：第一，对孩子无条件、无差别的爱和包容；第二，（最好是与生俱来的）对教育的激情和使命感。

教书是个良心活，做起来没有底的。老师的工作时间除了在课堂上与孩子面对面地接触，还有一些是隐性的，如备课、开会的时间，与学生、家长沟通的时间，批阅学生作业并给出反馈的时间。所以看老师的工作量不能只看他教课的时长。老师如果没有足够的时间去做这些隐性的事情，那他愿不愿意在下班后做这些事情，就是对老师人品的考验。

学校做人事编制、给老师排班的时候，有没有发自内心地心疼老师，有没有考虑过老师作为单身母亲接孩子的需求，有没有了解老师的父亲刚被检查出了癌症而她微薄的工资不足以支付老人的住院费用的情况，如此种种，都在考验一个校长的职业操守和品德人性。这和麦当劳的店长、车间主任只是用一个个的人名把时间表填满，是有本质差别的。

在过去的十年里，世界发生了翻天覆地的变化，但可惜教育发展的速度没有跟上社会发展的速度，学生们的学习方式和学习工具发生了巨大变化，学生们看待世界、看待自己的态度和角度在变，但是老师们一点都没变。

> 你念，或者不念我
> 我就在那里
> 不问不答
>
> 你教或者不教我
> 知识就在那里
> 不增不减

无论老师们是从哪所名牌大学毕业的，从哪所名校挖来的，他们在当今的教学岗位上都面临着挑战。没有一个老师是从拿到教师资格证的那一天，就可以成为一名合格教师，就可以吃老本的。这已经不再是一个单打独斗的时代，对孩子们如此，对大人们也是一样。我们光说给学生们培养核心素养，逼着学生们分组讨论，做集体项目，但是我们的老师们有没有具备这些核心素养呢？如果老师都不知道如何与别的老师协同备课，甚至配合着一起上课，我们怎么指望他们向孩子们示范团队精神？

老师正在面临一个重要的职业转型期，当人工智能在不久的将来能更好地承担起知识传递的职能的时候，老师还能做些什么？这是每一位老师、每一位校长应该紧迫思考的事情，也是我现在开展的每一场教师培训开场的问题。学生更需要教练型的导师，而不是灌输型的老师，但老师们又哪里接受过“教练”(coach)的训练呢？所以我们必须使出全力去赶，跟时间赛跑，跟代际差赛跑。我也希望老师们能够打破自己的局限，走出自己的舒适区，去挑战一些他们专业以外的技能与素养。

所以，在职培训的意义和效能其实远远比他们四年的师范教育更重要，因为这是进行时，是做中学，是知行合一。一个学校愿意花多少钱，花多少时间让老师们参加岗位上的培训，能否给足老师自我提高的时间，跟同事交流碰撞、跨岗位、跨学科、跨校区、跨国界地去集体备课的时间，都可以看出这个学校是否真心在做教育。

我们之所以给IB、AP加分，很重要的一个原因就是IBO(国际文凭组织)和The College Board(美国大学理事会)这两个机构在给学校授权、认证的过程中严格要求了这一点；无论是送老师培训的人数、频率，还是花在教师培训上的总预算。而这些钱往往是花了也看不到的，跟学校修了一个体育馆花的钱不一样，全看投资人的良心。

舍得花钱是第一步，把钱花到对的地方是第二个关键点。我们最熟悉的，也是教育主管部门最常用的做法：请一位“专家”坐在主席台上，泡一杯浓茶，讲几个小时的PPT。下面老师要么补补觉，要么假装记点笔记，回去以后继续上架推磨。有时候请不对的人做的形式主义的师训反倒起了不好的作用。

老师最缺的并不是这些所谓的职业培训，反倒是老师本身的审美标准、人文素养、眼界和阅历，甚至穿着品味也亟待提高。教学是件以心传心的事情，老师是孩子们模仿的对象。我经常提醒老师们，不要把自己当成是某一个年级的老师或某一个学科的老师，他们应该只有一个身份——孩子的老师。

为什么老外做培训做得就是好？因为人家不是用讲的，而是用做的；不是灌输，而是示范。我这些年接触过的由外国培训师带领的培训，通常是通过工作坊的形式，把受训老师分成小组，让他们在组长的带领下去亲身体验“以学生为中心的课堂”应该是什么样子，“跨学科的活动”是怎样被设计出来的，“项目制的学习”是怎样发生的。

老师们通过这种职业培训，他们会慢慢地了解到学习不一定要在教室内发生，知识不一定要从课本中获得，这就是我经常提到的体验式教育的魅力——“Tell me, I will forget. Show me, I may remember. Engage me, I will understand.”(告诉我，我肯定会忘记；展示给我看，我可能会记得；让我参与，我才会理解。)

另外，除了培训方式，培训内容也很重要，我们在给老师提供培训之前，有没有先问一问老师们感觉最匮乏的是哪些方面的内容，我们有没有去问一问学生们的想法,他们认为老师最不足的是哪些方面？为什么一土教师领导力学院的金英玉老师的培训那么受欢迎？因为她不是做教师出身的,她是做外企培训的。那些愿意每年花几十万甚至上百万的跨国企业的人力资源部门就是一个最高品质最高效率的培训机构,无论是他们使用的方法,还是培训的内容都能让老师们耳目一新。我们急需这样的体制外的方法和资源来提高老师们的核心素养。

四、家长们常常忽略的问题——关于学生

家长们在择校时往往只盯着学校有什么硬件条件,而忘记了学生才是学习的主体,忽略了学生自身的特点和需求。他们在看课表的时候永远把注意力集中在上课的时间上,喜欢去数每周有多少节语文课、多少节数学课。其实无论是哪个国家的学校,小学六年的课程大纲都不会差别太大,无非就是那些东西。该学的东西终归都会学到,三年级没教的东西说不定五年级他自然就会了,有些知识点就算老师没讲到,天也不会塌下来。

有些学科之外的东西反倒更重要。但是如果我们只关注那些所谓的主课,一切向成绩看齐,那么一些更重要的东西反而可能被忽略了。比如:

- 学生每周有多少户外活动时间?
- 学生有哪些走出校门的机会?
- 学生每堂课有多少机会发言?
- 学生每天花多少时间做作业？做什么样的作业?
- 学生每天的阅读时间是多少?
- 学生每天有多少时间是自己支配的？怎样支配?

（一）户外时间

我反倒建议家长们去数一数孩子们每天到底有多少课外时间、户外时间,有多少时间在长脑子,有多少时间在长身体。有些学校,因为担心学生在玩的时候受伤,担心家长来闹事,下课了老师也不让学生出去,对学生们说:“大家安安静静趴在桌子上休息一会儿。”听得我脊背发冷,这在美国几乎是属于虐童行为。

“走出校门”,也不光是说进行户外体育锻炼,而是说他们有没有机会脱离课本,离开学校,摆脱老师们在教室里一板一眼的知识传授模式,从生活中,从

社会中，从与各行各业的精英们对话的过程中，学到那些跟现实生活有关系，跟未来有关系的东西。

（二）作业量

除了爱情之外，作业可能是人类社会另一个永恒的主题。有些人把它奉为神明、顶礼膜拜，觉得它是战胜一切“牛鬼蛇神”的利器；也有人对它深恶痛绝、敬而远之，觉得没有它世界会变得更好。我相信每一个学生和家长都有各自的解读，很难有统一的标准。

所以可以先问问自己，你觉得每天做多少作业是合理的，然后再听听学校怎么说。如果你们是契合的，那就是一个好的迹象。但如果差别很大，我建议你转身就走，因为学校的作业政策不会因为你的需求而改变。

（三）阅读量

我最近遇到很多优秀的学生，无一例外地拥有广泛的阅读量。学生的文学修养和能使用两种以上的语言去沟通、去表达、去获得知识的能力，往往不是取决于学校使用哪个出版社的课本，而是取决于孩子有多少时间花在阅读上，而且通常是读那些他们自己想读的东西，跟考试无关的闲书、杂书、那些“没用”的书。

和很多在教育上表现出色的国家相比，中国的学生平均每天花在读书上的时间差距很大。让孩子从小养成包里永远有书，随时随地可以掏出来看书的习惯非常重要。家庭里有没有亲子共读的时间和环境是一方面，学校有没有提供足够的书、足够的阅读空间和阅读时间也很关键。

（四）留白时间

“留白”的概念来自于中国的书画艺术，每一幅优秀的作品都不会是顶天立地让墨彩填满所有空间的。教育也是一样，无论多大年龄，学生每天都应该至少有一段时间由他自己支配。我们应该让孩子从小养成对自己的时间负责、对自己的选择负责的习惯，让他们成为内心丰盈、自主学习的个体。

而我们的传统学校，无一例外是一张统一的从头到尾无缝衔接的课表。我们把孩子的时间填死、填满，孩子们跌跌撞撞地被推搡于各个教室和各个科目之间，甚至连午休和周末都被“好心而负责”的老师殷勤地安排了补习的节目。学生们从来没有机会去想一想自己在学习中扮演什么角色，能做哪些决定。这样的后果就是，将来一旦脱离了学校的规划、老师的管理、家长的敦促，他们瞬间失去了学习的能力和动力。

五、家长们应该问自己的问题——关于家长

问了学校那么多，我想再次提醒大家，一年 365 天，国际学校上学的时间，普遍是在 177—193 天之间，一天 24 个小时，学生早上送来，晚上接走，在学校时间也就是 8 个小时左右。所以，一个孩子最后长成什么样子，有多大成就，学校只能承担 1/6 的责任或责备。

一个学校的校风，不是校长一个人能决定的，而是由家长的群体素质及家校关系决定的。一个学校的办学理念，也不是校长一个人能独裁的，而是由家长群体认同并护持的。你在为孩子选一个适合他的学校的同时，也是在为自己找到一群价值观相近的同龄伙伴，找到可以一起思考未来、面对挑战、讨论解决方法的“战友”。

在私立学校，尤其是国际学校里，家长和学校的关系非常重要，也非常敏感。是敌对关系，还是战友关系？是消费者和客服经理之间的关系，还是同路人、共建者的关系？这个关系处理好了，对所有利益相关者都是有趣且有益的生命体验。如果没处理好，就像婆媳关系一样会直接影响婚姻质量和家庭幸福。所以，在达成这种非常类似婚姻的契约关系之前，我建议家长们问清楚以下这些问题：

- 家长能进校园吗？家长多久能见到一次大校长？
- 家长之间的关系怎样？他们在一起都聊些什么，干些什么？
- 你对自己的孩子了解吗？你每周花多少时间陪（听）孩子说话？
- 你孩子在家读书吗？你们一起读书吗？
- 你最希望孩子拥有哪三样东西？你能给孩子哪三样礼物？[①]

学校应该尽最大努力保障最坦诚而畅通的家校沟通渠道，并欢迎家长帮助学校看到校长可能没有看到的问题。但我们也要知道，一位家长的个人诉求并不一定能够反映全体学生的需要，不要试图让学校因为你的个人需要而改变学校为照顾大多数学生所制定的政策。尤其在有关教学、课程以及老师

① 我去年出版的“熊掌和鱼”系列的第一部《图解中西方教育的异路与同归》一书中有这个练习的详细解说。

的任免问题上，有一个很要紧的原则：让专业的人做专业的事。学校在教学过程上的主导权和独立性是应该受到尊重和保护的，不然学校的发展方向会被一个或是一群家长"绑架"，导致最后可能偏离初衷。而且，我也不建议家长们只用食指说话，一直用指责的态度、挑剔的口吻去质疑、挑战学校；而应该伸出整个手掌去握住校长和老师的手，应该抄起拖把笤帚，参与到学校的建设，甚至孩子们的教学活动中去。孩子们如果看到爸爸妈妈都在为学校做事，他们不但会很开心，而且会倍受鼓舞，对老师的态度、对学习的态度都会改变。

家长间的关系也同样重要。如果一个学校的大部分家长是爱攀比的，那些本来很淡定的家长也迟早会受到影响。但反过来，如果这个学校大部分的家长是不焦虑的，他们对教育有一个非常清晰而清醒的理解和预见性，那他们就会彼此鼓励、彼此安慰、彼此帮助，形成一种与学生、与学校共学共长的状态，那就是这个学校最大的福气。

我也鼓励家长们对自己好一点，自己过得潇洒一点，活出家庭事业两不耽误的精彩，是对孩子最大的濡染和滋养。家长们之间不要只聊该给孩子报什么补习班、兴趣班，家长们可以自己成立读书群、兴趣小组、家长课堂，给孩子树立一个终身学习的榜样，或者报个亲子班，跟孩子一起学某一种乐器或手工艺。

六、家长们应该问孩子的问题——关于亲子

我的前同事小风老师有一句话让我品味了很久：

> "乖的孩子伤最深，因为他身边住着一个最爱他的陌生人。"

我们真的了解自己的孩子吗？很多家长可能对学区房的涨幅、国际学校校长的底细一清二楚，但却忽略了对自己小孩的深度了解。他们很少真正关心过孩子最喜欢的是什么，最想做的是什么，很多家长常常打着爱孩子的名义做一些伤害孩子的事情而不自知、不自查。大家有没有听说过中国父母伤害孩子的七种武器？

> "要听话"扼杀了自由；
> "要孝顺"扼杀了独立；
> "就你跟大家不一样"扼杀了个性；

“别整天琢磨那没用的”扼杀了想象力；
“少管闲事”扼杀了公德心；
“养你这个孩子有什么用啊”伤害了自尊；
“我不许你跟他在一起”提前结束了一段可能很美好的爱情。

——摘自网络

有可能的话，请尽量不要依赖学校的校车接送，我希望家长能挤出这个育儿的时间——不是生育的育，而是养育的“育”——去多陪陪他们，去多听听他们说话，去真正关注“他们想要什么”而不是你想要什么。他们的未来不该由你来全盘设计和操纵。参与而不干预，有着微妙而本质的区别。

我的前同事曾国俊先生曾分享过一个让我泣不成声的例子：一位父亲每天坚持自己送女儿上学并和她聊天，手机关掉，那半个小时是完完全全属于他们父女之间不受打扰的时间。在女儿出嫁的那天，父亲把这些小时候父女间的对话录入光盘作为嫁妆送给女儿女婿，提醒她父女间曾经有过无话不谈的的幸福，别忘了常回家看看。

但既然有学校这样的一个社会产物，它一定有独特的功能。“易子而教”的意思是，有些角色是亲爸亲妈无法扮演的。我建议家长们好好想一想有哪些事你自己觉得无能为力？你希望学校到底能够帮到你什么？然后再看看这所学校，它的理念、它的设置，是否能够帮你实现这样的诉求。但是，要打造一个书香门第得靠全家人一起努力，而不是说家长一边跷着二郎腿刷着微信，一边对孩子说：“儿子你好好读书啊！不好好读书将来扫大街。”

我们这代人小时候没有养成读书的习惯，所以我们在地铁里看不到一个人在读书。第一是因为资源匮乏，没有那么多优秀的童书绘本和适合学龄孩子读的书。第二是因为竞争激烈，多读一本闲书就相当于比别人少刷好几套题。第一个借口已经不复存在，但第二个理由反倒愈演愈烈。

我的好友童书妈妈三川玲老师、美育妈妈戴雅楠老师这些年都一直努力地在推动亲子阅读和艺术欣赏，呼吁家长们应该送孩子这份我们自己不曾拥有的珍贵礼物，让他们从小享受阅读的乐趣，让他们掌握了解自己以及如何与他人建构关系的工具，让他们不再过度依赖学校和大学来获得知识和通向未来世界的入场券。

我最爱的阿拉伯诗人纪伯伦说，“孩子是搭在父母弓上的箭”。孩子有一天注定会离开你，尽早让他成为自己的主人，让你的存在成为他坚强的依托，但不是他随时的依赖。给孩子一些思考和选择的空间，给孩子告诉你他喜欢什么不喜欢什么的机会。如果你还没有做的话，请你花一点时间去问问你的宝贝这些问题，你可能得到一些意想不到的答案，可能会帮助你做出一个更明智的决定。

- 宝贝你喜欢上学吗？
- 宝贝你为什么喜欢/不喜欢上学？
- 宝贝你觉得学校里什么东西最让你害怕？
- 宝贝你觉得爸爸妈妈应该为学校做点什么？
- 宝贝你的梦想是什么？
- 宝贝你觉得活着是为了什么？

我曾不止一次听到家长抱怨孩子死活不肯去上学，那你有没有再仔细问一问孩子为什么不喜欢上学？你有没有再仔细听一听学校里在发生着什么？老师怎么对待学生的活泼好动、东张西望、天马行空和奇思妙想？换作你，你受得了吗？你有没有想一想当年为什么有女人哭喊着离家出走，只是因为她不能忍受裹小脚的痛苦？但现在的应试教育和当年的裹小脚有什么本质的区别？

表 1　钱博士总结的“裹小脚”与“应试教育”的相似之处

	裹小脚	应试教育
开始时间	4 岁	4 岁甚至更早
范围	全国	全国
发起人	以士大夫为代表的男性精英	以知识分子为代表的精英阶层
操作者	亲妈	亲爸亲妈
代价	日复一日的极度痛苦	日复一日的极度痛苦
起因一	“越小越好”的扭曲的审美标准	对学历“越高越好”的盲目崇拜
起因二	控制女人的活动范围	禁锢人的思想自由
鼓吹方式	对“三寸金莲”的文学渲染	对“金榜题名”的无限标榜
恐吓方式	“不然嫁不出去”	“不然找不到工作”
后果一	行动不便	思维僵化
后果二	嫁出去了也没获得幸福	进了名校也没获得成功
后果三	性别歧视侵害妇女的权利	学历歧视影响多元智慧的发展

（续表）

	裹小脚	应试教育
自上而下反对	康熙曾严令禁止裹足	教育部几度立法减负
自下而上反对	传教士、维新派、革命派	国际学校、创新学校、在家上学
遭遇挫折	康熙下令 4 年后收回成命	屡禁不止、愈演愈烈
原因	全民反对，包括女性	全民反对，包括学霸
最终	消亡	一定会消亡
原因一	违背了社会发展的规律	违背了教育和学习的规律
原因二	伤害身体、摧毁人性	伤害身体、摧毁人性

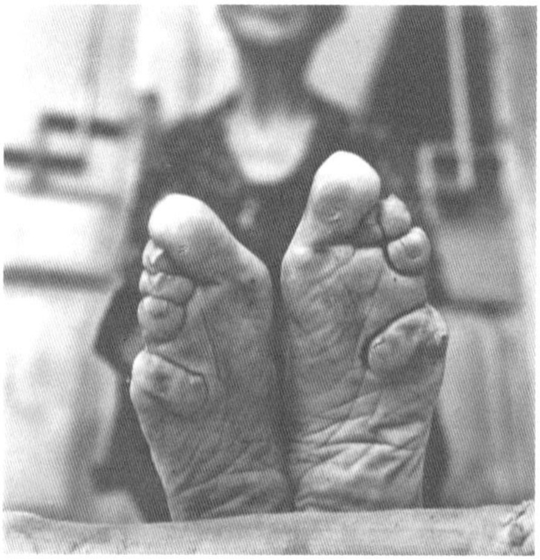

图 3　应试教育带给孩子的痛苦犹如“裹小脚”

也有人问过我，哪些孩子更适合上国际学校？每个孩子个性不一样，并不是每个孩子都适合上国际学校，也不是每个孩子都应该上国际学校。在我最近面试家长的过程中，我听到有这样一群孩子，根据家长的描述，他们具有这样几个特质：不听话、成绩差、不想上学、不爱做作业、成天想那些没用的、爱跟老师唱反调。

我斗胆建议一句：如果这些特征有点像您的孩子，而且您也有这个经济实力的话，或许可以考虑一下国际学校。尤其是具备这些特质的孩子，可能遭受应试教育的伤害更大。他们很有可能非常聪明，有创造力和批判性的思考能力，但是他们在体制内日复一日地被同一把尺子衡量、被歧视、被羞辱、被贴标签。他们没有机会展示他们的天分和与众不同的地方，他们这一辈子很有可能就毁在这个貌似极度公平其实极度不公的体制里。

而往往这样的孩子一旦到了国际学校，在鼓励思考、激发创造、允许挑战权威的学习环境里，如鱼得水，我亲眼见到的例子不胜枚举。第一，孩子们真的是快乐了，从他们的精神面貌上体现出来，笑容多了，走路的姿势也变了（不光是因为校服的款式变了），藏都藏不住。第二，孩子突然又爱上上学了，他早上迫不及待地要去学校，晚上不肯回家，因为有太多有趣的事情要在学校里跟小伙伴们一起完成。还有什么比孩子找到学习的动力更值得庆祝的事情吗？

我们向来不是都用“爱不爱学习”来评判一个孩子吗？那我们就回归原点。只要他是真的爱上学习这件事，不管他是在哪里学习，在学什么，怎么学，都不是坏事，都不会让你失望的。

博雅小学堂曾做过一个调查，他们就问了孩子最后这个问题：你觉得活着是为了什么？一些家长可能会觉得他们疯了！我的孩子才四岁，你要我问他一个我自己还没有想明白的问题?！然而，这就是这个问题的可贵之处。不管是几岁的孩子，问问看，说不定会给你一个惊喜，一点启发，甚至可能帮你理出适合他的择校标准，至少好过依赖“砖家”告诉你所有答案。

七、参观学校时家长最该留意的问题——关于细节

家长们也不要过度依赖于在校长问答环节得到的一切答案，指望学校在一个小时内告诉你所有的细枝末节。访校参观的时候，学校一定会扬长避短地把它最得意的地方展现给大家，这是人之常情。但是它一定是片面的，是过誉的，是有一定作秀成分的。但其实有一些细节，你完全可以用眼睛、用耳朵、用手、用心，甚至用鼻子去感受，反倒可能收获一些更直观的信息，帮助你做出判断和决定。

- 孩子们的真实表情。
- 老师与孩子互动时的姿势和态度。
- 墙上孩子们的作品。
- 家具的品质、审美和摆放。
- 体育设施及其使用频率。
- 学校给你的第一印象。

（一）学生们的真实表情

孩子通常是不会撒谎的，看孩子的表情就会知道，他们是倦怠还是兴奋，是喜悦还是沮丧，是不是享受他们的校园时光。一所好的学校一定常有访客，孩子们对访客的过度殷勤或过度冷漠，都有可能反映出一个学校的价值观和行为规范。值得关注与思考的是，学校采取了哪些措施让孩子们安之若素而不受干扰，拥有适可而止的礼貌而不至于过度谄媚。

此外，还要留意孩子间的互动，看他们是否相亲相爱、互敬互助。谁都不希望看见孩子们发生语言和肢体暴力，但我也不希望看见过多孔融让梨式的

图 4　孩子真心喜悦的表情

温良恭俭让，或两面三刀式的虚假和谐。我希望看到孩子们从冲突和克制、共情和妥协中体会如何把握自己与他人间的关系和分寸，并逐渐形成不欺软怕硬、不谗上媚下的高贵人格。

（二）师生关系

除了看小伙伴之间的关系，你也要去留意老师和孩子们之间的互动，尤其是老师们与学生谈话时的措辞、态度和肢体语言。他们是蹲下身跟孩子去对话，还是居高临下地挥舞着威权的手臂？他们是私下里搂着孩子指出他们的错误，还是当着大家的面对孩子进行羞辱训斥？

我相信在国际学校里面，大家会看到跟体制内学校不一样的场景，如果不是故意演给你看的话。我并不鼓励老师跟学生勾肩搭背、刻意营造出一团和气的场面，但是我希望从孩子看老师的眼神里看到信任、安全感，以及建立在平等和坦诚之上的互相尊重。

（三）学生作品

一所以学生为中心的学校会利用所有可利用的空间展示学生的作品。但我建议家长要尝试去分析，这样的展示是意在炫耀个别学生的天分和成绩为学校脸上贴金，还是希望孩子们通过公开展示他们的作品获得自信和进步的动力？我不希望看见那些明显被大人修剪过的技巧，我更在意它们是不是展现出了孩子这个年纪该有的天真、本真和那些还没有被市侩的成人世界污染过、格式化过的伪善和假大空。

我在美国做校长的时候，曾接待过一个上海名校的校长。参观学校时她非常好心地把我拉到一边，真诚提醒我说："你们墙上贴的孩子的那个作品好像有错别字哦。"我当时就笑笑："因为他才一年级呀，一定会有错别字啊！但是那有什么关系啊？"

我最爱读孩子的作文和诗歌，从孩子们坦率而出其不意的语言里，听到他们天真而真实的想法是一种精神的享受和治愈。而这些东西，比没有错别字重要得多、珍贵得多。最让我毛骨悚然、浑身难受的东西就是被老师批改过的或者被家长辅导过的学生作文：虽然语句通顺、用词老道，但一点都不真实自然，油腻、世故而毫无新意，欲盖弥彰地渗出过时而做作的文风。

（四）硬件设施

一些公立学校的校长朋友告诉我最近几年政府在教育上投入充分，有时候经费都花不完，于是一年刷一次大白墙，两年就换一批课桌椅。我除了为浪费和资源配比不均感到可惜，还想到了一个值得思考的问题。家具，和校训一样，应该是可以流传、继承的东西，不应该盲目地追随潮流，形式过于花哨。我曾经在台湾参观过一所有年岁的学校，那些被一届届的学生的手汗洗礼过的桌椅，有种说不出的美感与历史厚重感。

在我看来，家具的美感、质地和功能要比它是否簇新、是否昂贵更重要。它是不是足够轻盈又足够结实？是否可以陪伴孩子成长，跟校园里的古树一起慢慢变老？校友们多年后回来，还能不能找到他当年坐过的椅子？这并不是文艺小青年“为赋新词强说愁”的造作，而是对时间、对传统、对本来就该细水长流的教育的一种基本的敬虔态度。

我刚才提到“用鼻子去感受”绝不是随口说的，因为厕所是我访校时必看的环节。我可以很负责任地告诉大家，小孩子的尿比大人的臭，尤其是成百上千个小孩子的尿。很多学校把学校公厕的气味当成一种常态：“对啊，就这样啊，没办法的。”但其实细节决定一切，如果一个学校愿意花心思、想办法把厕所这样微不足道的角落都收拾妥当，那它一样会用同样的细致和温度去处理教育中遇到的其他更棘手的问题。

我愿意把姚莉女士和爱心人士们建的百年职校[①]作为“钱志龙奖学金”的定点发放学校，其中一个很重要的原因是他们的厕所实在是干净得让你不忍心滴一滴尿在池子外。百年职校的老师们开学后的第一件工作就是为学生们打扫几个星期厕所，之后则由学生们自己负责，保证厕所一尘不染。一屋不扫何以扫天下？清洁厕所的时候，同时也是在打扫我们的心灵。

我曾经工作过的一个学校，硬件设施相当奢华。我当时还挺得意的，经常带着家长们、领导们参观我们达到奥运会标准、臭氧消毒的恒温游泳池，大冬天都是热气腾腾的。但有一天我突然惊觉：咦？我参观了不下二十多次，不同的日子不同的时间，但为什么从来都没有见过有人在泳池里？

一追问，原来孩子们的体育课早就被改成了自习课，别说游泳，连出来透气的机会都没有。每年一次的春游、秋游全都取消了，一方面是担心占用了孩子们本该做题的时间，一方面因为怕孩子在玩的时候受伤，被家长告上法庭。

① 即北京百年农工子弟职业学校，国内第一所面向贫困家庭子女的全免费公益职业学校，姚莉女士为百年职校的创始人、理事长。——编者注

所以，不要被学校专门为你的来访加热的泳池所迷惑，比硬件设施更重要的是孩子们有多少机会去使用它。

当然，是不是无论多大规模的学校都值得斥巨资建人均土地面积使用率最低的足球场、网球场、游泳池、跑马场，甚至高尔夫球场？这是每个建校者和家长都应该仔细算算的一笔账。

（五）桌椅摆放

另外一个小贴士就是去看学校桌椅的摆放情况，以学生为中心和以老师为中心的课堂长相完全不同。应试教育的学校永远是排排坐，跟工厂一样，一个老师在前面面对四五十个学生，高高在上地向学生们分发知识，或带领学生们集体刷题；而以学生为中心的教室通常是学生三五成群围成小圈，再组成大圈，高一点的年级，你不仔细看，很容易找不到哪个是老师。

只有当桌椅的摆放允许了这种可移动、可分组、可去中心化，学习才有可能真正发生。千万不要让“跟美国不可同日而语的师生比”成为你不愿尝试改

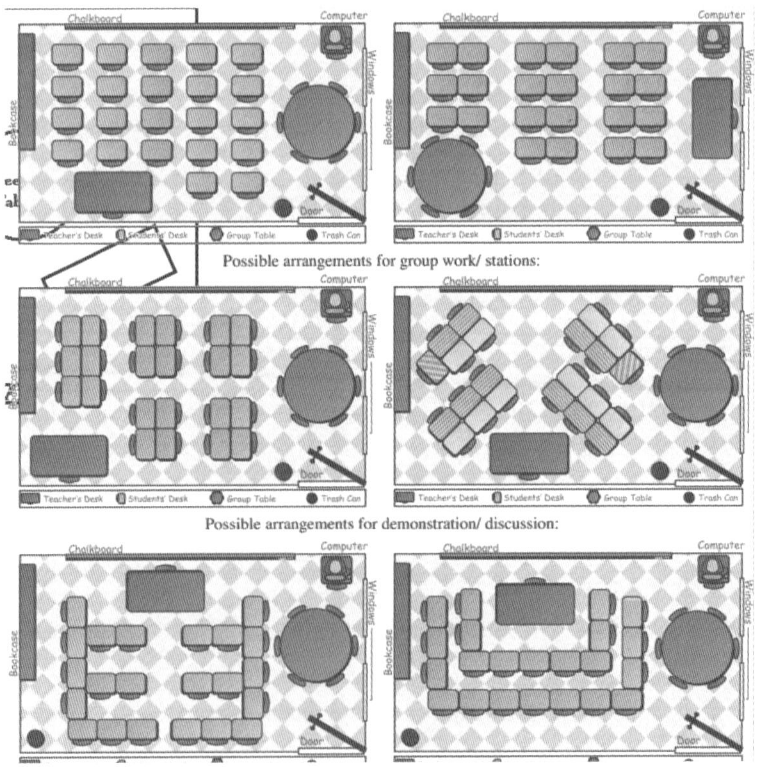

图 5　以学生为中心的教室座位示意图

变的借口。从数学上看，学生越多，每个人分到的时间越少，但每节课上学生自主学习的机会不光取决于学校师生比例的设置，更关键的是老师有没有意识和意愿逼自己少说话，让学生多说话。我对老师们所花时间的建议是20%，不要花超过20%的课堂时间做一言堂。

动完学生的座位，你还得再看看老师们站在什么位置。我在夏威夷东西方中心的领导力课程里学到三种不同的领导方向：lead from the front（在前面领导），lead from the side（在身旁领导），lead from the back（在身后领导）。老师不一定要像乐队指挥一样永远站在最前面，去指挥所有学生在同一时间去做同一件事情。他也可以从讲台上走下来，平等地加入学生的小组，他还可以走到他们身后去，以工具的提供者、问题的提出者、辩论的见证人等身份给予他们"导而弗牵"[①]的支持。

（六）外部评估

学校想越办越好，第一肯定是靠自律，不断地给自己提出更高的要求，不断地拷问并确认学校的办学目标和理念，不断地探索更新、更好的方法。但是如果有来自外界的监督和约束会有多一重保证。国际学校，无论是中国人办的还是外国人办的，能有一两家有国际声誉和信用的第三方机构提供外来的监督会让家长们更放心。

1. IBO

别的机构我不熟，我只能举我熟悉的两个授权机构为例。一个就是给IB授权的International Baccalaureate Organization（IBO，国际文凭组织），学校每年付会员费，成为成员校。跟星巴克开分店一样，他们要确保学校做的事情符合他们的原则和水准，学校的软硬件配置、老师的资质、学校在老师身上花的培训费用和培训频率满足他们的标准和要求。

2. WASC

Western Association of Schools & Colleges（西部教育联盟）是美国六大教育授权机构之一[②]。西部教育联盟管着美国的加州、夏威夷州，还有一些美

① 《礼记·学记》："君子之教，喻也。""道而弗牵，强而弗抑，开而弗达。道而弗牵则和，强而弗抑则易，开而弗达则思。和易以思，可谓善喻矣。"意思是说要引导学生而不要牵着学生走，要鼓励学生而不要压抑他们，要指导学生学习门径，而不是代替学生得出结论。引而弗牵，师生关系才能融洽、亲切；强而弗抑，学生学习才会感到容易；开而弗达，学生才会真正开动脑筋思考，做到这些就可以说得上是善于诱导了。

② 美国很大，分成了六个区域，每个区域负责本区域几个州的学校，不光是中小学，还有大学的办学资格。

属群岛，以及亚洲的海外办学机构的授权和认证。得到了西部教育联盟的认可，也就意味着这个学校颁发的高中文凭等同于美国加州的高中学历。

除了严格的申请、申报、视察、审批流程，即使已经拿到认证的学校，他们每隔几年也要派督导团来对学校做访问和评估。学校要满足各项条件，并按照督导团给出的整改建议做出具体的有据可查的改进，他们才可以持续地更新这个认证。这个证书是很硬的东西，有就是有，没有就是没有，一目了然。

3. CIS

我在美国NAIS(美国国家独立学校协会)的年会上遇到一位资深的培训师，让我了解了Council of International Schools(CIS，国际学校联盟)——另一家很有权威的国际学校授权机构。照她的话，WASC的认证官以兼职为主，受邀请的通常是愿意四处走走的在职校长。他们所受的评估培训是有限的，所以呈现出来的专业性和客观性比较随机，并没有那么稳定。而且这些美国的校长们非常有可能低估了亚洲国家的一些学校对付检查时“道高一尺、魔高一丈”的手段，所以难免有些不符合条件的学校蒙混过关。而相对来说，CIS的评估师通常是校长出身的专职的资深教育者，一年要看几十所学校，早就炼就一双火眼金睛，学校想要通过他们相对更严格的审核，要付出更大的努力和诚意。

我没有亲历过CIS的评估流程，也不敢贸然轻信同行间对彼此的批评，但平时积累的一些零散的证据却让我脑海中浮现出生动的画面来，宁可信其有，不可信其无。归根结底，有决心、有品质、有自信的学校会寻找要求更严格的评估机构，并借助第三方的专业建议，让自己实现更高的追求，而绝不会采取不正当的方式迎合评估的过场，并仅仅利用第三方的公信力实现招生目标。

择校其实跟买房一样，看过10所之后，你一定会看花眼，什么都想不起来。所以，除了我提到的一些不可妥协的择校标准，最后还是相信你的直觉吧，相信你看这个学校时的第一印象，是美的感觉还是暖的感觉，是百老汇风格还是霍格沃茨[①]风格，是高科技的还是返璞归真的。

想象你的孩子在这样的环境里，是否会变得优雅礼貌、文质彬彬？他是否能交到一辈子的朋友，并且可以不通过互相碾压的方式就能展现各自的才华？他是否敢问问题，提出不同想法？他是否会对任何事情都充满好奇心而不会

① 指“霍格沃茨魔法学校”，来源于J. K. 罗琳的《哈利波特》系列魔幻小说。——编者注

受到禁锢？他是否对未来充满敬畏而又无限向往？

最后，对于那些患得患失症晚期的家长，我再教你一个简单易行的方法。拿一张纸，将你参访过的学校在表格上列出来，并用3个形容词来描述每一所学校给你印象最深或与众不同的地方。这张表复印一份留底，然后按表格线把纸裁开，校名扔掉，只留下所有的关键词。跟你的伴侣或年龄足够大的孩子一起，找到你们最认同的3—5个词。再拿出留底的复印件，看看哪所学校最接近你们的答案。你也可以隔几个星期再做一次，看看是否还是同样的结果。

八、国际学校如何挑选学生和家长——关于反选

我不得不告诉你一个坏消息，真正优质的国际学校现在肯定是供不应求的。所以，当一所好学校发展到一定阶段的话，它一定会遇到不得不挑选学生的状况。每个学校的择生标准不一样，我没有资格去代表别的学校，我只知道在我掌门的校园里，在面试的时候，我肯定不是在挑孩子。

一个六七岁的孩子，我对他们没有任何期待和要求，他们都是一颗颗充满能量的种子，自带基因密码，只要土壤无毒无害，有足够的阳光、雨水和空间，他注定会开花结果，尤其是在国际学校这种小班授课、人性化、个性化的教学环境里面，我一点都不担心。

即使是双语学校对英语有所要求——没错，如果你六七年级才进来，为了确保你能跟上进度，能听懂外教老师上课说什么，看一下你驾驭英语的能力是无可厚非的。但是如果说你一年级就进来的话，多会几个单词，会背几首英文诗，我觉得差别不大。

相反，提前会了一些让大人有面子的雕虫小技，说不定伤害孩子的可能性更大。就像酿酒一样，还没酿好的时候，你一会儿打开酒坛看一下，让别人闻闻是不是有酒香；酒香不够你就着急上火，甚至滴几滴酒进去。你试试看，我保证你最后就得到了一坛醋。

所以，当家长在选择学校的同时，学校也在考察家长。这是一种双向选择，是一种因为想用共同的方式实现共同的目标而达成的一种近似婚姻的契约关系。在这种关系里，校长更不敢轻易下赌注的是我们的合作伙伴——家长们。“不怕狼一样的对手，只怕猪一样的队友。”学校教得再好，回家全都拧着来，学校里让他刚开始自由生长，回去就像盆景一样在各种补习班里被拗成各种不舒展的形状。那最后我们注定是在彼此消耗，我们也会让孩子无所适从：5+2=0。

低龄学段的学校要办得好，关键的关键就是先找到一批志同而道合的家长，我们的培养目标是一致的，我们采用的方法也是趋向一致的——共同为孩子提供成长的空间、攀爬的架子，那我们才有可能让孩子不拧巴、自由生长，像墙角生命力顽强而不需要刻意浇水施肥的牵牛花一样，朝着太阳的方向开出属于自己的芬芳。

学校选择家长的标准，难免有一定的主观性。我做校长时，从来不指望招生官替我决定录取谁或不录取谁，我很怕他们有时候自发产生的“招生压力”。我对市场团队唯一的要求就是让更多的人知道我们的存在，知道我们在做什么。那么跟你有相同愿望和想法的家庭就会自己聚拢到你身边，你根本不需要做任何销售，就一拍即合相见恨晚了。

当家长们看完我们的宣传片，听完我的演讲，有了明确的申请意向的时候，我们会有专门负责观察孩子的老师单独和孩子相处，看看孩子有没有明显的特殊教育的需求。与此同时，我会亲自为家长们泡一壶茶，和他们一起坐下来，听一听他们对教育、成功、幸福的理解，来判断哪些家长跟我们的三观比较一致，也看看我们能不能在教育理念上达成基本的共识。

但其实从我们打招呼的第一面起，我已经在观察家长的言行举止是否优雅得体了。我深知家长言传身教的力量之大，好的家教可以预测孩子将来的长足发展。有些家长那种消费者的表情藏都藏不住，我可能喝完一杯茶就不继续往下倒了；而志同道合的家长，喝完一壶茶，该缴费的缴费，该录取的就录取了。

很多时候，孩子们在校的表现就是家庭教育最直接的反映，一个在家里对阿姨、司机颐指气使的妈妈，孩子小小年纪也会在学校里上演《甄嬛传》。如果有一群家长用同一种焦虑的情绪、患得患失的想法、动辄投诉的态度去绑架、胁迫学校，校长就没有时间去做他该做的事情了。

我曾经举过一个例子，发生在我之前任职的学校。一个 6 岁的女孩子，和妈妈一样穿着一身的名牌，参观学校的时候像女王领着公主在巡视江山。小女孩渴了要喝水，工作人员倒了水，又说只喝瓶装水，还指定要依云牌的。学校没有，拿了一瓶农夫山泉递给她，没想到小女孩没有一个谢字，眼皮一翻，冷冷地说了句：“搁那吧。”完全不是一个 6 岁女孩该有的表情和语气，一定是跟着大人有样学样。因为家里有点来头，事先跟大老板打过招呼，要求会说中文的校长亲自接待。参观校园的一路上，这位妈妈接过两通电话，把校长晾在一边，自顾自地大声聊天。我走到一半，就找了个借口离开了，也跟招生官放下狠话：“如果这孩子你们敢收，我就辞职。”

“复印件出来效果不好，肯定是原件有问题。”孩子的问题肯定不是孩子的问题。六七岁的孩子怎么可能是个坏孩子？孩子的行为举止都是家长的不良习惯或者不健康的价值观的一种投射。我面试家长，不是看你穿的衣服有多华贵，不是看你开的车有多高级，而是看你能不能成为孩子的典范。

我也会观察家长和孩子的互动是否亲密、温暖、有效。有些家长自己算是读过一些书，讲教学理论也是一套一套的，有些还自称教育工作者。但是跟孩子的互动非常无效、卑微，一看就是平时已经被爷爷奶奶惯得不成样子了。无效沟通的另一个极端表现是霸道，甚至是暴力，但其实多大声的吼叫已经都不管用了。这样的孩子，恐怕学校也很难有所作为。

我曾经在一场演讲中总结了一下我曾经遇到过的"奇葩"家长，主要可以分为这么几大类。家长们可以冒着"躺枪"的风险做一次自我检讨，但也不建议太努力地对号入座。

（一）上帝型

上帝型家长的消费者情结很重。在他们眼里，校长就是客服经理，孩子就是校长及学校服务的商品，甚至博弈的筹码。这类家长觉得只要将学费交给学校，过几年就可以来提货，最好还包邮当日送达，再送个小礼物。稍有不满还可以随时投诉、随时撤单、追加差评。亲，你把学校当成淘宝店了吧？

上帝型家长通常也会伴随程度不一的"被害妄想症"，以及一触即发的维权意识，一言不合就要把学校告上法庭。这样家庭的孩子通常是温室里养大的花朵，他们碰巧也特别容易受伤。而且，无论受伤的轻重，还是冲突发生的起因，在家长眼里，永远是别人的错。赔多少钱好说，官司一定要赢！

（二）女王型

这类家长把自己当成是世界的中心，永远是追光灯下的女一号。他们可能多少为学校做过些贡献，甚至有可能是创校时代的元老家长。因为他们曾经"掏心掏肺"地爱过这所学校，所以他们必须随时能约到校长，他们的孩子必须得到最好的资源和机会。

如果老师胆敢把他们孩子的座位往后调一排，分餐的时候比别人等的时间稍长了一点，分组的时候，小组里有水平不够的成员可能拖大家后腿的，等等，家长很有可能就冲到学校把老师揍了（已有此类新闻报道）。

（三）吃自助型

吃过自助餐的人都不难理解这类家长的心态：老子既然进来了，就要吃得好、吃到饱、吃到撑，得把本儿（学费）吃回来。美国来的外教越多越好，校长的白头发越多越好，学校开的课越多越好。"什么？你们怎么可以没有高尔夫球课？那我和我那帮CEO朋友们打球的时候，人家的孩子都会，我多没面子？”

吃自助时选择太多，你想要什么都尝一下，最后什么味道都没吃出来，只是感觉肚子很撑，身体很不舒服。最重要的不是吃了多少，而是消化了多少。老天爷是非常公平的，每天只给每个人24小时，每人也只给了一个肚子。劝你一句，尤其是40岁之后，别吃自助了，选你最爱吃的东西，细细地品尝。

（四）天才型

这类家长明确承认自己并非天才，但却坚信自己是“天才他爸”。学校应该不遗余力地去挑战并培养他的孩子，务必给孩子最难的题，务必给孩子留双倍的作业，万不得已体罚也可以，但千万别让智商不够的同学拖了班级的进度和自己孩子的后腿。如果学校犯了一点点小错，就会成为耽误他孩子成为爱因斯坦的最大敌人。

在我眼里，每个孩子都是天才，都在某些方面有过人之处。有些孩子做题做得又快又好，有些孩子总能想出与众不同的解决问题的方法；有些孩子喜欢登台表演，有些孩子擅长幕后策划；有些孩子爱举手发言，有些孩子更喜欢把内心的情感诉诸笔头。但我们却总把前一类孩子当成唯一的天才，并希望所有孩子都成为这样的天才。

（五）顾问型

这类家长常常将自己当成学校免费特聘的学术顾问。他们像超人一样披着印有“学校忠粉”的披风，会隔三岔五告诉校长：“你们用的课程已经落后了，剑桥刚出版了一套新教材你们该去研究研究；你们数学课程不够难，这样下去，大学放榜的时候，会被隔壁学校比下去的；你们的体育课时间不够，我儿子跑不赢老王家的儿子。”

我不得不提醒家长们，你们往往只关注你们家的这一棵小树，而校长要看护的是一整片森林。通常家长们看到的问题，学校一般都会看到，只是在权衡取舍间，眷顾的是大多数孩子的需求。让专业的人做专业的事，是对教育最大的尊重。对于学校的政策，家长可以选择不认同或不入会，甚至可以按自己的理念去办学，但进了校门就意味着你签了同意书。

（六）求医型

这类家长向校长介绍自己孩子的时候，常常这样开场：“我们家那个某某某什么都好，就是特别爱问问题。”他的所有表情和神态都在告诉你他很焦虑，他觉得自己孩子有问题，迫切需要一个专家给孩子开个药方，给孩子治病。他也总是很担心自己做错什么，又不愿意去寻找真正的答案。

我微信里有七千多人，其中至少六千个是家长。隔几天我就会收到这样一段文字或连续十几个59秒的语音留言：

> “尊敬的钱校长，我是您最忠实的粉丝，我读过您所有的书，听过您所有的演讲。我知道您特别忙，但是请您务必在百忙之中回答一位几个星期没睡好觉的母亲一个问题：我们家孩子，今年9岁，在某某小学上学，成绩一直挺好的，但是最近不知道怎么回事，不想上学了。您说我该怎么办呀？跪谢。”

我真的不是老中医，我既没有能力也没有精力提供这样的援助。但即使是德高望重的老中医，在没有见到你孩子之前，在没有“望闻问切”之前就根据自己的经验给你开一个方子让你去煮了给你孩子吃，还许诺吃完就好，你敢吃吗？如果您至今还留着我的微信没删就是等着有一天给我发这段微信，那我们还是就此别过吧。

（七）孩奴型

这类家长会一把鼻涕一把泪地和孩子哭诉：

> “儿子，妈妈为了你能上一个好学校，砸锅卖铁甚至给人下跪磕头；为了把你培养成人，爸爸拼命去赚钱，一年都回不了几次家；妈妈放弃了事业，全心全力来陪你做作业，确保你能上一所好大学。”

他们把自己演成这样一个可以立牌坊的影帝影后就算了，更糟糕的是，还要把对孩子倾注的代价、心血，全部转嫁到对学校的期待上：学校一定得把这个孩子培养成国家栋梁或富甲一方，不然就是对不起他们全家的牺牲。

说实话，我从没见过任何一个人才是被这样培养出来的，反倒大部分沦为高分低能、高分无能，甚至高分无德的人。我也特别不欣赏、不认可这种“殉道者”的做法。学习是孩子自己的事情，父母尽到该尽的责任就行了，做多了就是限制了。让孩子有追求也不是必须通过给他增加功成名就的压力才能做到。

（八）媚洋型

抱歉这个词用得有点重，因为掺杂了个人情绪。刚回国时，我曾经遇到过一所国际学校，各方面都谈得很好，但最后没有聘我。后来有好心人告诉我真相：不是你能力不行，而是因为这所学校有些家长只有外籍校长才搞得定，中国人的脸是不行的。他们只认可西方人的那一套，他们坚信只有蓝眼睛、高鼻子的校长才可以给孩子一个国际化的未来。

我并不是对外国人有意见，我见过非常棒的大师级的外国校长，包括像京西学校的柯马凯那样在中国生活了一辈子的外国人，对这个国家、对中国人已经有足够深的感情和全面的了解。在他们的领导下，学校定能蓬勃发展、蒸蒸日上。但全中国这样的校长，我一只手都能数得出来。而且即便如此，也并不代表只有老外校长能做到。

可悲的是，现在大多数国际学校的一把手，以及核心教育团队都是外国人。说得再重一点，这是“殖民时代”才会有的乱象和心态。现在国际学校如雨后春笋，优质的外教资源严重供不应求。我们要特别警惕那些只是长得像校长的中老年男性“歪果仁”，趾高气扬地拿着几百万的天价年薪，盲目自信且大言不惭地教育、教训着中国的下一代。

（九）恐慌型

这类家长最显著的特质是没有安全感，无论是你如何苦口婆心地跟他解释学校的课程设计理念、有所不为才能有所为，他都觉得你在欺负他读的书少。无论你怎么解释排名对孩子百害而无一利，他还是坚持要知道究竟还有几个人在他孩子后面垫底。

他们通常是消息最灵通的，他们常年在几十个焦虑家长微信群里潜水，像老母鸡一样，一边啄食儿，一边东张西望紧张地关注着教育界的一举一动。天天担心着教育政策会不会变，教委是不是要换一把手，学区房到底还会不会涨，隔壁学校的候补名单是否短了些。最好谁能卖他一份保险——儿子考不上哈佛全额退学费的那种。

恐慌型的家长发展到了晚期就成了“转会型”，已经无药可医。他们嫌弃自己的孩子数学没有公立学校的好，英文没有外籍子女学校的好，体育没有打工子弟学校的好。他们手机里 Speed Dial（快速拨号）上有附近所有学校招生官的电话，一有风吹草动就要转学。退多少学费不是很重要，换学校在他们眼里就像换个包包一样自然而然且理直气壮。

（十）唠嗑型

最后这一类家长，让人又好气又好笑，你也拿他没办法。他们通常已经实现了财务自由，既然学校欢迎家长参与，在家里待烦了就溜达到校园里来了。他们既不是来做义工的，也不是来投诉的，就是守株待兔地等在校长可能出现的地方，手里拎着家乡的土特产，希望校长见缝插针陪他聊个 20 块钱的。

"唠嗑型家长"一般都不是坏人,热心热肠的,有啥好吃的心里也挺想着校长的,还操心着校长的家庭幸福。但他们觉得校长就不该有自己的生活,无论是周日早晨 8 点,还是周一晚上 11 点,他们想你了,十几条 59 秒的语音微信就轰炸过来了。你一旦没有回应或无法满足他们的好奇心,他们就哭天抢地,好像你是没有良心的陈世美。

九、家长们应该如何面对内心的恐慌——关于未来

很多家长对未来很恐慌,说焦虑已经不足以描述他们的心理不适程度了,他们也不知道如何面对这种恐慌。他们的孩子才 4 岁,家长们就开始担心孩子能不能考上一所好大学,以及为了上这所好大学所需要提前做的准备和钻的火圈。但他们的眼光又放得不够远,他们很少去思考大学以后的事。

去过北大的人都知道,你会在门口被保安拦下来。面相淳朴的保安弟弟会不苟言笑地问你三个问题:你是谁? 你从哪儿来? 你要去哪里? 为什么北大是中国第一名校,因为连他们的保安都是哲学家。这本是一个玩笑,但却是发人深省的,这三个元问是如此重要,但很多人活了大半辈子了,从来没有问过自己这些问题。

他们常常强调,进一所好大学就是眼下最现实的目标,唯一的目标。有些家长在择校过程中"名校情结"太重,对成绩的看法太偏执,他们认为进不了好大学就意味着从此再无出头之日,考不上大学这辈子就完了。我觉得这个假设做得有点草率了,尤其是那些准备留学的孩子,我特别建议你从繁忙的学习和考试中停下来,除了问问自己类似"我是谁?""我想成为谁?"这些元认知的问题,其实,还有很多问题也值得我们一起探讨:

- 进了大学,人就优秀了吗?
- 进了北大,进了哈佛,你就优秀了吗?
- 什么是好大学? 好大学怎么评出来的?
- 成绩好是不是就能上好大学?
- 好大学的录取标准是怎么样的?
- 进了大学,就一定能毕业吗?
- 进大学,就为了毕业吗?
- 如果不是,那是为了什么?
- 大学毕业了一定有好工作吗?

- 怎么定义好工作？
- 挣大钱的工作就是好工作吗？
- 优秀的企业要找什么样的人呢？
- 这个企业最期待我具备的是什么条件呢？
- 是我的考试成绩吗，还是我大学的名气呢？
- 挣钱是为了什么？
- 买房买车吗？
- 住大房子，开跑车就是幸福了吗？
- 还是娶妻生子？
- 什么样的妻子才是最理想的？
- 是没有房子坚决不嫁的那种吗？
- 你怎么爱你的孩子？
- 送他去最好的学校吗？
- 什么样的学校才是最好的学校，是最贵的吗？
- 怎样才能保证他能被最好的学校录取呢？
- 学区房更贵还是国际学校的学费更贵？
- 然后呢？也送他出国吗？
- 为了挣够出国的钱你还有时间享受幸福吗？
- 什么是幸福？
- 抛开别人的观点，你如何定义幸福呢？

这些问题，恐怕都不是三言两语说得清的，有些问题我自己都没有答案。但这些问题本身比答案重要，至少能倒逼我们把一些我们误以为的“既成事实”再做一次彻底的反思。问完自己这些问题之后，你在择校的过程中，在给孩子安排、设计他的发展路径的过程中，就可能更容易避开一些短视的行为，也不会让你和你的孩子付出太大的代价。

我写这本书的初衷也并不是要每个家长都送孩子出国，必须送孩子上国际学校。我只希望家长们从现在开始努力放下过度焦虑的心态，也先放下你自己假设的种种“没办法”和无奈，我们一起来探究一下教育的本质，让自己的内心变得更强大，就可以有能力去面对错误的价值体系，并云淡风轻不为所动。

即使你们现在还没有条件把孩子从体制内转移到体制外，我也希望你们能够顶住来自社会或学校的压力，忽视来自邻居、亲戚的虚荣心、攀比心，通过家庭教育来补充学校教育，通过大量的优选阅读来稀释学校里应试教育的部分所造成的思维僵化，让孩子有直面现实但却不被现实奴役的能力。

我们也明明知道急功近利的教育有很大的隐患和可预见的灾害，但是我们一边跳着脚咒骂着这貌似公平又极度不公正的制度，一边却在不断地妥协。只要自己的孩子还不至于被挤到最吃亏的那个角落，我们还会不自觉地为这堆罪恶的篝火添上你手里的那根木柴。

正因为食客们都觉得火锅越香越好，才导致了餐馆使用化学制品去添加香味；正因为消费者纵容了小龙虾越大越贵，才导致了养虾人会往虾池里投放避孕药。同理，如果家长们一味追求考高分、上名校，就一定会导致学校不惜代价追求升学率。学校的堕落，其实根源很大程度上还在于家长。

相对于体制内的应试学校，国际学校貌似好了很多，但现在也有些国际学校，终于架不住攀比心比公立学校更严重的家长们集体意志的绑架，致使那些本来对孩子更宽容，更鼓励多元发展的学校也慢慢发生变质。学校多少有点受制于交学费的家长，因而节节败退，最后也无非只是换了一套进口的刑具继续摧残孩子而已。

我知道我个人的能力渺小，没有能力改变这个世界，改变中国的教育，但是我希望我们的孩子可以至少不被这个世界轻易改变。价值观这件事最终是少数服从多数的，如果每个人都以螳臂当车的决心去挑战中西式的应试教育，多一个淡定、内心强大的妈妈，就少一个焦虑、急功近利的家庭，多一分不妥协，就给年轻人多一点希望。

第三节 国际学校的类型

一般而言，国际学校是指仿照外国侨民母国的教育制度，为外国侨民提供其母语教育的学校，主要是中等或以下程度的教育。但在中国，它的边际被延展了，所以在本章节内，我把所有落入“国际教育”范畴的学校大致分成了这样几种：外籍子女学校、公立学校国际部、民办双语学校，以及面向未来的创新学校。

一、外籍子女学校——给外国人上的外国学校（Foreign Schools for Expats）

这一类国际学校最开始就是某国驻华使馆和企业员工子弟学校，目的是让驻华劳工的子女接受一个比较完整的，不跟本国教育体制脱轨的教育。所以在世界各国的首都和重要港口城市，都有这样的外国人学校，这也是西方国家为公民着想的一种福利。希望有一天中国政府和有实力的跨国企业也能在国外投资办学，让漂泊在世界各地的中华儿女不至于失了文化的根。

这些学校完全照搬复制了本国的教育体系，从办学目标、教学大纲、教师的来源，到教学和测评的实施方法，就是一个彻头彻尾的外国学校。如果不是注册的时候必须取一个中文校名，你在他们的网站上可能看不到一个中文词。上海已经要求每一所学校在本来的校名后面一律加上“外籍子女学校”几个字，生怕家长们傻傻分不清。

那这些学校的好处和致命缺陷，也就不言而喻了。如果说你想要一个原汁原味的外国教育，那这些学校不失为一个不错的选择。正如我2016年出版的《图解中西方教育的异路与同归》一书里描述的，西方的教育的确呈现出更多以人为本的设计，尊重孩子的选择，学校管理的风格相对更自由，考试压力也没那么大。（但你要清楚，他们并没有任何义务打造更适合中国孩子的教育产品。）

对于那些父母是跨国公司的高管，有可能要在中国之外的地方四处漂泊，或者那些跨种族联姻的家庭，为了兼顾父母双方的背景和子女培养目标，这种外籍子女学校更是一个相当不错的选择。退一万步，它至少不会伤害你的孩子，我指的不仅是肉体上的伤害，你懂的。

这些学校有一个比较严格的约定，只能招收非中国籍的孩子。不过这几年，在国外拿了外国身份的海归越来越多，有钱人要获得一本外国或香港的护照，也并没有那么难了。有些国际学校或许因为本国经济不景气，还主动开放了一定比例的名额给中国籍的家庭，跟我在美国做校长的那所学校当年的做法一样①。所以，现在这些外籍子女学校里也多了不少黑眼睛、黑头发的孩子，即使父母一句英文都不会说。

这一类国际学校中的大多数也开设了中文课程，用心点的学校还开设了

---

① 1979年在硅谷建的法国学校，因为90年代初的经济萧条导致生源大幅萎缩，几乎要维持不下去了，经过高人指点加开了中文项目。如今中文项目的规模已经超过了法文项目。

母语和非母语两个学习梯队，但大多数是以选修课或者是第二语言的形式出现的。这类学校也有中文老师，但他们的身份是外语老师。个别学校严格执行同工同酬的福利标准，所以在外国学校的中方员工其实薪酬远远超过在民办学校的中文老师。

虽然他们薪资水平高，工作量也不大，但成就感和归属感相对就低一些，敏感些的中文老师会觉得自己被边缘化了。尤其是那些派给外国老师做助教的中国老师，他们几乎永远没有成为主班老师的机会。我之前招募过这样背景的老师，他们情愿到我这里来拿更低的薪水做一份更有尊严的工作，也不愿在外国人的学校里做"二等公民"。

那些在中国住的时间较长的校长会重视中国文化，不管会说几句中文，他们会要求校园里展现一些中国文化的元素。过年的时候，他们会从淘宝上买些春节特色的装饰品点缀校园，甚至花钱请人来舞个龙、舞个狮什么的。这是在中国校园里反倒看不见的东西，因为一般大家这时候都回家过年了。

但这种多少带点舞台效果的中国文化，难免会显得有点表面文章，或异域风情，弄得不好甚至有点做作、幼稚的嫌疑。我很难用语言去解释它具体是怎么个别扭法，有点像老外客厅里摆的潘家园的仿古中式家具，就像我们每天作为主食吃的大米饭，在美国人眼里是一道菜的那种感觉。真正的中国餐馆不会在饭后给你一个 fortune cookie(幸运曲奇)，也不会做巧克力馅儿的饺子。

这些学校学费普遍比较昂贵，通常在 20 万到 30 万之间一年，因为大多数学生的学费是由本国政府和父母所在的公司来支付的。根据国家的经济水平和企业的实力，以及跟学校定向的委培关系，也会有相应的减免和优惠政策。可想而知，高收费的学校，相对来说硬件条件和员工待遇也会好一些。这一点，你从朝阳区和顺义区满街跑的校车款式，和随车看护阿姨的装扮上都能看得出来。

这一类外国学校最让人放心，也最让我敬佩的一点是，它们绝大多数是名副其实的非营利机构。学校即使是某一个或某几个人一起张罗筹资建的，但从财产上不属于个人。它们通常采用非常正规的理事会管理制度，而不是董事长或创始人的一言堂，一个子承父业的家族企业，或一家希望将来上市牟取暴利的公司。

在中国，非营利公司不是那么容易界定，即使注册成"民办非企业单位"，说不定比普通公司利润还高；反倒是有些社会企业[1]，创始人有真诚的责任感，财务干干净净，即使有了利润，也会回馈给社会和需要帮助的人。我很庆幸身边有一群这样的年轻人，比如探月学院的创始人 Jason（王熙乔），比如一初教育的创始人吴霞和任竹晞。

那撇开真假不管，非营利的标准如何界定？其实很简单，学费收上来，扣除运营成本，所有的盈余，除了用于扩张开分校的需求，都会用来改善校园设施，提高教师待遇，或加大奖学金的比例和金额。股东也好，投资人也好，谁也不会使出任何手段，从中拿走一分钱。

我是惠灵顿中国教育集团第一位，也是当时唯一一位被邀请的中国籍理事。在不明就里的人眼里，这是一份高薪高俸、位高权重的校董工作。但其实除了执行理事，五位理事都不拿一分钱薪水。理事会成员都是有一定社会身份的财会专家、法律专家，以及代表中英两国的教育专家。我们尽量用最客观而不偏袒，但又最善意的方式监督校长的工作、支持学校的发展。

我很感激惠灵顿中国的创始人、理事会主席乔英女士的真诚邀请，她是我

图 6　惠灵顿上海校区——上海惠灵顿外籍人员子女学校

① 一般来说，我们可以把“社会企业”理解为一种非营利组织的商业化形态，面对社会问题的时候，社会企业会通过以社会价值为导向的商业活动来解决问题。相比过去公益组织偏向“先污染、后治理”的因应模式，社会企业更强调一种对社会责任的主动承担，会自发发起一些运动来解决社会问题。某种意义上说，社会企业可以起到整合非营利机构和商业企业两方面资源的作用，既可以帮助需要帮助的群体，也可以帮助公益从业者提高薪资待遇，同时保证自己的高度独立。

见过的中国屈指可数的最擅长利用海外教育资源为中国的教育谋未来的创业家。并不是学教育出身的她，一砖一瓦地从创办一所学校，发展到现在三个城市的四个校区。

图 7　惠灵顿上海校区——上海浦东新区民办惠立学校（在建校舍）

我见过一些自以为是的外国校长，以为我们把他高薪请来，他就是大王，什么都得听他的。中国政府给了他一张专家证，就把自己当成了救世主，以为中国没人懂教育。就因为中国人口语表达不够精准流利，就表现出语言轻慢、表情倨傲的样子。在惠灵顿我零距离目睹乔英女士如何用地道的英语、专业的教育观点、职业的沟通技巧，有礼有节地把十几位英国籍的正副校长管理得心服口服，让他们由衷地钦佩并希望能够模仿惠灵顿。

图 8　惠灵顿天津校区——天津惠灵顿外籍人员子女学校

我虽为不拿工钱的理事，惠灵顿却总是用最高规格的礼数接待，也特别有分寸，不会拿鸡毛蒜皮的事情来麻烦我。一年三次理事会，主要是听取校长的述职报告，在重大决议上签字。但我总是希望能多做些什么，因为我心里特别清楚，也特别领乔英女士这份情。虽然表面上看是我在做义工，但放眼中国，有几个人能有如此机会用这样的视角去深度观摩、学习一所气质高贵的英国百年名校如何运营、发展？

图 9　惠灵顿杭州校区——杭州市萧山区惠立学校（在建校舍）

我之前十几年的经验，从老师的角度可以看到孩子是如何互动，教室是如何布置，家长是如何失职的；从副校长的角度可以看到课程是如何构建，老师是如何评估和培养，紧急事件是如何平息的；从校长的角度可以看到学校是如何运营，资金是如何进出，品牌是如何建立的；从（副）总校长的角度可以看到国家政策对学校发展的影响，人事和资源应该怎样布局，开疆拓土的进度和分寸，以及如何处理分校与总部之间微妙的关系。

而作为学校最高决策者的理事会成员，我能看到每个校区的财务报表，新校区的设计图纸，我甚至见证了学校如何一步步指导并敦促一位不完全胜任的校长提高对自己的要求，如何支持他改进工作方法，并在看不到他短期内达到期待的时候，出于对整个团队和学生负责的态度，万不得已终止合同并实现平稳交接的过程。

学校理事可以在遵守保密条款的前提下获得有关学校的任何信息，也可以拦住任何一位教职工、学生、家长，询问他们在惠灵顿的体验和想法。在过去的两年多时间里，惠灵顿给了我一个从未有过的最高、最全的视角去看办学校这件事，让我更有信心去面对建一所学校、运营一个集团学校将面临的所有挑战。

最让我感动的是，惠灵顿中国在教育上是真舍得花钱。除了那些大家一目了然的硬件设施、英伦风格的校舍、豪华安全的校车、华丽整洁的宿舍，再举一个围观群众不容易注意到的例子：杭州新校区其实2018年9月才正式启动，他们却提前一年把正副校长和骨干教师职员都全薪聘来，为新校的开张做准备。

别说大校长，连选拔一位分校区副校长的慎重程度都让人叹为观止。先通过昂贵的猎头机构全球海选，再由人力部门资深的同事层层筛选，几位杀进决赛的候选人还要连闯三关，分别跟教师、职员及管理层代表谈话。最后再由至少三位理事会成员加大校长一起亲自主持"殿试"，听这些国内外的校长精英们阐述治校理念，并综合所有团队的意见，候选人对待下属和长官的卑亢态度的差别都有可能影响我们的决定。

有时候这些全球搜来的资深校长的表现都很出色，真的很难取舍抉择，我们也会创造新的岗位留住这些优秀的人才。好几位进决赛的中方校长一进门都先认出我，跟我打招呼，并告诉我喜欢我的书。不管他们有多真诚，反正是把老外校长惊到了，还以为我有多大牌，对我的神态也多了几分敬重。我只能假装做出一副很不好意思的样子，不过至少让他们知道中国不是没人懂教育。

今年三月，我受英国惠灵顿委托，与其他七位英国资深教育专家在天津惠灵顿校园驻扎四天，观察评估学校运营的方方面面，采访各方代表，撰写评估报告，完成年检任务。看到惠灵顿干净透明的财务报表，一丝不苟的工作态度，慎之又慎的校长遴选流程，不留情面的各级员工评估体制，这些都让我心生敬意和感动。希望这种磊落而不沾铜臭的办学风尚能在中国的教育圈里渐成气候，让真正发自内心热爱孩子、热衷教育的那些人来从事这个决定了人类命运的行业。

二、公立学校国际部(International Dept. within Public Schools)

第二类学校严格意义上不能算是学校，而是一些中国的公立学校尤其是那些老百姓眼里"有口皆碑"的公立高中所开设的国际部。这种办学的模式是最近二十多年才兴起的，也经历过试吃螃蟹、蜂拥而上、政府叫停、规范办学几个发展阶段。

公立学校国际部的学费要便宜很多，通常被当地的物价局严格控制在10万以下。在这样的学校里，中国籍的学生占到95%以上。为什么还不是100%呢？因为除了外教子女之外，其实有一个挺有意思但不为大众所知的政策：在中国的很多城市，外国人可以选择任意一所学校就读。只是一般很少有外国人去选公立学校，除非那些并不是很富裕还必须自费的外国家庭，或者已经嫁娶了中国伴侣，把中国当成家的外国人。

这些学校的孩子们很明确将来是不参加高考的，而是选择海外留学的。很多在公办学校读完初中的学生到高中才突然转型学习国际课程，用全英文的课本，甚至全外教的课堂。这个挑战可不小，就好比把淡水鱼突然扔到海里一样福祸难料。

那些有实力的学校，可能会利用自己的品牌和影响力，充分调动家长和校友们的海外关系和资源，在海外找到一家合作学校。两所学校由浅入深地开展各种交流互访活动，慢慢加深感情和信任，直到最终实现老师互换互派，甚至学历互认。在整个中国还没几个人懂国际教育的时代，这种“师夷长技”的手段是中国教育国际化无法逾越的一个发展阶段。

这种交流的最高境界就是合作办学，只是和国外学校谈合作并没有那么容易。很多国外名校别看有百年历史，但可能也就是四五百人的规模，而中国稍微有点名气的学校一家分校就动辄几千人。而且有历史的外国学校通常不敢贸然在海外开分校理事会，一般也不会允许校长拿学校的口碑和声望冒险。愿意就范的学校，我们自己都会忍不住问一声：他们图个啥呢？

找到门当户对的姐妹校着实不易，最怕就是那种挂羊头卖狗肉的交易：外方学校出租自己那个可能含金量并不是很高的品牌，中方学校拿着这个用英文字母拼出来的名字去糊弄盲目崇洋的家长，其实外方学校并没有派来骨干教师，分享资源。和有些国内名校开分校一样，拉个大旗，扯个虎皮——只是招生的噱头而已。那些愿意为了钱而出卖自己品牌的学校，又会是什么水准的学校呢？

合作办学最核心的内容是把外国那些真正的好老师和好校长们请来。但有些面容长得很像肯德基上校的老爷子就靠着这一把白胡子混入了校长队伍。而且，就算是位在美国功成名就的教育家，他可能一辈子都没来过亚洲，更别说拥有在中国运营一所实体学校的经验了。

我也见过一些胆子超大的学校，校长自己一句英语都不会说，赶鸭子上架，指派学校里英语说得最好的老师来张罗“国际部”这项政治任务。托人搞来一些外国课本，让国门都没出过的中国老师勉为其难地去教。可想而知，他们还是用应试教育的那套方法来教知识点，再配合着培训机构提供的考试技巧辅导，让学生用拿出面对中国高考的毅力去应付洋高考。

对那些没有海外资源，也不懂怎么辨别海外资源的校长，把课程完全外包给第三方的培训机构，也不失为一种权宜之计。而对于那些连 Harvard 和

Hartford 都傻傻分不清的家长来说，有外国脸的就是好的。反正他们只要结果，只想知道他儿子能去排名第几的学校。

对于大多数学生、老师、家长来说，选择国际部，无非就是换了一个战场而已，一个竞争对手减少很多，但竞争难度增加很多的战场。美国人要花四年学的东西(美国的高中大多是四年)，这些中国孩子只用三年去学完，再去参加SAT、ACT、IELTS(雅思)、TOFEL(托福)等考试，并直接面对所有母语学生的竞争。

好的公立学校最大的优势是他们的生源。我说的这个生源质量，不光是体现在这些孩子的学习成绩好，而是强调他们的英语底子好、学习习惯好、自律性更高、自主学习的能力更强，老师不需要盯在后面一直催交作业。他们在国内的应试体制内也一定是游刃有余的学生，所以才能拼出让美国人都大跌眼镜的好成绩。

当然，这种办学方式也暴露出一些问题，引发了一些争议：比如公立学校是否可以利用国家资源在校园里做民办教育；比如学校是否存在收取家长高额费用的行为，财务却不明朗；比如招生的时候过度承诺，家长对学生最终去留学的学校排名不满意；比如学生一边夜以继日地准备着美国高考，同时还被家长逼迫、老师怂恿做着中国高考的二手准备。

中国人常常喜欢引用一些听着耳熟、念着顺口的话，而且不问出处很容易就被洗了脑，比如"不要让孩子输在起跑线上"，比如"两条腿走路"——一方面让孩子们准备出国，一方面也不肯放弃高考。你想象一下"脚踏两条船"的场景，随着两条船开向完全不同的地方，两条腿越劈越开，用这样一个姿势去学习，你说疼不疼、惨不惨？

有些学校刻意宣传某几个学生考上了家长认得出名字的那几所大学，来提高学校的声望，以获得更好的生源。从学校运营的角度来说，这种逻辑无可厚非，对家长来说这也是最有说服力的广告。但冒着得罪人的风险，我还是要批评这种做法的"欺骗性"和"误导性"。

就像电视上那些本来就身材巨好的人做减肥药的广告是一样的道理，完全是消费心理学，跟教育关系不大。那些孩子本身就很优秀，他们去了哪里，跟学校的办学质量没有直接的因果关系，反倒滋长出攀比心和差别心来，弊大于利，建议校长们适可而止。国外的高中名校虽然没有像国内"张红榜、拉横幅"做得吃相那么难看，但或多或少也有这样的嫌疑，我也一样批评。

在攀比心、功利心过重的校园环境里，老师们就会倾向于使用最有短期效果的题海战术，而并没有完整地利用西方课程体系里"自主探究、以人为本"那些优势。这跟希望退烧快就吃抗生素是一样的道理，从本质上并没有改变应试教育的本质，而只是简单地把高考变成了洋高考。对孩子来说，他们仍然学得苦不堪言，但也只学了一堆考完就忘的命题性知识和应试技巧，而并没有尝到自主学习和深度思考的乐趣。其实美国的情况也没好到哪里去，在过去的几十年里，尤其是那些"爬藤"高中，学生们也是被水涨船高的 GPA 和 SAT 成绩，以及连年降低的名校录取比例折磨得无比焦虑、疲于奔命、严重缺觉。但你猜他们会如何化解这种焦虑呢？申请更多学校。于是这就造成更加低的录取率，进一步增加焦虑，如此下去，恶性循环。这并不是学校的错，因为考核的标准就是这样，游戏的规则就是这样。

我们不能笼统地评判这样的办学方式是好还是不好，公正地说，这些公办学校的校长们在对国际教育几乎一窍不通的情况下，卷起裤脚管赤着脚为孩子们踩出的一条生路，让很多优秀的学生可以有机会从高考独木桥中分流出来，出国去感受学习的真正乐趣。这种吃螃蟹的勇气和担当是让人肃然起敬的，他们努力的程度也是有目共睹的。

在我所了解的有限的公立学校里，在国际部这方面做得最有特色的非北大附中莫属，而曾在深圳中学和北大附中先后开辟出两块国际化教育试验田的王铮校长，也是我在整个中国教育界最佩服的公办学校校长，没有之一。读了他当年的亲密战友江学勤老师所著的回顾这段历史的《创新中国教育》，和北大附中毕业生沙蕙写的《想象有这样一所学校》之后，想象他们当年那种摸着石头过河的情形，颇有种"风萧萧兮易水寒"的壮烈。

本想单独采访王铮校长的，但是本来就很忙的他现在成了北大附中教育集团的总校长，要管遍布全国那么多所分校，时间更加不够用了，有点不忍心。我也知道如果能挤出一点点时间，他更愿意花在跟孩子们聊天上。况且他一向低调，做得多、说得少，不一定能问出什么来。

于是我找到了一名北大附中国际部——道尔顿学院高三的学生王鹏鹏，他也是探月学院第一位被校内聘用的实习生。探月学院是北大附中校园内到目前为止最大的创新项目，也是王铮校长在北大附中里孵化的两所未来学校之一，在之后的章节我会具体介绍。我们先来听听王鹏鹏与北大附中的故事，了解一下他眼里的北大附中是怎样的一所学校，他在国际部的三年是怎样的一种经历。

我为什么来北大附中

文/王鹏鹏

北大附中是北京市海淀区的一所高中。

我是里面的一名学生。吸引我来的原因特别简单:面试。

我中考前三个月决定出国之后,就在网上查哪些学校比较厉害,然后一个个去面试。一般学校的面试都是写卷子、和外教聊天,唯独北大附中的国际部不一样。面试分为三部分:笔试、面试、团队合作。笔试有一道题我现在都记得——“你如何确认别人在倾听”;面试就是和院长聊“为什么选择道尔顿”;团队合作是以小组为单位,围绕一个给定主题,利用现有材料(通心粉、意面、棉花糖、纸杯、橡皮筋、便利贴等)制作一个模型,并向全员展示和介绍。全程都有老师和学长学姐在边上偷偷记录和打分。

一直以来,敢于发言、脸皮厚、能胡扯等素质似乎一直对于我的学业没有什么帮助,但那天面试我有一种大展身手的感觉,激动得到处发微信吹牛。

● 军训和入学教育

军训期间,我们有一群白衣天使——不是护士,而是学长团,由高二的学长学姐组成,他们在军训期间帮学弟学妹记录生活,陪着我们一起顶住酷暑骄阳,还帮忙倒水,喊早安晚安,等等。

军训完了会参加入学教育,为期一周,由学长团和各书院议事会组织,学长学姐负责让新生快速了解北大附中的各种体制,并产生凝聚感。一个书院七八十名学生会一起开展很多团建活动,听学长学姐分享,探索附中。我一下子就会觉得自己是大家庭的一部分,附中那些复杂的体系和我感到迷茫的高中生活,又有什么呢,这么多人和我一起面对呢。之后选课、选舍友、选社团、出国考试、创业的时候,这群人都会成为我们真诚可靠的小伙伴。

● 书院

想象一下高一、高二两个年级叠在一起,靠双选切为八块,一块就是一个书院,他们的“书院盾”从左到右分别是:格物、致知、诚意、正心、明德、至善、新民、熙敬。

每个书院就像是一个小公司,有自己的品牌定位和文化,有自己的书院盾(标志)和管理系统。比如说我很喜欢的格物书院,他们的口号是“这里是格物,欢迎回家”。

北大附中八大书院的“书院盾”

一群负责书院运营的人成立了一个叫作“自治会”的组织。不同的书院有着不同的系统，但是都有非常大的自由度和独立性。以“书院活动室”为例，每个书院都有一个活动室，大约100平方米，由书院自行装修和布置，风格迥异。

那装修活动室的钱从哪儿来呢？自己赚。我们最大的资金来源就是四大赛事的奖金：

1. 舞蹈节

北大附中“四大赛事”之舞蹈节剪影

2. 戏剧节

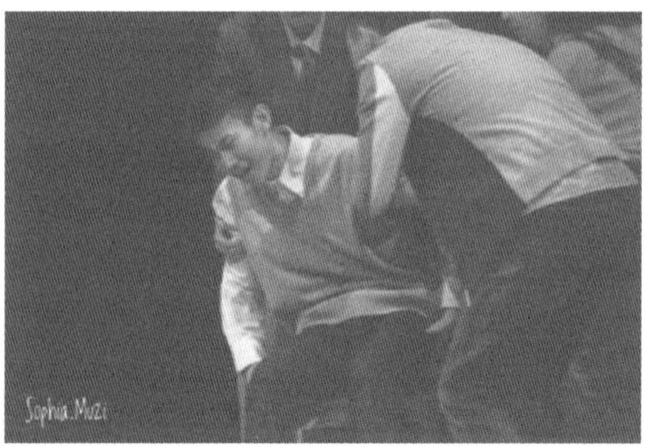

北大附中“四大赛事”之戏剧节剪影

3. 足球赛

北大附中“四大赛事”之足球赛剪影

4. 篮球赛

北大附中“四大赛事”之篮球赛剪影

在北大附中，每个学段都会有一个赛事。戏剧节和舞蹈节会评定“大众奖”“专业奖”“海报设计奖”“纪录片奖”等；篮球赛和足球赛则是评出冠军、亚军、季军，以及“金手套奖”“最佳射手”“最佳纪录片”等。但这些比赛，我们更享受的是参与其中的快乐与倾心付出的成就感。赢了的说“我们真厉害”，输了的说“一起努力过真棒”，每个人的学校归属感、书院凝聚感都如坐火箭一般噌噌往上涨。

学校除了提供平台之外，所有事情都由学生来做。因此四大赛事除了娱乐与社交功能外，还有一个很重要的功能：应用各种选修课知识。足球，篮球，灯光设计，音响操作，影视制作（宣传片和纪录片剪辑），平面设计（海报），服装设计，摄影，新闻主持，剧本编写，舞蹈演出，戏剧表演，音箱操作，等等。上课学到的东西，立刻就用起来了，内心得到了极大满足，那下次再学起来也是动力十足，所以大家也都很乐意多上选修课，去拓展或深入开发自己的兴趣。

● 书院活动

书院将根据在四大赛事的排名获得相应奖金，一个赛事的第一名奖金约5 000元。这些奖金除了装修书院活动室外，基本都用于支持下次赛事及举办活动，从而实现复利。

大家都用一个叫作“行分”的东西来衡量一个学生对于书院的贡献，行分够了才有可能获得毕业资格。所以就像班里大家都得值日一样，不论是自己想办法还是听组织安排，学生或多或少都要给书院做点贡献。除了参加四大赛事之外，最大的行分来源就是参加书院的各种项目组，比如举办各类活动。因此书院活动除了“赚钱”和建立书院文化，还有个重要职责就是提供工作岗位（公民教育）。当然也不乏有人通过“创业”的方式来筹钱，只要你有好点子，能写出好的策划方案，你也可以成立一个项目组去办活动。

● 社团

社团分为三类：自发社团、注册社团、中心社团。没有在学校进行信息注册的叫自发社团。注册过了就是注册社团，但本质和自发社团没有区别，学校并不过多干涉。中心社团每年都可以从学校获得拨款及其他福利，同时也要为学校做贡献，比如提供视频剪辑服务的“钢的琴”影视工作室，替学校做各种设计的“水煮蛋”设计工作室，前面提到的学长团也是中心社团之一。每年新生入学，社团都要各凭本事招新，似乎加入社团，和项目组一起“搞事情”，已然成为附中人的基本经历，身上没挂几个职位，饭都吃不香。有部分新生不甘于此，就会创立自己的社团，做得好的不但能存活下来，还能跻身热门社团队伍。

● “展”

除了社团这股潮流之外，还有一个大趋势，就是找“展”。“展”在附中的意思是男/女伴侣。新生一下子进入恋爱自由的环境，身边还有各种秀恩爱的，难免抑制不住激增的荷尔蒙，看谁都顺眼。所以九月开学叫“进展月”，十月叫“蜜月”，十一月叫“分手月”——至少根据我待了三年的经验，还挺对的。当然这只是开玩笑的说法，附中还是有很多可歌可泣的爱情故事的。

之前校长被问：“谈恋爱影响学习么？”他的回答是：“吃饭影响睡觉么？”我个人是非常认同的。谈恋爱本身就是一个巨大的学习契机，是培养情商，学习如何与人接触的好机会。而且趁现在感情没有被物质所扭曲，如果遇到了对的人，何不尝试一下。当然还是希望各位同学能够客观地看待此事，不要强求，不然很可能就加入十一月的分手大军了。

如果大家对于北大附中的“展”很好奇，可以扫码看看学校内一个名叫Verge的自媒体的一篇推文，篇名为“北大附中最适合拍情侣照的地方”。里面的图片我们已经见怪不怪了，走在附中，脚底下都是“狗粮”铺出来的路。

北大附中校内媒体*Verge*杂志的推文

同学们一起体验过这两大潮流，加上四大赛事和书院制度，就建立起“一起同过窗，一起扛过枪”的革命友谊了；再经历一波事业爱情的成功/挫折，生活就一下子丰富多彩起来，同时获得了各种能力的增长。

• 选课走班制

说完了刺激的学生生活，我们聊一聊刺激的课程。为什么说课程很刺激呢？因为你今年过得怎么样，就看你选课时的决定。选课制规定了必修课和选修课，上完就能获得不同的学分，毕业的时候有足够的学分就行。高一的必修课几乎占了所有时间，自由度较小，但仍然可以选一到两门选修课，本部和国际部课程内容差异很大，但是选课体系相同。

以我自己为例，我高一高二不同阶段上的课的内容和数量差异巨大，除了有世界历史、语文、综合数学、生物、化学、英语等传统课程，还有公民课程、吉他、编剧、音响操作与现场录制、灯光设计、Java程序设计等丰富多彩的个性化课程可供学生选择。此外，我们还可以自主参与各种各样的社会实践活动和俱乐部活动，这都是由学生自己来把控的。所以北大附中极其考验学生的自主、自制能力，因为想混日子的话，少选课就好了，天天玩儿也没人说你，但是你要考虑清楚：浪费的都是自己的宝贵时间。

在体验了各种各样的课程之后，我逐渐找到自己的兴趣爱好，并开始想往这个方向继续探索，这也是为什么高二第三学段有两门计算机相关课程的原因。作为一个喜欢尝试的人，我简直不能更爱这种课程体系了。不过客观来讲，真的如同大学一样，课程质量的把控，很大程度上取决于老师的安排与专业素养。如果让我给所有我经历过的课程打分，十分我给八分，一分扣给老师的课程设计审核与教师成长，一分扣给逐渐减少的外教数量。

学校本身不提供AP、IB、A-Level、托福、ACT等课程，但通过必修课程已经帮你打好基础了，剩下的都得靠自己；如果是高考方向，高三的时候会脱离选课体系，进入预科部，开始主科轮着来、一周一节体育课的日子。我没有经历过，所以不多做评价，不过每年我们的高考成绩都还不错。

● 学生开课

是的，你没听错，学生也是可以开课的！（但是需要审核通过才可以。）而且是可以上正规课表，拿到学分的。我虽然没上过学长给我开的课，但我现在给学弟学妹们开课，感觉不能再好。教他们的过程，更是我自己重新深刻学习的过程。

在北大附中，学生可以先探索自我，然后有目标有方向地去努力，和"一上来就冲着考试结果去努力"相比，一个是最开始转悠转悠然后开始自己跑向终点，一个是一直被车拽着跑——我选择了前者。因为我觉得人生又不是到某个终点就完事了，过程与自我认知很重要，所以我会更加喜欢北大附中的体制。

我在自己的某个小社群里面问了一个问题："说起北大附中，你第一时间会想起什么？"

——"书院"

——"不穿校服"

——"展"

——"四大赛事，学长团，选课制"

—— "Freedom"（自由）

——不同个性的人

……

如果现在给我换个高中，我可能就疯了吧。

选择北大附中，从未后悔过。

三、民办双语学校（Bilingual Schools by Chinese for Chinese）

虽然我约定俗成地把这些大都由中国人创办、主要服务于中国籍的孩子的学校归类成双语学校，但我并不是很确定他们是否都搞清楚了什么是双语教学。双语教学是我个人非常推崇的教育模式，也是我在美国做校长三年所看到并亲身经历的教学方式。它具体如何操作，在我去年出版的《校长日记:我在美国当校长》一书中有详细描述,我大概讲一下它的一些关键理念。

让孩子们通过两种语言去获得知识是大人可以给到孩子非常珍贵的礼物,不管是哪两种语言。我特别羡慕欧洲的孩子,他们大多数能流利使用三门语言,东南亚的孩子也不错,就算没有三种语言,也有至少三种方言。那这些孩子为什么会有这样的天分呢?他们都去报了新东方的英语速成班了吗?

“双语教学”这个词在中国通常是一个招生的噱头,因为很多家长都会很自然地用超市里“买一送一”的购物心态来占这个小便宜。但恐怕大多数人,无论买家卖家,其实对双语教学并没有特别深刻的理解。双语教学有它严格的定义,并不是说一个学校有两种语言出现,或者请了些外教来上课,那就是双语教学了。

Dual Language Immersion,也叫 Two Way Immersion(双向式的沉浸式教学法),就是我个人比较推崇的一种教学法。用一句话来概括,就是它不再把语言当成一门学科来教,或一门外语来学习,而是让学生同时通过两种语言去获得知识。

这种课程需要非常精密的设计,因为学生在学校的授课时间都是不变的,就是一天七八个小时,要非常合理地利用,我们不可能把所有的知识用英文教一遍、用中文再教一遍,而是要有选择、有取舍地根据学生的特色,根据国家的特色来制定教学方案,决定哪些课程用英文上,哪些课程用中文上。

双语教学虽然操作有难度,但它也是好处多多。第一,就是外语的习得,学生们在真实有效的语境里生动地习得(acquire)了这门语言,而不是通过背字典、学语法、做翻译的方法去学会(learn)语言,所以最后语言的存活率非常高。

第二,是学习的能力。这些学生并没有比别人多花一倍的时间,为什么可以获得两倍的收获呢?因为学生不断地在两种语言间切换,要适应两套不同的教学方法,两种不同的测评工具,以及两种文化背景截然不同的老师,所以他们从小就养成了高度的适应力和学习力。

第三,对于大多数家长来说,是不太可能给高中学段的孩子提供太多学业上的帮助的,我们以前学过的东西考完试就全都忘了,最后要靠学生自己去拼。就像我以前工作的这所三语学校，很多家长是不会说中文的。我们越早地把学习的权利和责任完全放在孩子身上，让他们学会在学校里获得所有的帮助，他们就越有可能成为自主学习的终身学习者。

第四，双语教学中对待两种语言不厚此薄彼的公正态度会让孩子在学习英语的时候不用牺牲掉对自己民族和文化的认同感，不会因为自己上了一个国际学校，每天跟小伙伴说英文，就忽略或放弃中文。我们不但希望孩子们成为 bilingual（说双语）的人，也希望他们成为 biliterate（写双文）的人，而不是那些长着一张华人脸，却有着白人的思维和行为方式的"香蕉孩子"。

现在越来越多的双语学校设计成十二年甚至十五年一贯制的学校，就是说从小学，甚至从幼儿园开始，让这些孩子进入一个全新的价值和课程体系，让他们从小就开始用西方的方式去学习。那相对来说，这十几年的准备就会比最后三年才去调转船头更扎实一点，也更自然一些。有点像发育前就被阉割的狗狗一样，相对没有那么辛苦。

这些学校里，大部分家庭有送孩子出国的打算，大学、高中，甚至更早。我还见过移民一办下来，突然全家就人间蒸发了的家庭。那时候查得不严，不知道卷走了多少民脂民膏。有个别家庭非常在意如何尽快让孩子 fully immersed（完全浸润）到新的语言环境，巴不得孩子一口美式英语都能飙出儿化音来。也有些家长并没有那么坚决要送孩子出国，只是不希望孩子留在应试压力太大的体制内学校受那无谓之苦。在没有找到更好的方法之前，他们认为孩子留在双语学校里至少是快乐的，学习的状态是自主自觉的，学习的内容是生动有趣的，老师给的作业量是合情合理的。

其实我挺赞赏家长们的这种不确定的自在状态。孩子还那么小，世界变化这么快，未来的学校会是什么样子，未来的考试会是什么样子，现在谁说了都不算。我没有通灵的法力预测到高考什么时候消亡，或美国什么时候全面取消 SAT，但是我可以拍着胸脯断言它们将很快发生，其实已经发生了。

这一类的学校里，中国人明显多了起来。虽然很多学校还是会请一位看上去德高望重的老外来做大校长，但毕竟拥有者是中国人，管理团队中也不乏中国人，在办学理念和运营方式上也会相对更中式一些。而且学校对中文的重视程度要高很多，尤其是《中华人民共和国民办教育促进法》（以下简称《民促法》）颁布之后，想不教都不行。校园文化里中国味比较浓，学生和老师们一样，文化认同感和民族自豪感会更高一些。

比起那些外国人学校"你喜欢你就来，你不喜欢的话我也没办法"的倨傲态度，它会用一种更欢迎的态度面对中国家长和学生，管理层也会更愿意听一听中国家庭的建议和诉求。家长和学校间的关系更平等一些，而且由于没了语言障碍，更多的家长就可以跟学校直接沟通，而不需要通过翻译。

随着"外国人学校"连年萎缩的招生情况，随着"公立学校国际部"被国家的政策打压甚至取缔，这些"双语学校"占据了现在国际学校中最高的比例，也是发展速度最快的一族。① 几乎每天都能在新闻里看到在哪儿哪儿又开了一家双语学校。以这样快的速度发展和蔓延，跟当年大学疯狂扩招一样，可想而知会出现良莠不齐的现象。

随着土地资源变得越来越稀缺昂贵，随着教育政策变得越来越谨慎严苛，随着精通中西方教育的人才变得越来越供不应求，做实体学校的门槛和成本变得越来越高，回报越来越少。这时候创办人的初心就显得尤其重要，是真心办学做教育，还是逐利而来？是开学校，还是开学店？过程和结果都有本质上的差别。你可以去看他：

- 愿意花多少心力去建一个符合孩子发展需要而不仅仅是吸引有权有势的家长的学校；
- 愿意花多大代价去物色一个博学干练而不仅仅是有名声或有（旧）经验的校长；
- 愿意创造多少机会让每一位老师能够在岗位上成长而不仅仅找到足够的廉价劳工填满所有岗位；
- 愿意把运营的多少盈余拿出来提供奖学金而不仅仅是为有钱人的孩子提供一个消费的场所；
- 愿意等多少年才收回巨额的投资而不仅仅是希望学校快点做大做强，上市套现。

① 根据中国最大的国际教育服务平台远播国际教育集团的数据，截至2015年年底，在中国设立的各类国际学校达599所，并呈现逐年增长的趋势。其中民营国际学校的数量最多，为268所，其次为设有国际班或国际部的公立学校，数量为215所，外籍子女国际学校数量最少，为116所。根据国际学校权威第三方机构新学说发布的数据，截至2017年10月，全国范围内获得各课程认证标准的国际学校共734所，其中外籍子女学校126所，民办双语学校367所，公立学校国际部241所。

美国有6%的学校是私立学校，远高于中国的同一数据。[①] 但这6%的私立学校里，99%是非营利学校。我刚回国的时候比较理想主义，很在意营利非营利这件事，动不动就举起这面道德的大旗，大义凛然地质问别人："学校是不是非营利的？创办人是不是想挣钱？"做学校这么积德救世的事情，怎么还可以挣钱呢?!

后来跟几位智慧的长辈聊天之后，我想通了几件事。第一，中国社会刚刚从贫穷疾步迈入小康，先富起来的那一批人刚刚才开始享有暴风雨般袭来的财富，以及财富给他们带来的兴奋和种种特权。我们不能指望这些新贵一夜之间变成慈善家，谁也没有权利用道德去绑架他们。

第二，在中国，应试教育才是我们最大的敌人，但要想一夜之间撅断高考这根指挥棒，几乎是不切实际的。尤其是像中国这样的人口大国，自上而下的教育改革，政府一定有很多难处和不得已，我不会再像年轻时那样信口轻狂地批评政府的不作为。为了尽早实现应试教育往素质教育的转变，就需要借助民间的资本和智慧。无论是营利还是非营利，"只要抓到老鼠就是好猫"，只要敢向应试教育说不的学校就是有创新与改革勇气的好学校。我现在倒是很支持企业家收回巨额的投资成本并得到合理回报。

第三，就像不能低估民间的资本一样，我们不能低估民间的智慧。直到2017年《民促法》正式施行，才让民办学校有机会且有权利注册成营利性学校。突然意识到原来在此之前，中国所有的学校都必须注册成非营利机构。聪明的资本家一定想到了聪明的方式让自己没有白忙活——看来我杞人忧天了。

在《民促法》出台之前，中国资本市场已经呈现出高度过剩的状态，尤其是当房地产的边界效应即将消失的时候，也不知道哪位大神走漏了风声，大量的民间资本瞬间涌向教育。作为一所一百多人的弹丸小校的校长，我曾经平均每个月都能收到三四个大小财团和基金公司抛来的橄榄枝：你们想扩大校园吗？你们想去某某市开分校吗？你们想上市吗？

不知道为什么他们就把我当成了这个领域的专家，甚至有咨询公司不惜重金请我陪投资公司的老总聊天，为他们启蒙中国的国际教育市场。我基本都是用比较含蓄或不含蓄的方式喊醒或吓跑那些闻风而动、逐利而来的资本。

---

① 根据教育部公开数据，2016年，全国共有义务教育阶段学校23万所，义务教育阶段在校生1.4亿人。全国共有高中阶段学校(包括普通高中、成人高中和中等职业教育)2.47万所，招生1396.3万人。统计归类的偏差不算，也就是百分之零点几的比例，一个小数点的差别。

我会告诉他们学校成长和发展的规律,我也会告诉他们,教育和医疗一样,不是也不应该是一个暴利和速利的行业。跟开咖啡馆不一样,关了就关了,换个地方再开一家;建一所学校,和养育自己的孩子一样,不但需要真爱和不惜代价的决心和付出,还需要长期的、持续的投入,如果没有十年的耐心和十年不指望营利的实力,那还不如去投资沙县小吃。

资本有逐利的天性,就像蝙蝠嗜血不是蝙蝠的错一样,尤其是私募基金,要面对股东对回报的期待和压力,很有可能绑架办校的初心和校长的决策。所以投资人和校长之间对于办学质量、发展规模、返本速度、回报比例等问题的高度共识非常关键。

但话又说回来,在这个教育市场化的年代,如果真的办成了一所有良心、有品质的学校,早就对体制内教育怨声载道的家长一定会欣然买单。一所高效运作的学校,以北京为例,一年收十几万的学费,3—5 年止损不需要继续投入,5—10 年收回成本(主要看土地和建设成本有多高),并维持 15%—25%(主要看创办人舍不舍得花钱)的利润是不成问题的。

我之所以还不会拒绝跟资本对话,还是对这个世界留了万分之一的侥幸和妄想。像紫霞仙子一样,内心还是期待那个盖世英雄,有一天会踩着七彩祥云来办学校。中国那么大,人那么多,总该有那么一两个钱多得已经真的不知道该怎么花的社会企业家,已经想明白了“留给子孙的财富不一定是礼物还有可能是毒药”的道理,并希望可以为后人、为后世留下些有价值的东西。

我常常引用网上最近疯传的“人死三次”的段子,应该是源于获得第 90 届奥斯卡金像奖最佳动画长片的《寻梦环游记》,貌似挺有说服力的:

> 第一次是他断气的时候,在生物学上他死了;
>
> 第二次是人们来参加他的葬礼,他在社会中死了,不再有他的位置;
>
> 第三次是人们都把他忘记的时候,那时候他才真的死了。

说来好笑,在为培德书院寻找中学校址和遴选投资人焦头烂额的那段时间,我开始做一些荒诞而邪恶的梦。有时候是某某富豪突然发现自己得了癌症,希望临死之前看到一所以他命名的学校;有时候是某个煤老板的独子在美国读书时被另一个煤老板的独子酒驾撞死,两个失独老人开始关注孩子身心健康、精神富足和社会正义,并提醒他们的富豪朋友,只有三观正的学校才能为他们培养可以接班的后人。

随着中国成为世界第二大经济实体，越来越多的富豪占据半壁胡润富豪榜，家族财富管理和子女培养问题已经被正式提上议程。“文化大革命”后，中国彻底消灭了“富人”这个族群。一不小心成了中华人民共和国第一批富人的企业家们，急需一套家族传承的文化、体制和方法，来打破“富不过三代”的魔咒。

同样的财产问题在国际上也出现两大流派和趋势，可以粗浅地分成欧系和美系。欧洲的老贵族对待财产的态度和王室对待古堡的态度一样：守住它，传下去；而美国的新贵们则表现出一种全新的、先进的态度。以微软创始人比尔·盖茨为代表的第一代首富捐出他和夫人梅琳达·盖茨的所有财产，即使是以他们命名的基金会也要在他们离世后的30年之内把资产散尽，全部回报社会。

这一善举被更年轻的脸书创始人扎克伯格和他的华裔太太Priscilla完美继承，并推到一个新的高度：不让巨额的财产剥夺儿孙为自己人生奋斗的权利。换句话说，别让父辈打下的江山反过来变成罩在儿孙头顶的五指山和紧箍咒，挡住他们“长成自己希望成为的样子”的可能。

在中国，把祖辈的财富世代传承下去一直是无可厚非甚至是被鼓励赞颂的。要挣脱几千年的价值观不是一件容易的事，需要莫大的勇气和自律。但是随着富二代、富三代们出去留学，接触到一个比他们家族更大的世界和世界观，他们开始质疑父辈们对于财富的态度和使用方法，开始拒绝继承父辈的事业和产业。于是，这两种截然不同的对待财富和继承的态度开始角力，并影响着正在快速积累财富的中国。

林则徐说过一段发人深省的话：“子孙若如我，留钱做什么，贤而多财，则损其志；子孙不如我，留钱做什么，愚而多财，益增其过。”意思是子孙如果像我一样卓异，那么，我就没必要留钱给他，贤能却拥有过多钱财，会消磨他的斗志；子孙如果是平庸之辈，那么，我也没必要留钱给他，愚钝却拥有过多钱财，会增加他的过失。

不论你愿不愿意，中国大部分的民间财富已经掌握在这些少数人手里，新贵们现在接受怎样的教育，将影响中国之后几十年的命运。如何让这些掌握巨额财富的年轻人能用更现代的财富观念去运营家族企业，并在时机成熟时回报社会和国家，甚至把他们的父辈也感化成有责任感的社会企业家，是一门火候必须拿捏得恰到好处的艺术。

在这方面，我特别敬重两个人，一位是孔裔国际学校的创始人孔令涛校长，当我口口声声地提出“挑孩子不挑家长”的口号向土豪们说不的时候，他却说："我们可千万不能嫌弃富二代，更不能放弃对富二代的教育。把他们教育好了，可以把他们变成像扎克伯格一样有责任感的新贵族。教育不好，他们就会沦为李刚的儿子，对社会造成极大的破坏和影响。"他不但能送这些本来并不一定爱读书的孩子进不错的海外大学，还有本事让这些娇生惯养的孩子去贫穷的地方干体力活、做义工。

另一位是上海世外集团的掌门人徐俭校长。他是我在上海南洋模范中学读书时候的恩师，也是把我从美国召唤回来的那个人。我们每年都要见上几次面，要么是在各种国际教育的大型峰会上，要么是在老同学陈晓峰张罗的私人聚餐上，每次都能从老师身上学到很多办学治校的智慧。几个月前，我正式请他接受了我一次采访，也是我第一次听他系统地讲述他掌门世外的风雨二十年。

钱志龙采访徐俭校长

钱：是什么样的机缘和动力，让您离开公办体系进入民办教育？

徐：我完全进入民办教育也就是这两年。在2005年以前，世外的性质是叫公办民助。严格意义上来说，世外首先是一个公办学校，其次它是以民营机制为运营模式的，所以就形成了以下几个特点。

第一，公办是指政府为世外无偿提供校舍，所有教职工纳入事业编制；民助是指学校按照民营机制运行，自主选择生源，类似于改革开放初期的企业承包制。

第二，当时，教师不使用聘用制，而使用合同制，这是在国有编制的基础上新建起来的。同时，学校在教学课程的选择上有一定的自主权。2004年《民办教育促进法实施条例》的出台，进一步明确了公办学校和民办学校的界限，解决了产权明晰等问题。

其中，徐汇区是做得比较好的。世外的民助源于与政府有密切关系的企业，并非私营业主，当时约定学校运营所获的成本外收益，全部归国家所有。2004年，进一步深化改革后，所有资产有偿出让给均瑶集团。正是源于这种运营机制，才避免了国有资产的流失，还实现了保值增值；同时，徐汇区开办了一批在上海乃至全国都非常有名的民办学校。在短期内，国有创收是很可观的。所以，教育局是支持公办转民办的。实际操作中，民办机构的董事会更愿意接收一个有资产、有师资的公办学校，所以进行约定时，民办机构希望把所有的教师都留下。

以上是第一步，做到这一步难度并不大，但是到了2014年年底，民办教育历经十多年后再进行转变，这是需要勇气的。既然要把民办教育做好，使之有别于公办教育，我认为，作为一个教育集团的领军人物，要做到把“救生圈”去掉，自己去游泳。这个“救生圈”指的是某个区域的编制、教师的编制。因为待遇来源于该区域，就应该为该区域的教育服务，不能今天在上海做校长，明天在宁波做校长，后天在成都做校长，这是不可行的。为了更好地开展工作，我给所有的教师带个头，去掉编制，以表我对世外的信心，也给教师们增加信心。

钱：第二个问题，我想让您大概地总结一下世外这20年，有几个重大的发展阶段或者历程。

徐：总结起来应该有两三个阶段吧。

钱：您觉得世外在江浙沪地区老百姓心目中的口碑区别于其他民办学校最大的优势在哪里？

徐：实际上，一般老百姓择校都是冲着学校名气来的，世外名气很大，当然这是实至名归的。因为世外在创办的时候，真的是为老百姓考虑的一个民办学校，收费不高、质量很好，所以各个层次的家长都愿意将子女交给世外。

世外如此受欢迎主要有两个原因。一是其课程有特色，这一点学生和家长有目共睹，考试成绩也相当不错；二是办学特色明显，这个“特色明显”是指他的办学理念介于外籍子女学校和传统民办学校之间，既能适应大多数中国学生未来升学的本土优势，又能满足留学海外的需求。要做到两头兼顾，我们的教学起了很大的作用，当然这与家长的努力、孩子的基础也是密不可分的。

钱：“家长的努力”？请您稍微解释一下。

徐：家长的努力，比如课外的帮助、眼界的开拓等。学生考试成绩好，不仅仅因为老师教得好，其自身的优秀也是非常重要的，所以学生的家庭、生源至关重要。

钱：那对于家庭帮助的责任和分寸，您怎么看？

徐：你这个问题问到了关键点上。刚做校长的时候，我觉得学校就是管教育的，家庭就是管生活的。后来我的观念慢慢改变了，因为很难分得清楚哪些责任是老师的，哪些责任是学生本人的，哪些责任是家庭的。当然在知识层面、能力层面上的主要责任还是应该由学校来承担。但是依然很难界定学校与家庭的责任分工，故家校的配合就很重要了。

所以在第二阶段，我认为世外还是非常关注家校配合的，我们会定期和家长交流，需要家长协助的，事先进行沟通。但是目前存在一个现象，有些家长为了孩子成绩好一些，让孩子提前上学，或者去补课、参加竞赛等，将星期六、星期天变成了“周六”“周七”，孩子一周七天都在学习，完全没有周末。这就是一个度的问题，世外也在探索。

我认为有些家庭或者学校的个别化目标，很难左右社会整体的升学需求与目标。个别人可以左右自己的孩子，但无法左右学校的录取。在尚未找到更好、更高效公正的方式之前，我们只能去尊重并认同当下的升学模式。所以我们希望在城市内至少能够做成一体化的学校，减轻部分学生家庭升学的压力，把周末还给孩子们。

钱：我刚才之所以要跟您确认家长这一部分，是因为我虽然很认同家校共建这个事情，但是也得有章法和分寸。昨天下午我等人的时候，在快客门口看到一个妈妈带着一个女儿，应该在临去补课前还有半个小时的空档，那个妈妈非常大声地辅导孩子做题，并严厉苛责。在英语里我们称这样的家长为 Helicopter（直升机家长）——一直盘旋在孩子脑袋上方，“你这个会了吗？”“这个做完了吗？”“你怎么回事？”

在我看来，家长这种所谓的帮助，其实是一种过度参与，是以一种干扰和霸权的方式，剥夺孩子自己的学习动力和解决问题的能力。

徐：这很难说是谁的问题，现在很多小学、初中都有家校联系册，做完作业需要家长签字，谁是“直升机”不好判断。大家各有各的诉求，各有各的做法，到底错在谁、责任在谁真的不好说。

钱：您最想跟民办教育界的同僚分享的这 20 年的经验是什么？对于新建学校，或者现在正在迭代的学校而言，最关键的地方是什么？因为我受益于您的经验，请您再总结一下。

徐：第一，我觉得开办一个新学校，首先建议投资者、举办者、校长，做足了充分的准备再放手去办。以我多年的经验和教训，开办一个学校不仅仅是校舍等硬件的配备，更重要的是学校的教学理念、目标、培养方向、课程体系、人力资源的准备。秉承着对社会、对举办者负责的态度，我们世外将来要开办的学校，在前期准备上会越来越充分。

第二,我们既然在聊可选择的学校,被选择的学校,生源可选择的学校,理念相投很重要。在进行介绍的时候,要恰如其分,说明能做到什么,不能做到什么,力求目标一致。

第三,我觉得作为学校的校长,要对未来教育的变化趋势有一个预判,因为现在的很多情况变化太快,要让学校跟上时代的步伐,适应社会的需求,真正做到与时俱进。

我在徐汇区教育局分管幼儿园的时候,区内三十几个幼儿园中有不少幼儿园和一家公司来合作开发幼儿评价项目。我认可这个现象,但我不认可这个做法。因为徐汇区的幼儿水平差异是很大的,全部由一家公司去做,要做到与每个幼儿园的指标、要求都相符,那是不可能的。这家公司的确做得不错,但是除此之外就没有其他公司能做吗?所以我就硬性在这个项目中去除了几个幼儿园。

钱:这种公司指的是什么公司?

徐:我指的是一些教育服务类的公司。我想说的是,无论是人工智能也好,机器人特色也好,但是到底怎么做,一个产业化规模的公司能够做出那么多的东西,做成针对每个学校个性化的东西是不可信的。所以,市场定位很重要,小众一些没关系,只要能够运营得好就可以。如果无法运营下去,再大众化也没用,所以我觉得每一个学校都应该有特色,和而不同。

钱:我记得您也说过世外的那么多分校,其实也是百花齐放的。

徐:对,我坚持要做不一样的学校,我一直讲这句话,叫"一样和不一样"。我们有一样的东西,也各有各的不同,各有各的特色。

钱:您还跟我说过一句金句,"尊重教育规律,兼顾市场规律"。对我启发很大,请具体阐释一下。

徐:学校教育是学历教育,全日制教育,而不是培训。昨天我跟南模的老同事谈应试教育。我说应试教育不能称为教育,只是因为在学校,大家才把它称为教育。实际上,真正的教育存在于教授知识以外,当然在知识的传授过程中能力自然会伴随着成长,思维也会跟进。教育跟培训最大的区别在于,教育除了教书之外,还要教人;而培训就比如,学生9点来,10点走,只要题目做对即可。当然培训也可以让孩子的能力得到提升,但是不会考虑到学习以外的东西,比如教会孩子如何分享,让孩子们去互动,让孩子们一起去建立一个小型的同学社会关系,等等。

在世外，孩子们在课堂上与老师亲密互动

另外，培训的课程跟教育的课程是不一样的，教育的课程是紧紧围绕人的发展、社会的发展需要而建立起来的体系。所以我们老说体育课不能扔，当然这是人的健康刚需，我们的音乐课、美术课能扔掉吗？扔掉的话文化就没了。有知识不一定有文化，有文化不一定有文明，所以在未来发展的过程中，如果你的知识和能力在某些板块中缺失的话，你很难达到社会所需要的文明的高度。这就是我认为的教育规律，无论家长愿不愿意，无论投资方愿不愿意，不论考不考试，只要是对学生有利的，我们都要去做。我们永远不会把体育课、音乐课、美术课去掉，我们强调素养教育不是因为它现在时髦了，而是因为我们一直尊重教育的规律。

从兼顾市场规律角度上来讲，第一，理念很重要。但是能够达到我们这个理念的孩子或家长是非常非常小众的，连开班招生都成问题的话，怎么可能办学校，所以我也在考虑把我的定位做适当的调整。

你到过周老师那个学校，公办学校不用去考虑市场问题，20 个学生就 20 个学生，15 个学生就 15 个学生，对不对？这是很大的投入，政府这些投入完全是合情合理的。不让地处城市边缘的孩子得到不公平的教育，让那个区域乃至整个上海的孩子得到公平的教育。这是公办教育应该解决的问题，并不是针对民办教育而言的。

第二，活得好才能实现你的理想，经常有人说生源很重要，我认可这个观点。没有好的生源，世外就不可能那么成功。但对于我们当时来讲，做 DP 也好，做 MYP 也好，数量是第一关键的因素，在这个过程当中，我可以不考虑营利，不考虑积累，但是我不能不考虑连起码的氛围都营造不起来的班级人数。

世外中学 DP(大学预科文凭项目)10 年庆

钱：请您顺便也聊一下办学者对于投资回报这样的一个期待的度，市场规律其实包括这一部分。

徐：第一，我们的校长、管理层和老板们，要有一个明确的标准。根据《民促法》，在法律规定的收费标准之外，再有变相收费的话，那就是违法的。第二，要看你对学校的定位，如果把学校看作一个企业，那么投资回报就是一个大问题；如果把学校看成一个事业，那这个问题就解决了。

现在大多数举办者并没有把学校看作企业来做，因为学校跟企业相比，的确存在很多不同，学校承载着特殊的意义与社会责任。但是，要让中国的企业家、投资人将学校完全看作事业来办，用 20 年的时间都是达不到的。所以我觉得办学者应该有一定的积累和合理回报，在市场机制的调节下，使民办教育符合市场规律，办学者愿意投入，取得合理的回报。

为什么现在那么多实体店关门，就是没有利润空间了，大家都去淘宝京东上购物了，被网购挤压了。所以一定要把这个业态处理好，让大家能够有得玩，能够玩下去。在欧洲的一些国家，网购是有限制性的，这是一样的道理，没有谁对谁错。

对于当下的民办教育，投资可以先不要回报，但是日后还是应该有所回报的。办学方看到希望了，愿意增加投资，有着“跳一跳摘桃子”的精神，我们的民办教育事业才会不断往前进。

钱：我是比较理想主义的，我记得上次跟您聊天的时候，我问您中国什么时候能够等到一个接近慈善家办学的时代，您说快了。

徐：慈善家办学，我认为会比较快，但是这个快不是明年后年。就如民办教育，在中国发展也有30多年了，但民办教育是在1993年、1994年才大规模兴办起来的。按照中国人的古话，三十年河东，三十年河西。所以，慈善家办学尚早。

我认为这些年，慈善事业在中国是有所发展的，而且越来越自发了。但做慈善还是要靠大企业家、大老板们。办学校可以不赚钱，但是也不想亏钱，在大城市，办学者是将办学质量放在第一位的，这是正确的。随着我的办学想法和理念的深入，我觉得下一个30年是可期待的。第二个阶段，就是要将学校变成办学者生命的一部分，而不是（赚钱）机器的一部分。当然，这是要通过时间慢慢升华的。

钱：这20年中您觉得最大的挑战是什么，或者有哪些重大挑战，您又是怎么应对这些挑战的？

徐：国际化的教育这个概念对我的挑战很大，大家对什么是国际化、怎样做国际化，做了很多颠覆、探索和修正。家长所理解的国际化和教育者所理解的国际化之间有距离，所以有些梦想要坚守，有些市场要兼顾，解决和处理这个矛盾就是挺大的挑战。

钱：您怎么看家长的期待？

徐：家长的观念也是随着社会的发展而转变的。不积跬步无以至千里，我还是秉持我的观点——“跳一跳摘桃子”，概括起来就是，我每次都领先一点点，这就是我课程的理念，教育的一个想法。

钱：最后一个问题，现在您对世外的下一个十年或者下一个五年的规划是什么，您能够预想到的挑战又是什么？

徐：世外教育的下一个五年，第一是要体现社会价值，世外教育做到今天这个程度，不是简单为自己的发展而发展，是要把社会价值作为一个非常重要的指标，希望有可能的话，过三年我们再回到这个话题上来聊，你看我们做了哪些。

第二，我希望做到全国一流——质量的一流，规模的一流，教育成果的一流，当然也是一个市场能够认可的口碑上的一流。在此基础上，向国际一流迈进。

第三，要坚持特色发展，民办就是要有特色，要符合社会对人才的需要。

钱：您刚刚提到国际一流，世外现在也是有海外办学的计划，是吗？

徐：有这个想法，目前还在探索过程中。

钱：我准备的问题就这些，还有哪些我漏掉的您要补充一下？

徐：世外当然还有教师培训方面的特点，有课程建设方面的特点，每个话题都很大，今天是站在一个发展趋势、发展方向上去展开，是比较宏观的想法，而不是具体的方面，当然如果有需要，以后我们可以在一些具体的方面，诸如课程、队伍、管理等，再做进一步的探讨。

钱：好，那今天就聊到这，谢谢徐老师。

四、面向未来的创新学校(Innovative Schools for the Future)

我非常尊敬的杨东平先生主持的21世纪教育研究院去年发布了一份关于“在家上学”的研究报告，我惊讶并欣慰地得知中国的这个人群现在正在以每年40%的速度快速增长。看来千万不能小看了这批75后、80后家长觉醒后爆发的小宇宙。只是很遗憾“在家上学”这件在西方国家已经相当普遍的事情在中国还处于萌芽甚至“非法”阶段。

大家也别太字面理解“在家上学”这四个字，想象出一幅狠心的父母把孩子关在自己家里，拿了根戒尺盯着孩子背书，不让他接触其他孩子的画面。也不是非要像《奇迹男孩》里那样，因为孩子五官不端正才适合“在家上学”。其实那些天天跟自己最爱的人一起在“玩中学、做中学”的孩子是非常幸福的。那样的学习场景更接近我心目中学习该有的样子，那些孩子们的表情更接近我心目中这个年龄段孩子该有的表情。

而且，在家上学不一定是独门独户的个体行为，也可能是住在附近的一群家长的集体行为。很多时候，一群智慧而内心笃定的大人带领着一群身心自由的孩子坐在大树下，一起阅读、唱歌、吟诗、作画、讲故事、做游戏、种菜种花、养鸡养鸭、舞刀弄枪、骑“马”打“仗”的场景，可能就是教育最开始的样子，可能就是孔子时代教育的样子。

所以，除了刚才提到的三类在国家教育机构那里有备案的，在新学说和远播教育集团发布的数字里有据可查的国际学校之外，其实，在中国广袤的土地上，还散落着一群很特别的学校，虽然他们未必有浩浩荡荡的外教队伍，未必购买了某一套明码标价的国际课程，它们甚至看上去很乡土、很简陋、很中式，一点也不洋气，但我却愿意把它们也归到国际学校行列。

因为它们摸到了整个世界教育发展趋势的脉搏，它们用国内外先进的教育理念指导学校的建设和发展，它们用最朴实无华的方法耕耘着自己一片干净的土地，关心着大过于柴米油盐的家国社稷，操心着大过于蝇营狗苟的成人世界的全球问题。最关键的，它们用最大的诚意和努力呵护着孩子们善良、纯净、豁达、丰盈的童心和天真。

它们大多规模不大，甚至有可能就在某一户宽敞的人家后院里发生，可能由一位或者几位对学校教育不再抱任何幻想的家长发起。有些家长甚至辞去了原来体面的工作，为了自己的孩子，以一种无知无畏的态度杀入教育圈。老师们也并不一定拥有教师资格证，但他们本身受过至少比很多科班毕业的师范生更好、更纯粹的教育。他们中有家学渊源、从小叛逆的读书人，有在深山野岭尝试有机耕畜的社会企业家，有厌倦了“让有钱人变得更有钱”的工作的金融才子，有不愿意再继续骗人的广告奇才，有对一件器物或手艺着迷不能自拔的匠人，有海外生活很久终于回归故土的浪子。

他们最大的共性是批判性思维，对现实世界和当下教育的冷静认识和不妥协。他们深爱着自己的和别人的孩子，不希望用任何堂皇的借口或连自己都说服不了的理由，去伤害孩子们与生俱来的对学习的热情、对阅读的兴趣、善待他人的慈悲、对世界的好奇心、天马行空的想象力和让大人们自愧不如的创造力。他们可能还没有完全弄清楚到底想要什么样的教育，但他们非常清楚坚决不想要什么样的教育。

所以他们一旦发现学校老师的水平和综合素质不如自己的时候，一旦发现校长的谈吐和审美标准不如自己的时候，一旦发现学校里发给孩子读的课本不如他自己家里书架上的藏书的时候，他们选择了不发牢骚、不抱怨。因为这不是学校的错，也不是老师、校长的错，是旧的时代和旧的体制造成的，于是他们选择自己撸起袖子来办学校。

我非常欣赏他们这种不卑不亢的态度、不怨不咒的精神，我更欣赏他们这种无畏的勇气和无怨无悔的坚持。建一所实体学校肯定比所有人能想象的加起来还要难：主管部门的冷漠、打压和不宽容；土地资源越来越稀缺、偏远和昂贵；一腔热血的老师们遇到一屋子熊孩子顿时手忙脚乱甚至缴械投降；貌似同仇敌忾的家长们吆喝时如过江之鲫，到出钱出力的时候、学校遇到困难的时候作鸟兽散……

教育这个行业就像红海潜水胜地沙姆沙伊赫，刚下水时没什么感觉，稍微往里游几米，水突然变得深不见底，没做好准备很容易呛一大口海水。李一诺（一土学校的创始人）看到这行字的时候一定“泪流满面”。但其实教育的门槛又很低很低，只要你遵循了孩子的天性，了解脑科学和心理学的一些基本原理，尊重教育和孩子发展的基本规律，不以任何借口，包括爱的名义去违背它，就可以了。

其实要想让孩子们真正开始学习也比我们想象的要容易得多，因为每个孩子生来是好学的，也是生来对这个世界充满好奇的。是我们这群自以为是的大人们打着“教育他们”的名义，做着很多伤害他们的事情还洋洋自得。最近在微信上读到一篇文章《不为恶的老师就是好老师》，深有感触，就像我非常尊敬的北京朝阳区教工委的刘丽彬书记说的：教育需要做的是减法，不是加法。

这类学校绝大多数因为规模、场地、性质、师资、课程等种种原因没有达到国家的要求，没能拿到教委的认可注册成正规学校，只能以培训机构或“私塾”的名义在夹缝中求生存。但他们所做的事情，对孩子的尊重程度、对学习的认知和理解、对教师的栽培和滋养远远超过了很多正式挂牌的学校，甚至那些勋章荣誉满墙满院的名校。我必须点名表扬的是我亲自拜访过，也被深深感动过的成都的先锋学校、好奇学校和重庆的泉源学校。

这让我想起 20 世纪 80 年代中国第一批个体户，因为没有“国营”两个字的保护，就像庶出的王子一样，先天就欠了老百姓一层信任。我现在带爸妈下馆子，爸爸还会问我是不是国营的，一听说是私营的就皱起眉头，顿时产生巨大的防范心。我对他如此过时的态度猝不及防、无言以对，却让我警醒原来民众的无知和不觉醒很可能是一个普遍情况。

这类学校虽然表面看上去简陋，其实大咖云集。因为大部分创办人本身首先都是积极的终身学习者和不愿意向现实妥协的变革者。他们抱着对未来、对孩子的敬畏之心，博览中外的教育书籍，相比师范大学那些照本宣科死记硬背的教学方式，他们自学成才，批判思考，东西融合，洋为中用。

其中，西学东渐最有代表性的学校是起源于德国的华德福学校。虽然我自己没有在华德福学校工作过，也没有接受过他们的“人智学”培训，但是我身边有很多华德福圈子的朋友，从道听途说的种种信息来看，他们有很多东西是值得我们借鉴的。尤其是对于天性、人性的尊重，对于自然的敬畏，对于教师治校的创举，对于家校共建的态度。

可惜据我所知，举国上下目前只有位于成都的中国第一家华德福学校在当地敢于担当的教委领导的呵护下，拿到了正规的办学资质，其他的都非常低调地做着他们相信是对的事。虽然很想为他们站台、为他们喝彩，但我都不敢提他们的名字，生怕给他们惹来过多的关注甚至干扰。除了深圳的山之雨华德福，因为我认识他们的住持王羲烈，也读过他写的《寂寞英雄》，我觉得他心够大，能量场也够大，应该能扛得住风雨。

从性质上，这些学校很像美国的特许学校（Charter School），除了没有国家的经费支持，没有“有关部门”的“背书”和认可。

【拓展】

Charter School，翻译成特许学校，是美国自1990年以来兴起的众多公办民营学校之中的一种。自1991年第一所特许学校在明尼苏达州成立，至今在美国40个州，已有超过4 000所特许学校，超过百万学生就读。

特许学校是经由州政府立法通过，特别允许教师、家长、教育专业团体或其他非营利机构等经营的学校。经教育厅特许后，便可接受公家经费，用纳税人的钱设立学校，学童免费就读。这类学校虽然由政府负担教育经费，但却交给“私人”经营，除了必须达到双方预定的教育成效之外，不受一般教育行政法规的限制，可以说是一所例外特别许可的学校，所以称之为特许学校。

经核准的特许学校像其他公立学校一样，必须接受所有的学生，不得有任何的限制，所需经费也依据学生人数的多寡由政府从整体的教育经费中支出。如果其他公立学校的学生转学到特许学校，原学校的学生人均经费也同时转拨到新就读的学校，如从私立学校转学而来，则由政府拨给增加学生所需的经费。

少数特许学校以艺术教育、双语教育、音乐教育或科学教育为特色，然而大多数特许学校的课程跟一般公立学校并没有太大差别，很多学校成立的宗旨是给贫困学生另一个选择，一个品质较好的教育机会，因此大部分特许学校在穷人聚居的大城市贫民区内。

特许学校与政府之间是一种契约的关系（通常3—5年），学校必须在契约规定期间保证达成双方认可的经营目标。这种目标通常是以改进学校教学现状为主，因此，多数属于教育革新的实验学校。也因为是教育实验性质，所以特许学校通常可以免除例行性教育行政法规的限制，如各学科授课时数、教学进度、教师工作准则、薪资规定以及例行性的报表等。

美国的特许学校一方面具备公立学校公平、公正、免学费的优点，另一方面又有私立学校重视经营绩效的优点，同时也可以激发各种创新的教育实验，并且可以透过竞争压力，刺激一般公立学校提升学校经营及教学品质，因此，已成为美国新世纪学校的典范。

在中国现在名声如日中天的 High Tech High（高技术高中学校，简称 HTH）就是美国圣地亚哥市的一个特许学校教育集团，15 年内已经开出 15 家分校。他们从幼儿园到高中，完全用项目制学习替代传统的学科制学习，没有课本和考试，让学生在跨学科的项目中获得可以在他们生命中留下痕迹的学问、能力和核心素养，在不挑生源、附近居民抽签入校的情况下，保证高达 98%的大学升学率。

我第一次接触 HTH 是 2012 年在写博士论文的时候引用 HTH 作为创新教育的案例，大开眼界，叹为观止；第二次是 2015 年 12 月在北京中学开未来理想学校高峰论坛时，身旁坐着的同台嘉宾就是 HTH 的创始人 Larry Rosenstock，深情相拥，相见恨晚。2017 年 2 月我应邀正式访问 HTH，回来后写了两篇图文并茂的公众号文章介绍这种大胆革新的办学理念，被各大自媒体转发，在中国掀起了一阵学习 HTH 的热潮，也把项目制学习变成了一个大家热议躬行的课题。

其实在认识 High Tech High 之前，我就一直很欣赏“特许学校”这种制度，回国前还曾经在北加州第一所中英双语的特许学校 Yu Ming Charter School 做过几天的准校董，目睹了他们在筹备、启动、招生过程中如何一点点克服艰难和挑战，也特别欣赏他们不畏艰难、直面挑战的勇气。

我羡慕特许学校的校长们，不用把自己变成要担心投资人回报的职业经理人；我羡慕他们的老师，有创新的自由，而不用写各种形式主义的报告；我羡慕他们的家长，不用砸锅卖铁就能让孩子享受体制外的优质教育；当然我最羡慕的还是他们的孩子，能有机会自发自觉地用适合自己的方式学自己想学的东西。

回国这 5 年多，包括之前在美国的 3 年，我一直都服务于学费昂贵的私立学校。虽然当看见孩子们自由自在地学习，我也很有成就感，但我心里时常是有点难过和遗憾的，因为我知道毕竟只有少数的孩子因为父母的经济实力才能上得起这样的"特权学校"。出身寒门的我一直很希望普通家庭，甚至贫困家庭的孩子也能享受到一样优质美好的教育，和我一样能够改变自己的命运。

如今中国国运昌盛，我们已经有足够的实力做一些改变，很多地区的生均拨款已经超出了美国某些城市，各级教育厅局年底也常常有怎么也花不完的预算，听说有些学校每年都刷一次墙，两年就换一批新家具，还花了很多冤枉钱购置了一大批昂贵的器材堆在角落积灰。

如果我们也能学习美国，在某种程度上借鉴这种"公资私营"的方式，在非商业化的体制下鼓励教育创新，让民间的力量协助整个国家的教育大步往前，那该是多么美好的一件事呀！前段时间拜访我仰慕已久的"美丽中国"[①]，从中文好得吓人的创始人"小潘"[②]那里听说了一个好消息。在"美丽中国"的努力下，中国刚刚在云南腾冲建成了第一所特许学校。

我亦师亦友的同事王建利博士是我认识的人里最懂教育的投资人，在所有搞教育的人里最能看见未来的科学家。他经常说："教育变革是一个必然趋势，你不做，自有别人做。"时代的变化如此迅速而猛烈，就像数码相机出现的时候，柯达连一个夏天都撑不过去。智能手机出现的时候，诺基亚瞬间就没了——你不变就会死。公办教育的体制太庞大，要改变有实际困难，但就算州官不放火，百姓一定会点灯，因为天黑了。

2017 年 9 月，我去上海讲课的时候，终于有机会拜访了仰慕已久的昆山杜克大学，并从亲自带我导览的王建利博士那里了解了一所顶尖的美国大学如何排除万难入驻中国背后的故事。

这些年，希望引国外教育资源来中国的人都知道，要说服美国的中小学校来中国开分校有多么不容易，更别说投资动辄数亿的大学了。其实逻辑也很简单，人家在美国好好的，干吗要来中国？中国人貌似现在最拿得出手的就是钱——但是绝大部分的美国学校都是非营利学校，人家偏偏不图你的钱。

要办一所大学所需要的巨大的土地、资本以及政府和本土大学的支持，跟开一家连锁幼儿园不是一个量级。昆山杜克校区总面积 1300 亩[③]，目前只开发了 200 亩，不算土地成本已经耗资 12 个亿。作为中间的协调人，在这过程

---

① 成立于 2008 年，是北京立德未来助学公益基金会下设的非营利支教项目，通过"两年轮换制"，为教育资源匮乏地区提供持续稳定的师资力量。——编者注

② 北京立德未来助学公益基金会的发起人刘泽彭先生。

③ 1 庙≈666.67 平方米。

中所遇到的阻力和困难，王博士没有细说，但我可以想象得到。

和其他在中国办学的海外学校不同，杜克既不是为了出租一块金字招牌赚点快钱，也不是简单应付一下，输出点课程、借调几位教授，而是每年拿出和昆山政府对等的真金白银注入昆山校区，从极富设计感的校园设计就能看出来什么叫良心品质——那你说人家图个啥呢？

昆山杜克大学常务副校长 Denis Simon 教授一句话让我似乎猜出其中隐情：在美国，杜克大学酝酿了三年的课程改革最后竟被校委会否决，因为有太多已经拿到终身教授头衔的保守派安于现状，不希望看到改变。

世界正以超出想象的速度变化发展，而教育却一如既往地缓步前行。中小学如此，大学更是重灾区，很多教授的讲课笔记十几年没更新过。从某种意义上说，在 20 世纪越出名的大学将面临更大的“船大难掉头”的挑战。

和中国的大学一样，如果教授们还躲在象牙塔里，死守着自己所谓的专业领域，不愿跨界思考，不愿与学生毕业走出校门后的世界接轨，将很快失去有批判性思考能力的学生的尊敬。

而昆山杜克则是一张白纸，没有包袱，没有灰尘，没有来自老一辈的阻力。只有那些最敢跨学科、最富创造力的教授才敢来中国，才愿意来昆山校区，因为只有在这里他们才有可能实现在美国杜克都实现不了的梦想。这也是我坚信假以时日，昆山杜克一定能超越美国杜克的根本原因。

王建利博士还做了一件我认为绝顶聪明的事：他越过对教授们其实并没有太多操控权力的美国大学校长，绕过任何机构都不可能完全避免的低效的官僚制度，直接动员渴望把研究成果转化成经济效益和社会效益的年富力强的教授，为他们的科研项目注入资本，并帮他们对接中国政府和高科技企业，让他们主动愿意来中国。

创新型大学不但需要创新型的教授，更需要创新型的学生。昆山杜克的毕业成果不是一篇东拼西凑、不知所云的论文，而是要求学生综合四年的学习内容打造一份 Signature Work（代表作）——一个真的可以为改变世界做点贡献的项目。

今年昆山杜克终于众望所归地开始招收本科生，首届只招 175 名中国学生和 50 名国际学生，师生比例超过 1∶10。我小时候觉得昆山好遥远，但其实现在从上海坐火车 17 分钟就到了，据说将来苏州和上海的地铁都会在昆山汇合。

我真心希望那些对陈旧的大学教育体制已经有所怀疑的优秀学生大胆考虑一下：去一所被 20 世纪认可的所谓“名校”，按 100 年前制定的课表选一个专业；还是去一所面向未来、充满未知的全新大学，参与把它建设成自己心目中高等学府的样子。就像 Denis Simon 校长说的：

> A real global citizen does not only live in the global village but builds it.
>
> （一个真正的世界公民不光是生活在地球村，而且参与建设它。）

杜克大学克服万难落户昆山，其实背后还有一个不为人知的故事。我这次去青岛闭关写书，借住在王建利博士家里，这个背后的故事是王博士的父亲，一位退休的老校长告诉我的。王建利博士当年瞒着夫人把准备买房的 200 万美元捐给杜克，而他的捐赠条件是这笔钱专门用于为中国留学生提供奖学金。王博士并非腰缠万贯，他将积蓄给了杜克，没进美国人的腰包，反倒得到了美国人的尊重。

如今王博士以美国杜克大学教育发展理事会理事的身份，奔波在中美两国之间，为中国的教育事业做着默默无闻而非同一般的贡献，这份赤子情怀实在让人感动。我还在无意中发现，除了帮助杜克大学落地，他还动用他所有的资源、人脉和资金，为重构中国垂直教育生态，做了另外两件了不起的事。

（一）一土学校

2016 年的北京发生了一件不得了的事。有位几乎没什么事情做不成的女士在一件事情上被打败了——跑遍北京，竟然找不到一家符合她要求的学校送孩子上学。在加州生活的时候，她先把孩子送去了我彼时任职小学校长的 ISTP 美国半岛国际学校，后来又转会去了扎克伯格和乔布斯遗孀投资的创新学校 Alt School。

我忘了他们夫妇俩当时为什么要回国，可能是 Alt School 也并没有她想象中那么好吧。但是回国后孩子上学这件事真把她愁坏了，也把这位麦肯锡全球合伙人给惹毛了。于是她跟老公一商量，一拍桌子一跺脚："既然没有学校可以上，咱就自己办一个学校吧。"

活了这么大，实在想不出来这世上还有比这更任性、更要帅的事。于是，我第一时间就成了她的粉丝，颠儿颠儿地追在后面问有什么我可以为他们做的。后来我们成了朋友，也成了一个阵营的战友。

就这样，"一土"——一所土土的学校就这样诞生了，很喜欢上海真爱梦想公益基金会研究院院长周文胜老师的形容："一"叠在"土"上就成了"王"。这是一所真正以孩子为中心，让他们成为自己梦想国国王的学校；一个在教室

图 10　为自己的梦想奔跑的一土学生

里，老师不再是单纯的知识传授者，而是引导者和教练，带着孩子一步步洞察自我，点燃孩子们学习内驱力的学校；一个并没有豪华校舍但孩子们放学了还不想回家的学校。

这个“初生妈妈不怕虎”的母亲叫李一诺，比尔及梅琳达·盖茨基金会北京代表处首席代表，三个活泼可爱的孩子的母亲。我也没觉得她认识多少贪官土豪，但她就是有能让那些稍微有点本事的人都随叫随到的本事。一个有着两份全职工作的纯外行，在业余时间做一所在中国还没有先例的学校，我猜她一天可能只睡 5 个小时，甚至更少，所以她说话的速度比常人快两倍，甚至更多。

当然一土可以迅速落地，除了王建利博士第一轮的资金投入之外，一诺还有一个秘密武器——一个对她言听计从并和她患难与共的贤外助。他叫申华章，这位文艺青年范儿的硅谷工程师除了自己能写煽情的文字，还和一诺一起经营了一个影响力惊人的微信公众号“奴隶社会”，在全国各地为这所学校圈了一群“不锈钢粉”，随便发一篇文章阅读量就 100 000+。后来他又设计了一个叫“磁场”的 APP，专门吸引志同道合的人来和他们一起“不疯魔不能活”。

也不知道他们两口子怎么游说的，又拉了一个跟他们一样无知无畏的大神级人物给他们当创校校长，这位自己也没做过校长的校长叫郭小月。但也正因为如此，她才能抛开一些陈规陋习，破框思考学校到底该长成什么样子。她也有本事从几百份求职简历里扒拉出来三十几颗中国的、外国的、做过老师的、没做过老师的勇敢的心，跟着她一起从头开始，从真正的一无所有开始折腾。

图 11 小月校长和她的孩子们

每次自己去一土，或带着朋友去参观一土，主宾双方都会沉浸在一种由尴尬和同情交织出来的莫名感动中，因为大名鼎鼎的一土学校实在是太寒酸了。校长没有办公室倒也算了——因为我一直认为校长不该有办公室；20 多个大人摩肩接踵地挤在一间 10 平方米的办公室里开会，一边视频连线着实在挤不进来的人；老师们常常得走去对面的星巴克备课；虽然每天访客络绎不绝，但他们根本没有接待客人的地方，天好的时候还可以在门外凉亭里的石凳子上陪你聊个 20 块钱的，冬天夏天就不多留你了，你自己也会不好意思占着有限的土地资源。

即便这样，这还得亏北京第八十中学田树林总校长格局够大、胆识过人，顶着压力借给他们一层楼的几间教室，为刚破壳而出的一土学校挡点风雨，才让这所当时既没钱又没地、既没资质又没学籍，只有信念和勇气的学校实现了“从 0 到 1”的创校目标。一土几经周折，与当地“恶霸”斗智斗勇，最近终于告别了“寄人篱下”的时代，有了自己的地盘，希望接下来的路稍微好走点。

图 12 一土学校在故宫的开学典礼

最不可思议的是，如此简陋的环境以及创校之初难免有些动荡的生活，竟然还有百来号家长愿意交15万一年的学费把孩子送来。交了学费还不算完，还得常常拿出时间和资源来学校做义工。学校在过去一年半的时间，可以说经历了任何一所新办学校都会遭遇的艰难险阻，一诺和团队一起，也不可避免地一直在为找校舍、申请办学资质使出浑身解数。真心为所有无怨无悔的员工和不离不弃的家长们点赞。

图13　董灏叔叔为一土设计的新校园

（二）探月学院

在四川，有所应试训练非常厉害的万人超级中学，这所学校里有个14岁的初中生叫王熙乔，他的英文名叫Jason。当他亲眼看到高中部的学长们个个“睡不够觉、睁不开眼”的生存状态，如行尸走肉般慢慢燃尽青春的火焰，用他的原话是“他感到喘不上气来”。才14岁的Jason，当时并没有想好自己究竟要什么，但是他非常清楚什么是他坚决不要的。

在一次躲在厕所里玩手机的时候听到隔壁有个哥们儿说他妈要把他送去国外读书后，Jason受到启发，决定靠自己的努力逃离这个“炼狱”。于是，他在电脑上敲了“创新教育”四个关键字，看来还不算太糟的搜索引擎顿时弹出了王铮——中国教育创新的先锋校长，以及北大附中——一个无论如何“造”都还是可以唬住人的校名。

Jason顿时感觉“黑夜被灯烫了一个洞”①。于是，他跟一向都不怎么管他

① 语出姜二嫚，2007年出生的“萌派诗人”，我是她的粉丝。这句话出自她七岁时写的诗——《灯》。这个画面感十足的情绪是笔者硬给安在Jason身上的。

的父母商量了一下，得到他们的允许和祝福后，就只身一人去北京参加了北大附中道尔顿学院的面试。如此大胆的学生，遇到如此创新的学校肯定是一拍即合的，毫无悬念 Jason 顺利通过面试，成为北大附中道尔顿学院的一名高中生。

在大部分人的认知里，只要进了北大附中，要么进中国名校，要么出国读名校，反正后半生是肯定有着落了，也不会有太多别的选择或惊喜了。但是，在北大附中这个校长完全给学生松绑，恨不得让学生自己管理学校的地方，什么事都有可能发生。

北大附中这块招牌确实好用，请来的老师很多都是大神级的，尤其是美国著名文理学院圣约翰学院的终身教授 Grant 和 Martha。两位老师非常规的人文课程彻底搅动了 Jason 的内心。他们用苏格拉底圆桌的方式讨论那些关于"什么是本质?""灵魂是什么?""变化才是本质"的问题，让他逐渐养成了追问和不轻信权威的习惯。

高三那一年，Jason 又遇到一位年轻的老师张璐鸥，杜克大学毕业的美籍华人，启行的第一任 CEO，现在是"好未来"的战略总监。他们在璐鸥开设的创业课上讨论技术对人类命运的影响，在璐鸥的鼓励下，Jason 还成立了创业俱乐部。他找来各行各业的人每一到两周开设工作坊(workshop)，探讨哲学、创业、未来等话题，这些貌似(对考试)没有什么用的课彻底改变了 Jason。

毕业后，Jason 本来该踏踏实实去美国南加州大学和加州理工学院联合开设的天文与天体物理项目，能听诺贝尔物理学奖得主索恩教授讲课，想想就让人兴奋。但是就在菲律宾的个人毕业旅行中，Jason 收到了创业课老师璐鸥的电话：一个投资人对 Jason 在北大附中创办的俱乐部有兴趣。这个电话促使 Jason 突然问了自己几个问题：

- 读完高中一定要读大学吗?
- 制定这些规则的人一定是聪明人吗?
- 整个高中的目的就应该是拼尽全力去上一所所谓的"好大学"吗?
- 读大学就一定能学到自己想学的东西吗?
- 学习的本质是什么?

……

就这样，一个问题引出另一个问题，在没找到全部问题的答案之前，Jason决定先不去美国读大学了。他问王铮校长能不能用间歇年（gap year）在北大附中留校任教一年，于是再次顺利通过面试的他成了北大附中最年轻的老师。

再然后，王铮校长又介绍了一个更“慧眼识珠”的投资人给Jason认识，那就是王铮校长多年好友、杜克大学基金会理事王建利博士。王博士不但愿意投资，而且用了一种很特殊的方式鼓励他创业——带他去美国拜访以杜克大学为代表的高等学府和有着众多创新机构、学校和想法的硅谷。有机会和那些本来需要仰视的长辈教育家们平等对谈让Jason信心倍增，并意识到原来大家担心的其实是同样的问题。

从美国回来后，Jason接受了王建利博士种子轮的投资，彻底点燃了他要“在中国办一所面向未来的高中”的想法和决心。几乎跟一诺同样的语气：“如果没有一个人喜欢现在高中的样子，那我们为什么不自己办一所？”让学生不再像磨盘上蒙着眼睛的牲口一样，为了一个自己看不见的未来耗尽最后一口气。

他想办的这所未来学校有一个充满探索精神和深刻情怀的名字：探月学院。

但Jason的雄心梦想还不是只办一所学校，他希望借助科技、网络和人工智能的力量，让包括留守儿童在内的更多普通家庭的学生，也一样能够接触到最优质的教育资源，不用付出青春和健康的代价，就享受到自主学习的乐趣，去探索只属于自己的未来，去创造自己定义的幸福。Jason一句话就把我比下去的是，我做学校只是为了让孩子们免于遭受应试教育的禁锢和伤害，而他常常挂在嘴边的是“想要改变整个人类的命运”。

我是先在新加坡的亚洲教育科技论坛上认识了美国创新大学Minerva University（密涅瓦大学）的亚洲区负责人Ken Ross先生，并为这个即将颠覆美国几百年大学旧体制的项目激动不已。后来又见到Minerva中国办事处的Eoin先生，他迫不及待地告诉我在中国有一个高中版的Minerva，他的原话是“You gotta meet Jason.”（你必须见一见Jason。）于是，我第一时间就约了Jason，以下是我俩的对话节选：

钱：探月学院是非营利的吧？

王：不是，我们是公司性质的，不是非营利机构。

钱：为什么不是非营利的呢？

王：为什么一定要是非营利的呢？

钱：非营利才能保证教育不被资本绑架呀！

王：绑架教育的并不是资本，而是掌握资本的人，严格挑选投资人并且让管理团队把握住公司控制权就好了。

钱：那怎么选呢？

王：拒绝那些短视的、只懂传统商业与投资而不懂真正教育的投资人。

钱：如果没有这样的人呢？

王：那就再等等咯，而且我相信有的，他们也在等着探月这样的项目出现。

钱：商业化的优势是什么呢？

王：我是水瓶座的，我只在乎用最高效的方式达到目的。

钱：非营利机构就一定是低效的吗？不是也跟管理非营利的人有关吗？

王：非营利机构在注册的难度、财务的监控、经费的使用等方面都有很多天然障碍。

钱：那营利机构如何保证不被物质回报引诱和污染呢？

王：你听说过有一种公司叫 B Corp① 吗？

钱：是社会企业吗？

王：差不多，但是一个更具体的概念和操作，美国有一个专门的组织，有认证标准。探月要保障的是不把任何营利数额作为目标划入企业计划里面，而是只把真正与企业使命相关的目标划入进去。

钱：所以探月学院是 B Corp？

王：我们 2018 年 3 月就注册满 2 年，（到时候）就会开始申请了。

钱：也就是说，探月股东不分红？

王：我们的创始人团队与管理团队没考虑过分红，不过我们也不会阻止投资人退出，但我们绝不会让投资方给团队带来退出限制上的压力，这些都写在协议里面的。

钱：那也就是说，学校是不打算营利的咯？

---

① B Corp（共益企业）建立在一个简单的事实之上，即商业的影响和服务不仅仅关涉股东，它对社会和地球都负有同样的责任。就个体而言，B Corp 达到被核实的社会和环境表现、公开透明度和法律问责性的最高的标准，并且渴望使用市场的力量解决社会和环境问题。就集体而言，B Corp 带领一个逐渐增长的全球性运动，通过集体声音的力量，让社会享有更持久的繁荣。

王：学校是一定会营利的，我们的 BP（商业计划书）里有非常精准的计算。

钱：你觉得学校多少年之后可以营利？

王：如果招生顺利的话，第二年就能打平。

钱：怎么可能？我见过这么多学校的财务报表。没有 3—5 年，学校不可能止损；没有 5—10 年，不可能收回成本。

王：那是因为建校的方式就有问题。动辄花十几亿去建一个学校，但大部分的钱全都砸在土地上、砸在硬件的建设上。很多看似酷炫的设施和那些偌大的操场利用率都挺低的。

钱：学校没有操场还是不行的吧？

王：我们会跟周边的学校、大学及其他设施拥有方合作，用租赁或办理会员卡的方式。

钱：但教委可能不会同意吧，我之前的学校就因为没有 200 米跑道的操场注册不下来。

王：我们并不打算注册成为高中，而是给高中年龄段的学生提供 alternative education（替代性教育）就好。

钱：那学籍怎么办？

王：来探月的学生应该不会去参加高考，所以学籍并不重要。

钱：那申请海外大学也需要成绩单啊。

王：非政府注册的民办机构也可以拿到申请代码。即使没有代码，也不影响提交成绩单。在美国很多学校其实也没有代码的，而且美国有超过 160 万的 home school（家庭学校）群体是肯定没有的。

钱：你们会把学校建在哪里呢？

王：我们既会学习密涅瓦大学的思路，把学校建在信息、科技和人力资源最密集的市中心，也会学习一些贴近自然和文化氛围的学校，比如大学产业园、联合办公空间。

钱：我觉得把学校放在城市资源集中的地方是很吸引人的，现在的私立学校越建越偏远，都开去怀柔了。感觉学生是被流放到荒郊野外，虽然校舍巨大且豪华，但是与世隔绝，与破墙办学的教育趋势相悖。我相信大部分家长花这么多钱送孩子上国际学校，不是为了让他们去打高尔夫球的。但是，寸土寸金的市中心，哪里还有地儿可以给你盖学校?

王:我们不会花钱去盖,我们会去租用写字楼、产业园里的空间,像联合办公空间一样建学校,让学生很容易就接触到各行各业最领先于时代的资讯和人才。

钱:它会长成什么样子呢?

王:应该会长得比较像Google(谷歌)的办公空间吧?或者MIT(美国麻省理工学院)的媒体实验室,具体要看我们可改造的空间,也要看董灏叔叔打算怎么玩。

钱:董灏是谁?

王:一个很要好的朋友,一个懂得让空间尊重人的真实需求的建筑师。他刚为北大附中改造了体育馆,北大附中朝阳未来学校和一土学校都是他设计的。你一定会喜欢他的作品和他这个人。

钱:你刚刚提到第一所,所以探月会成为一个连锁校?

王:可能不是传统意义上类似星巴克的连锁概念,我更愿意叫它World High世界高中。我们的计划是在未来的3—5年,在中国的不同城市,或者世界的不同城市设立我们的分校,让学生可以在高中3年中体验不同的城市文化和各个校区的特色课程。

钱:特色课程?探月不是有统一的课程吗?

王:探月虽然有与众不同的学习场景,但它只是一个框架,就像建好的瓜棚一样,具体里面长出什么样的课程内容,结出什么样的瓜果,取决于当地老师的背景,老师与学生共创的体验,乃至所在城市的文化与周边企事业机构发生的链接,家长的资源和参与。我相信,每一所探月学院都会和它里面的每一个学生一样与众不同,有些可能像硅谷的学校一样非常high tech(高科技),有些可能很时尚,有些可能就是一个芬兰的农场。

钱:这个发展速度是不是有点快?学校成长、扩张就像植物生长、分株一样是有它自己的规律的呀。

王:这个道理没错,但讨论的场景还是旧的那套建校的做法。一年拿地,两年盖楼,提前两年招募校长,提前一年招聘老师。我们不要地不盖楼,那些德高望重的天价老校长也不是我们的目标,我们理想中的老师见到探月一定是相见恨晚的,回家收拾一下行李就来了。在探月的建校模型里,我们最早会提前9—12个月找到校长,提前半年搭建分校骨干团队，而整个学校的硬件建设也不会超过半年。同时探月会建立完善的课程框架、教学工具以及教师成长体系等，来支持多个学校的建设。

钱：你们具体从哪里找老师呢？我很难想象哪个学校有现成的老师给你们用。

王：没错，这应该是最大的一个挑战。我现在也还不能完全知道他们从哪里来，应该不太可能从体制内学校或师范院校培养的人才里找到我们需要的老师，因为我们所采用的教学模式，现在没有一个师范院校有这样的培训内容。据我们目前的经验，他们很可能来自不同的行业，之前或许有做人才发展的工作，或者是在工作场景里面很好地支持了他人的发展。我们希望找到的教师群体自己必须是终身学习者，他们已经掌握的学识和历练固然重要，但是他们愿意跟学生一起去探索最前沿、最有意思的新课题的开放性思维更关键。况且，我们的老师承担的角色与传统学校也大不一样，共有三种：第一种是成长导师，负责帮助学生找到他的激情所在和努力方向，并协助规划课程、学习策略和发展路径；第二种是学术导师，负责支持学生们的课程和探究项目；第三种是活动导师，负责带领他们走出教室，走出校门，甚至走出国门，接触更大的世界。探月的每个全职老师都至少会承担其中两个角色。

钱：那你如何保证能从其他领域找到你要的人呢？

王：我把从买地盖楼省下来的钱的大部分都给到老师手里，这个应该超过目前我知道的任何一所学校，也应该能够吸引到一些有才华的人加入到我们的队伍。同时，我相信真正吸引到这些人才的绝不是薪资的基本保障，而是一个“性感”的使命，一个能让他们持续成长的文化氛围。

钱：具体到每一位老师身上是什么样的薪资呢？

王：平均年薪 5 万—6 万美元，对标国际学校的外教待遇。

钱：所以你们也会请外教？

王：当然，为了保证我们大多数的学生能升学到他们喜欢的国外大学，我们必须在语言和学术上给他们做好充分的准备，我们 80% 的课程是用英语上的。

钱：大多数？为什么不是全部？

王：因为探月的课程体系里面也有必须用中文教授的课程，比如东方整体观哲学等。而且我相信，会有一些探月毕业的学生跟我一样，不觉得四年的本科教育是最佳的，是高中毕业后唯一的学习方式和场景。他们不一定非要创业，但至少可以像我一样，利用 gap year（间歇年）去看一看世界，找到真正属于他们的使命。

钱：你们打算招多少孩子？

王：我们设想的学校，每一所不会少于 200 人，以保证学生有找到 BFF——Best Friend Forever（死党朋友）的最小人群；同时，这也是保障学校经济效益的最低规模。但也不会超过 300 人，以保证探月的师生间、生生间能有亲密的互动与联结。

钱：我相信探月学院一定会有自己独一无二的课程，但你们会借鉴哪些教学体系？

王：在探月主要有三种学习场景。

第一种，我们叫个性化学习，那些在体制内学校占主体的有关事实与概念的知识，我们都会依靠以可汗学院为代表的线上课程平台，按学生自己设定的时间和进度去完成。与其在本来就凤毛麟角的好的学科老师中去挖去抢，还不如用线上的、免费的，而且是“大众点评”过的最好的老师上的视频课。而且每个人获得知识和信息的速度和方式本来就该是不一样的。成长导师会在整个学习过程中持续支持每个学生复盘与调整自己的学习策略。而学术导师也会发起不同科目的同伴兴趣小组，支持大家在一些线下的场景相互讨论学习。

寒假营的学生们在新中关的快闪舞蹈

第二种是项目制学习，这个是探月学生花最多时间(50%以上)和小伙伴、项目导师共同完成的，这个就和美国圣地亚哥的High Tech High的模式很像，通过解决实际的问题学到有用的知识和能力。只是我们并没有那么极端地要求100%PBL(Project-based Learning，项目式学习)，因为PBL有它的优势，也有它的局限性，就像我们在真实生活中也不会一直通过工作去学习一样。

吉木老师的公共艺术课

第三种是Deeper Learning深度学习。我们现在学的知识面是涉猎很广，但最后沉淀下来的很有限，所以我们要在宽度和深度上找到一个最佳的平衡点。研究表明，最能预测学习效能的参数是学习动机，所以探月把元认知(Metacognition)的课程和能力看得非常重，而"元认知"要解决的就是"我是谁?""我从哪里来?""我要到哪里去?"之类的哲学层面的问题。现在很多人都不会提问题，只会表达情绪。

Goerge老师的批判性思维课

钱：Deeper Learning(DP)这个词现在很流行，概念也很新，现成的可借鉴的经验却并不多，你们是如何准备这样的课程和这样的老师呢？

王：其实哲学、心理学、学习科学背景的老师是有机会胜任的。而且在这个飞速发展的世界里，我们永远不可能有足够的储备，但人类之所以伟大是因为我们一直在不断提高我们的学习力。其实教学过程本身，对于老师来说就是一个 PBL 和 DL 的项目。只要老师抱着不断试错、反馈、快速迭代的教学理念，和学生间始终保持一种开放、平等的学习共同体关系，我们有信心他们可以应对这瞬息万变的世界。所以我们不但要从其他领域吸引来一批真正的领袖级的精英导师，我们也会花很大力气自己培养出具备探月气质的年轻导师。

钱：学生除了上课之外，还会通过什么方式学习？

王：我们还有专门负责"学生生活"的同事，他们大多有营地教育工作的经验，特别了解学生们在校园外面，在课堂外面还能怎么学习。比如我们会用"真人图书馆"这样的形式为学生提供接触杰出人士及他们所在的领域的机会，让他们走出象牙塔去接触真正的世界。

钱：你们对探月的家长有怎样的期待？

王：我们希望他们愿意多听听孩子怎么想，少打击孩子的梦想，从心里信任孩子，不替他做决定，不过度保护，愿意让孩子承担责任、后果和一定的风险，并从失败和挫折中学会成长。而且这种状态应该不是因为我们希望才转变的，应该是他们从小就是这样平等对待自己的孩子的。同时，我们也像接受孩子的不完美一样接受家长的不完美，所以会有专人负责"家庭学习中心"，为家长提供终身学习以及与孩子共同学习的机会和条件。

钱：最最关键，探月学院的孩子会是什么样子？你们的录取标准是什么？

王：这是一个好问题，我们内部也曾经有过激烈的争论。有人说，我们是新学校，要创品牌，要获得家长的信任和青睐，要让学生有好的出路，就得挑底子好的、成绩拔尖的学生。也有人说，探月既然是个不以成绩论英雄的学校，就该有教无类，甚至应该更愿意帮助那些曾经被误贴差生标签的学生找到人生的航向和前行的动力。

钱：那最后的结论呢？我非常好奇。

王：比如我们不会要求学生的学校提交中考成绩，而是让学生自己写一份给我们，重要的不是成绩本身，而是他怎么看待这份写出来的成绩。我们会希望他已经养成了一些批判性思维的习惯，有良好的沟通与协作能力，英文基础还是要比较扎实。我们会用书面问题讨论、面试、项目等方式来更全面地了解学生。我们也会跟学生明确，探月绝对不是逃避高考的避风港，不是一个可以偷懒的地方。恰恰相反，在探月可能会更加辛苦，因为是为了自己设定的目标而废寝忘食地努力，而不是为了应付别人认为很重要的一场考试。当然我们也知道我们不是救世主，可能目前还没有能力去修复那些被体制、被学校、被家长已经伤害很深的学生。

钱：那学校营利以后呢？

王：提供奖学金啊。我们甚至不会等到营利之后，在我们创校的时候，就留出了第一批收入的10%向需要支持的学生提供奖学金，这本来就不是一所专门给有钱人上的学校。

钱：那万一失败了呢？你会放弃吗？

王：虽然引用埃隆·马斯克的话有点烂大街，但我确实受他很多话的鼓舞，比如这句：

“我不知道什么叫放弃，除非我死去。”

跟Jason两个小时的对话让我瞬间被征服，并成为他的铁杆粉丝，现在每说十句话必引用Jason的话一次。他说得最多的几句话是：

Civilization is a race between education and catastrophe.

——H. G. Wells

（文明是教育与灾难之间的博弈。）

You never change things by fighting the existing reality. To change something, build a new model that makes the existing model obsolete.

—— Buckminster Fuller

（若想改变既有事实，唯一的方法就是创造一种全新的模式，让现有模式显得陈旧而无用。）

很多人以为我从培德下课后就一蹶不振了，其实培德事件对我不但没有造成负面影响，反倒让我身价翻番，并借助疯狂的媒体让更多的人知道了我是一个什么样的人，以及我的教育哲学和办学立场。现在邀请我去做校长的学校多得我连回复都来不及，更别说筛选，只能采取“谁的面子也不驳，谁的面子也不给”的态度。

但是和 Jason 的这场谈话，彻底打消了我去任何一所受旧体制束缚、用旧方法建校、用旧规矩治学、用旧的测评工具去评价学生成长的学校做校长的念头，就像用过 iPhone 8 的人，让你再去用诺基亚翻盖电话一样生不如死。听过一个 20 岁的少年聊他想象中的未来学校是什么样子之后，我暂时没有勇气去做校长了。我想给那些蜂拥而至的资本和办学者提出一句善意的劝告：

就算再不差钱，也不能花钱买即将被淘汰的流水线啊！

和所有投资人看好的创业项目一样，探月学院最值钱的资产是它的团队。从创业伊始，Jason 身边就聚集了一群跟他一样“内心丰盈的个体，积极行动的公民”，和他一起构想并建设这项伟大的未来工程。登月舱的另一位联合创始人叫杨志勇，是 Jason 在北大附中小他两届的学弟，今年 18 岁。他从小在打工子弟学校上学，靠自己的努力成为父母的骄傲。在北大附中，他是靠 360 度无死角的颜值和精湛的球技征服学妹的男篮队长。在探月学院，他一人肩扛品牌、市场和招生重任，这样的人才我花 20 万去请都不会心疼。但他和 Jason 一样，只给自己开每月几千块钱的工资，经常穷得只能靠蹭饭过日子，用别人给的旧手机工作。

而且为了助力 Jason 孵化探月学院，他连高中都没读完就果断辍学投入了他全部的创业激情。包括父母在内的很多人都觉得他疯了，苦口婆心地担心他被社会歧视，担心他找不到工作。但这些好心的大人们有没有踮起脚尖看一看 5 年后的世界，哪些工作将不复存在，而哪些工作却还未出现。真正智慧的老板挑员工的时候是看学历还是看能力？是看分数还是看态度？在人工智能时代，是就业更有安全感，还是创业更受人尊敬？

但是，来自未来的志勇一眼就看穿了体制内教育的得失利弊。他不愿意用青春去赌一张即将因学历通胀而贬值的文凭，或一个随时可能被机器人替代的工作机会。第一次见面，我是坐在他自己翻新改旧的摩托车后座上听他讲完自己短暂但无比精彩的人生历程，我由衷地赞赏并支持他的勇气和决定。这个将用他如秋水般纯粹的眼神和春光般明媚的笑容征服世界的男孩子的英文名字叫 Zale，但他更喜欢别人叫他 Zale 的拼音——咋了。咋了咋了？这个世界到底咋了？是我们老得太快还是时代变得太狠？一个人的白日说梦是天马行空，那么一群人的痴心梦想该如何安放？

在探月创立两年不到的时间里，不断有志同道合且才华横溢的小伙伴加入进来，从最开始的4个人到现在将近30人的团队。他们来自各行各业，却很少有来自“正统”教育背景的。我觉得这是一个好的兆头，因为要打破旧的规则，重构一个教育生态，恰恰需要更多来自教育圈之外的资源和智慧，以及破框思考的决心和勇气，他们每个人的故事都值得你听。

——气质美女崔璐负责探月学院的整体运营，瘦弱的外表下有一颗无比坚韧又无比柔软的内心，哭点比我还低，但自虐力和承受力超高，经常加班加到在登月舱里昏睡过去，急需一个贴心的人儿照顾她。

——万能且“耐撕”的瀚之，大学主修的是金融和风险管理，做过投资也从事过公益项目，放弃了去新加坡读MBA的计划加入探月，担任“首席试错官”兼CXO，在理想和现实之间游刃有余。

——笑容甜美的辣妈Miya用她照顾两岁混血宝宝小乔治的智慧和耐心，来负责探月的学生生活，不懂事的学生就可以罚去给小乔治换尿布。而她的夫君大乔治也是探月学院的外籍老师。

——负责研究的陈雯是拿到美国康大生态与生物进化学博士的女科学家，她能用你完全听不懂的学术词汇把你的自信心彻底摧毁，也能用可以自我毁灭的黑武器把你逗得人仰马翻。

——负责招生的李洋曾是我最欣赏的国际学生组织AIESEC[①]的成员，我认识的他们的每一个成员都是未来领袖的胚子。李洋做过风险投资也做过市场品牌，他的温暖微笑和细腻体贴让每个初次和他接触的人都顿生信任。

——协助学生生活的帅哥导师小猫如果不主动告诉你他的实际年龄，你会以为他是一个高中生，因为他活得就像一个高中生一样自在、单纯，但其实他在偏远地区做过长期支教，还在不同的国家开过餐厅。

——教练出身的珺泽负责组织进化和教师成长，只要有她在，大家都会感觉吃了裹着糖衣的生长素一样，顿时盈满了柔韧的力量。

——负责学生关系并开了市场营销课程的实习生王鹏鹏是北大附中高三的学生（是的你没听错，学生也可以在探月开课），而且我有种强烈的预感他毕业后也不一定会马上去读大学。

---

① 国际经济学商学学生会（法文：Association Internationale des Étudiants en Sciences Économiques et Commerciales），是世界上最大的由18岁以上30岁以下的学生独立运营的非营利组织，关注世界议题、领导力及管理能力等方面。AIESEC包括来自133个国家和地区，2 400多所大学的超过100 000名成员。

——负责微信及公众号运营维护的敬轩，大学还没有毕业就几乎天天翘课泡在探月，虽然情商有待提高，说话会不小心得罪人，但是跟他在一起你会觉得温暖而安全。

——第一眼看上去有点高冷其实是彻骨暖男的寻迅，和崔璐、Miya 一样，都曾是启行的核心团队成员，并完美传承了启行的营地精神和导师素养，他将会负责探月学院成都分校的建设。

——负责测评体系的北师大才子 Tommy 学术背景扎实，每天打坐冥想，拥有让人羡慕的完美身材和身心灵健康，他也是和 MTC 一起攻克替代性测评工具研发的主力干将。

——负责财务的迷你帅哥 Nick 百毒不沾，放心可靠，"一分钱掰成两半花"的俚语应该说的就是他。

——探月的一位编外成员、北大附中的初一学生冯睿明每天放学后准时来登月舱，一边写作业，一边竖着耳朵听大人们在聊些什么，偶尔插一句嘴，观点深邃老道，从此大家心服口服地尊称他"明哥"。

探月团队里除了这些年轻人之外，还有另一个特殊族群——自己已经错过了未来但不想让孩子再错过的高端中年家长。

——Ellen 义无反顾辞去在世界 500 强拜耳公司高级人力资源顾问的职位，自降不知道多少薪水来探月，用大姐姐般的细心照顾着这群弟妹，却以一个小妹妹的谦卑姿态努力追赶着年轻人的步伐。

——技术总监高震是一位从一开始就放弃体制内教育，把孩子先后送去芭学园、孙瑞雪、华德福、伏羲等各种非主流学校进行各种实验的淡定爸爸。而这次不光是把孩子送来做小白鼠，把自己也搭进来了。他辞去 IBM 的高薪体面工作来跟探月的小伙伴们挤一张办公桌，负责探月 IT 系统的搭建。

除了这群相爱相杀、互捧互黑、一起熬夜一起疯的小伙伴，Jason 生命中还连续出现了三位王姓贵人，他们对未来充满敬畏，对教育充满热忱，对这群年轻人充满信心。当冷静"智慧"的围观者们动着手指头泼着冷水的时候，他们却忙着"火上浇油"，竭尽全力呵护、支持着这个直面未来的梦想。

——本来就以"完全信任学生"出名的王铮校长顶着各种压力，让 Jason 在北大附中这把大伞下孵化这所未来学校。

——虽不是教育出身但已经把全部身家和生命都投入教育事业的王建利博士在最关键的时候像天使一样出现，把一个学生俱乐部变成了一个商业计划。

——翊翎资本的王斌董事长在听完 Jason 对未来的描述之后，越过所有的投资逻辑和程序，没多问一个问题就决定当场注资。他还和王博士共同成立了“未来教育基金”，专门投资面向未来的教育创新项目。截至今天，探月学院在谢绝了无数投资人之后，完成了第三轮融资，并在不到两年的时间里，估值翻了一百多倍。

年轻的探月学院还在第一时间得到了教育圈、科技圈、学术圈、艺术圈的大佬前辈们的关注和支持，咨询委员会里都是超级大咖：昆山杜克大学校长刘经南院士，21 世纪教育研究院院长杨东平教授，原朝阳区教工委副书记刘丽彬，教育纪录片 *Most Likely To Succeed* 的制片人 Ted Dintersmith，艺美艺术机构主席陈炫镁，美国国会 STEAM 立法主要推动者 Babetta Alina，美国 P21 执行理事 Scott Brody，香港汉基国际学校校董 Ti Hua……

就像日本天皇的御用木匠秋山利辉先生说的：

> 如果你在做一件正派的事情，就会有正派的人和正派的资源涌到你的面前。

在探月工作，年龄、国籍、性别、性向、学历、毕业院校跟岗位和责任完全无关，还没活明白、还没想明白这一点的人会很难适应。虽然我的年龄是 Jason 的两倍，但他预测未来的视野范围是我的好几倍；虽然我一个人的学历本比探月创始团队的学历本加起来还厚，但是他们每个人的阅读速度、学习力和拧在一起的爆发力不知道是我的多少倍。可怕的是，我并不是 70 后校长里最古板的那个，而 70 后校长也不是校长族群里最老朽的那一批。

在探月，我的身份也发生了几次迭代。刚破土而出的探月是一个完全开放的场域，任何人都可以来帮忙、蹭课、参与讨论、发呆，或就是来玩。一开始，我就是以粉丝的身份频繁地来，虽然也没帮上什么忙，但至少没有被嫌弃。其实年轻人对“油腻中年人”的忍受程度很低，没被他们嫌弃我已经非常知足。

当他们发现我还不是一无是处的老古董，还愿意脱下西装跟他们一起疯之后，勉强接受了我顾问的身份。但当 Zale 打探到了我的身价之后，因为担心付不起像律师那样按小时的咨询费用，常常两句话并成一句话飞快地说。后来王建利博士看不下去了，主动替探月支付了我的时间成本。

当我发现如果不深度了解这个随时迭代的机构，不认识这些随时增补的成员，跟不上他们不可思议的进化速度，我根本没资格去顾什么问。于是，面对这个一周至少来三天却基本什么也指不上的顾问，Jason 灵机一动，改赐了我一顶“督学”的帽子。我一方面可以名正言顺地深度参与探月的建设，一方面还能以相对冷静客观的视角观察、记录探月的成长过程，包括他们所犯的错误。

第一次做督学，我也没啥经验，于是就尽量秉持两个原则：不被邀请尽量不发表意见，不被求助尽量让他们“野蛮生长”。即使在“众生平等”的会议上，我也会慎之又慎地说出我的想法。第一，怕我来自上个世纪的经验不足以向他们提供对未来的指导；第二，怕说出来他们不听，反倒辛苦他们还要花心思保护老人家脆弱的自尊心。

就这样，我这个“一只脚在门里一只脚在门外”的督学开始了一种不求急功的长情陪伴，他们知道我毫无保留地爱着他们，也毫无保留地信任着我。我列席参加他们所有的重大会议，观摩每一门迭代阶段的课程，帮助探月搭建人脉，扩大影响力。除了Jason，我极有可能是对探月里里外外了解得最全面的人之一。也正因如此，我才能如此高调而踏实地为探月背书。虽然难免偶尔有些溢美之词，但我对我说的每一句话负责，因为每一句称赞都不是空穴来风，有凭有据。

我非常庆幸自己能有机会在过去近一年的时间里，以如此特殊的身份和探月的小伙伴们朝夕相伴，看他们如何一点点把“小论坛”变成大集会，把“大朋友”变成同行者；如何分析并面对挑战；如何讨论、辩论并互相说服、妥协；如何借鉴教练的做法进行团队建设和教师培训；如何从无到有地设计、打磨并迭代课程；如何用项目制学习的方式排难试错，在学习中成长；如何遴选、说服投资人；如何逐渐进化成青色组织[①]；如何无怨无悔地加班熬夜，为了自己相信的事情和人类的福祉，淋漓地挥洒着他们的汗水和青春……

我不止一次地问自己，探月学院到底有什么魔力让我每天一醒过来就迫不及待地坐1个多小时的公交车去北大附中？除了他们做的事情太有意义、太让人振奋，让人不想错过，我更是冲着这些人去的，几天不去会非常想念。仔细观察过后，我发现，探月的每一位小伙伴都具备以下几条共同的优秀品质：

• Critical Thinking（批判性思维）——他们特别清楚自己想要什么、不想

① 哲学家肯·威尔伯（Ken Wilber）用光谱序列的颜色来命名组织形态演化的阶段。红色：群狼模式；琥珀色：军队模式；橙色：机器模式；绿色：家庭模式，以及最新形态的青色组织——有机生物体模式，虽然数量尚少但在不断增加。领导者日渐形成下一个阶段的观念——超越绿色。他们洋溢着正念，管束自己的需求和本能的冲动，他们怀疑自己控制环境、追求功名美貌甚至做慈善的欲望。他们拒绝制造恐惧，聆听他人的智慧和自己内心深处的召唤。他们发展出一种伦理上的互信以及精神上的富足。他们以整体性的内在尺度来做决策，在为下一个组织范式做准备。

要什么，对于别人的建议，会做自己周密的调查和审慎的判断，不会轻易动摇或妥协。

- Creative & Risk Taking（创造力与冒险精神）——他们天马行空，创造力无限；有了一个想法不会等太久就去尝试，哪怕明知有失误的可能，也深信会从错误中学到更多。
- Aware & Reflective（自知与反思能力）——他们特别真实地面对自己和小伙伴的优势、短板、身体和情绪。通过有效的复盘、反思机制，用最短时间迭代思想和行动。
- Self-driven & Caring（自我驱动与关爱他人）——他们为了自己相信的东西全力以赴，不计代价和回报；虽然不是特别会心疼自己，但特别懂得珍惜和善待他人。
- Responsible & Compassionate（责任心与慈悲心）——虽然自黑和互黑的时候绝不手软，但他们内心盈满一尘不染的单纯和善良，关心着比自己更大的世界。

而这些不正是我们期待学生们拥有的核心素养吗？我们一直没办法实现这些核心素养，一个很重要的原因不就是因为我们的老师们本身不具备这些核心素养吗？我做校长的时候，踏破铁鞋也找不到已经拥有这些核心素养的老师们，因为他们根本不存在于体制内，即使有，经过这些年应试教育种种压力和无奈的打磨，也早已忘记了当时选择这个行业的初衷，并逐渐失去了这些可贵的气质。

我之所以发自内心地深爱着探月的每一个人和他们这些高贵而难得的品质，就是因为他们就是我在灯火阑珊中众里寻他千百度的未来教师，他们每个人也都是我的老师。在探月，哪怕什么都不做，我都会很开心地傻傻坐在那里看着他们，看他们如何蹲在一地笑，抱成一团哭。和他们在一起我觉得自己由内到外地变得格外年轻，返老还童般地被再次注满了理想主义的情怀和勇气。

五、不是学校的学校（School but not school）

我曾在不同的场合提过“钱博士的 1/6 理论”[①]，很多人被我说得一愣一

① 一年 365 天，国际学校开学的时间，普遍是在 177—193 天之间，占全年时间的 1/2 左右。一天 24 个小时，学生早上送来，晚上接走，在学校时间也就是 8 个小时左右，占一天时间的 1/3。所以，一个孩子最后长成什么样子，有多大成就，学校只能承担 1/6 的责任或责备。

愣的。当然这就是我要的效果，希望唤醒家长们去承担他们该承担的责任。但数学好的人都会很快找到这个数字里的 bug(漏洞)，学校只承担 1/6，那难道家庭要承担 5/6？别着急，让我们先刨掉孩子“吃喝拉撒睡”的 12 个小时(我指的是正常的没有被摧残的孩子)，所以其实还剩下 1/3 的时间不归学校管。

和这个 1/6 理论相关的还有一个理论——教育的三分理论，就是学校、家庭和社会各自承担 1/3 责任的意思。也就是说，上学前、放学后、周末、法定假日和寒暑假这些时间，需要家长来进行力所能及的家庭教育，而力所不能及的部分就要依靠社会的力量。1/3 再一分为二，就是家庭和社会各自承担 1/6。

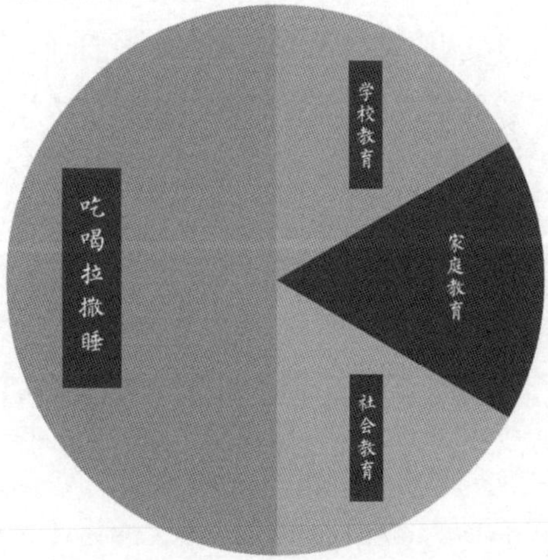

图 14　钱博士的 1/6 和 1/3 理论

“社会教育”这个词听上去很大、很空，但其实也就是英文里的俗语“It takes a whole village to educate a child.”的意思，落实到生活里，说成大白话，就是学校以外、家庭以外的所有跟教育相关的活动。

现在的中国有一个乱象值得关注和讨论——教育和培训的区别与关系。我第一次意识到这个问题有多严重是因为这样一段让我啼笑皆非的对话，而且它发生在我身上不止一次，在各种不同的社交场合：

“您是做哪一行的？”
“我是做教育的。”
“哦，您是新东方的吧？”
“不是，我是做基础教育的。”

"那您是学而思的?"

"不是,我是做国际教育的。"

"哦,那您一定是启德的?"

"……"

还有一次,我应邀参加一个校长高峰论坛,主办方来头还不小,名片里还印着"中国"两个字。那时我刚回国不久,搞不清楚状况,人家请我,我觉得还挺受尊重,颠儿颠儿地就去了。到现场发现,竟安排我坐在首席,我心里特别不踏实,觉得自己年纪还小,资历还浅,推让了半天。

但等主持人介绍完全部嘉宾,我就明白为什么了。原来,除了我是正儿八经的国际学校的校长之外,其他的校长都是来自于各种培训机构的总经理或董事长。培训学校字面上看也是学校,叫成校长也说得过去,叫出来也响亮,总不能让国字头的单位召开一个"店长论坛"吧?但稍微有点常识的人都知道,国际学校校长和培训学校校长的最大区别是:校长对孩子负责,而"店长们"对 KPI(关键绩效指标)负责。

可能在秩序井然的美国待久了,凡事爱较真,思维也变得刻板而不圆融。整场会我铁青着脸,不苟言笑地做完我的演讲展示,没等大家合影留念就匆匆离了场,并拉黑了邀请我来的一直毕恭毕敬、鞍前马后的工作人员,从此让助理帮我严格筛选邀请函。可见年轻时的我有多么清高,那种感觉被辱没了似的"臭老九"德行全写在脸上,现在想想挺不给人家留面子的,特别没有必要。

直到去年我去美国参加 NAIS(National Association of Independent Schools)美国独立学校联盟的校长年会时,听了一场我的偶像 Sir Ken Robinson 的主旨演讲之后,突然像被雷击了一下,思想发生了重大改变。

一向以风趣而犀利出名的罗宾逊爵士在演讲中用了一个笑话来阐述"教育"和"培训"的区别:

> If your daughter came home telling you that she had sex education at school, you will be happy and thankful to the teachers who did you a favor and saved you from some uncomfortable talk. But if your daughter came home telling you that she had sex training at school, what would you feel?
>
> (如果你的女儿放学回家告诉你她在学校接受了性教育,你会非常高兴而感谢老师们帮了你一个忙,让你省掉了一场和孩子难免尴

尬的对话。但是如果您女儿回家告诉你她在学校接受了性培训，你会是怎样的反应?)

全场5 000名校长笑得前仰后合，但是回过神来之后，却发现这是一件严肃而沉重的事。如果以前我们还说教育和培训这两个圈子的边界已经越来越模糊的话，现在的情形可能是他们已经交换场地了。学校正在日复一日、年复一年地做着培训和训练的事情，把学生们齐齐打造成一部部精良的考试机器，争取进入流水线更高级的工厂，进行进一步的深加工。

而相反，之前我还有点看不上的培训界却正在用商业运作的高效方式做着很多本该学校去做的事情，比如素质教育。当然培训界一向是五花八门、良莠不齐的，那些门店开遍全国各地的，动辄就能上市的培训公司，一定是那些最精准地把握并煽动了家长们"不要输在起跑线上"的焦虑情绪的。

所以，那些帮学生刷题拔分的补习班，帮学生通关升级的英语速成班，抓几个外国无业游民来陪小孩说话的听说口语班，还有为了能在各种升学考试中加分的考级考证班，打着兴趣旗帜但还是抱着功利目的的琴棋书画班，以及臭名昭著而屡禁不止的奥数竞赛辅导班，等等，还是挣得盆满钵满。

根据21世纪教育研究院院长杨东平老师公布的数据，目前我国教育培训机构总数约为20万家，已经接近义务教育的学校总数。上课外辅导的学生达1.37亿人次，几乎是所有义务教育阶段的在校生人数总和。参与辅导机构的教师有700万—850万，已非常接近中国中小学教师总人数。中小学辅导的市场规模超过8 000亿元。

我们光看到了2012年的PISA测试中，上海取得了世界第一的优异成绩，举国沸腾。但狂欢之时必有大恶。我们却忽略了上海同时获得的另外一个世界第一，就是课业负担、学习时间世界第一，而且还是遥遥领先。每周课外作业时间13.8小时，名列全世界第一。加上校外辅导和私人家教，每周校外学习时间17小时左右，远高于OECD的平均值7.8小时。

不过也很欣慰地看到越来越多有良心的培训机构，很多是由家长们自己创办的，真正着眼于开发培养孩子们的软实力，以及那些他们可以受用终身的核心素养。比如加强孩子动手能力和设计师思维的Fab Lab(微观装配实验室)；加强学生逻辑、思辨和批判性思考能力的演讲俱乐部；提高青少年生存能力、应用数学能力和理财技能的财商教育；培养孩子解决实际问题和关心世界能力的PBL项目制学习；提高孩子跨学科思维和创造力的STEAM创客，等等。

但大部分这样的机构都规模不大，利润不高，收获的成效(孩子的变化)也不明显，所以患得患失的家长们掏钱也不爽快。但这恰恰反而从某种程度上验证了这些机构是良心企业。真正以人为本的教育产品一定不是暴利的、速利的。它对孩子们所产生的影响是潜移默化、不容易量化、不容易被发现的。

不过，在培训界，或者我叫它"非主流教育领域"，经验积累最多、组织系统性最强、学习密度最高、能力锻炼最全、持续效能最好的校外课堂的形式非营地教育莫属了。启行营地教育的创始人、中国营地教育联盟创始主席 Lily 赵蔚老师是把在西方国家已有 150 多年历史的营地教育带来中国，影响并造福中国孩子的第一人。

在过去寂寞前行的 6 年中，赵蔚老师不遗余力地推广和推动营地教育的理念和实践在中国落地、发展和本土化。启行还不惜血本地创建了中国第一个营地教育研究院，加大研发、评估、营员跟踪的力度，并与全球 20 个国家合作，运用她这些年来所积累的营地教育行业咨询、培训、课程开发、营地运用管理方面的丰厚经验，为国内外学校、教育部门、政府提供国际营地教育综合解决方案。

她不但把成千上万的年轻人带出国门，也把各个国家的青年带来她倾情打造的"启行·北戴河歌华营地体验中心"。通过营地教育促进国际青少年跨文化理解与交流，不但通过教育创新培养青少年 21 世纪所需的学习能力与生存能力，助力青少年成为具有国际视野的世界公民，并让学生从小承担起更多的社会责任与社区服务。

2012 年启行刚起步的时候，中国还没有几个人听过"营地教育"这个词，而现在，营地教育已经快要成为教育培训行业新一轮的投资热点。在赵蔚老师的努力推动下，中国营地教育的迅猛发展也得到了国际营地教育组织的关注和认可。在我眼里，营地教育就是个没有学校运营执照，也没有校园围墙的学校，或者说，它正在替学校完成一些本该由学校完成的使命。

对于那些为孩子上学愁白了头发、花光了积蓄的家长，那些为了买学区房，或为孩子选择国际学校，或在送孩子出国的问题上焦虑到夜不能寐的家长，我想再次提醒你们，学校教育和以营地教育为代表的社会教育，同家庭教育一样，各占 1/3 的时间比例。如果一时找不到一所称心的学校，只要你每个假期，别让孩子去参加补习班刷题，而是把他们送去营地，也是个不错的办法。

如果你和孩子之间已经因为做功课这件事产生了隔阂，快要影响到家庭团结幸福了，那我更推荐营地教育。说不定，从营地回来，孩子已不再是你眼中那个不爱学习，随时撒泼打滚的熊孩子。对于孩子来说，这段时间离家独立生活的经历，也很有可能让他懂得了学习是他自己的事情，并学会了体谅、珍惜并感恩父母在自己身上花的心思和血汗。我亲眼见过很多假期在营地长大的孩子都成了父母和学校的骄傲。

营地教育的一种特殊形式，也是我向很多家庭（尤其是有熊孩子的家庭）强烈推荐的——做志愿者。志愿精神（Volunteerism）在西方有成熟的文化土壤和条件，让孩子很小的时候就知道无论年纪多大、能力多强、积蓄多少，每个人都可以帮助别人。做公益、做慈善不是简单的捐钱，也并不是只有财团或富豪才能做的事情。只要你有一颗真诚愿意奉献的心，哪怕身无分文，你总可以有时间和力气去帮助别人。

而中国文化里好像并没有土生土长做义工的传统，在学校里也并不强调这一点，有些只为了形式和名誉而做的义工还不如不做，比如一群孩子去孤老院给唯一还有点头发的那位老太太一遍遍地梳头。对于很多中国家长，别说是免费帮别人做事，连让孩子勤工助学或打零工自己挣零花钱的机会都不会给。

他们生怕自己的孩子"浪费时间"的时候，隔壁老王的儿子又刷了三套题，所以一味鼓励孩子们"两耳不闻窗外事，一心只读圣贤书"。殊不知其实人在帮助别人的时候收获的肯定比付出的更多，而且最有效的学习方式其实是教（The best way to learn is teaching.）。这是来自一个中学时候就开始给同班同学做家教挣钱的学霸最真诚而实在的建议。

每次去启行观摩他们的营地活动，我都恨自己生不逢时，错过了营地教育这种美妙的经历。我甚至会建议那些年轻的父母，可以去参加启行组织的亲子营。一方面，弥补一些我们大人已经错过的快乐，以及跟孩子亲密共处、共学共长的喜悦，并深刻体验到非灌输教条的学习方法、不急功近利的学习状态是什么样子。另一方面，还可以和孩子们一起学会关心比我们精致利己的生活更大的世界。

以下就是一篇我以研究者身份观摩一场启行亲子营会后写的微信长文。

钱博士访学系列之启行营地

认识赵蔚姐已经两年，随着对她工作和为人的逐渐了解，对她的尊敬和佩服与日俱增。

早在10年前，当大部分中国家长都还不知"营地教育"为何物的时候，她已经是一个营地教育的受益者和传播者了。

作为一个母亲，她无时无刻不在思索到底能给到孩子什么样的礼物。也正因为她见证了自己的孩子，一个从小在营地长大的孩子，最后长成了什么样子，表现出了哪些珍贵的品质，她才会如此自信，才会如此不遗余力地推广营地教育，希望让更多的中国孩子受益。

第一次见到她的儿子，是我去年在世界联合学院做演讲的时候。一个带着春日般温暖而明媚的微笑的男孩朝我迎面走来，我几乎被他的"阳光"晃到了眼睛。他谈吐中显露出的自信、礼貌和温度，让人舒服，让人放心，让我想起在美国贵族学校接触到的那些青年才俊。

这句话你要非从民族主义的角度去理解我也没办法，但我负责任地说，大部分中国高中生的气质是不符合他们的年龄的：排名靠后的学生眼神里满是愤世嫉俗的绝望，成绩中游的学生每日打着鸡血但身形体态中都透着黑矿里的童工般的疲惫，而那些不进北大誓不罢休的"好学生"眼神里那种不计代价的决绝有时候更让我脊骨发冷。

赵老师聊起她儿子的时候，那种跟所有母亲一样的自豪眼神我并不陌生。但她每次分享的桥段却是如此与众不同：从来不是得了什么奖，考了多少分，拿了第几名。而是儿子 12 岁就为全家做饭而且绝对是法国大厨才有的格调，儿子暑假在美国营地做青年导师时每天工作 16 个小时照顾 10 个七八岁的熊孩子。

他在报考美国大学时，毫不留情面地鄙视母亲对大学声誉和排名的理解误区和执着，坚持要去自己心仪的只有 1 700 名学生的文理学院。在这点上我坚决赞成他的选择和他为自己人生掌舵的勇气和担当。其实早就享有小常春藤美誉的鲍登学院(Bowdoin College)一直是排名前五的文理学院，只是我们这些连八所大常春藤大学都背不全的孤陋寡闻的大人们，在孩子的独立思辨能力和长远眼光面前无处藏身。

这是我第三次来到赵老师在北戴河倾心打造，苦心经营的启行营地，却是我第一次有机会以一个研究者的身份和视角看到孩子们在营地里是什么状态，看到和孩子们在一起时的家长是什么状态，看到营地教育让孩子、让家长发生了什么变化。

启行北戴河歌华营地是 2012 年建成的，由著名留美建筑设计师李虎在短短 6 个月之内完成这一不可能的任务。它的空间设计不是像现在很多国际学校盲目追求更大更奢华，而完全从教育者和学习者的需求出发，让环境成为不说话的老师。

以下的看图说话是我在短短一天时间里的所见所感，难免有一定程度的主观臆测和以偏概全，但是却引发了我对于营地教育的深度思考。

不同年龄段的孩子在一起学习

孩子们的适应力非常强，无论多大年纪，稍微一热身，就瞬间绽放了他们自在、友善、好奇、创造的天性。

他们很容易交到朋友，甚至是跨年龄段的朋友，因为他们和小伙伴之间已经不再是竞争者的关系，而是彼此提携仰赖的团队伙伴。

营地导师们怎么不像老师呢

他们很快就喜欢上了所有的导师，因为这群他们可以直呼其名的老师不再是打着爱的旗帜骂他们的大人，而是跟他们一起玩、一起嗨，而且一直在旁边为他们加油喝彩的人，是他们可以抱着一起哭、一起笑的人。

他们也很容易信任他们的导师，因为每位导师都很愿意，而且一定会蹲下来听他们说话。他们不会装成一副什么都知道的样子，却总是反过来问他们是怎么想的。

做在学校里不敢做的事

家长也一定要玩嗨才行

虽然也有很多体现竞技精神的活动设计，但他们不会那么在意输赢胜负，因为大多数的活动都是以团队的形式体现，他们可以很放松地展示各自不同的才华。

看见在教室里看不见的东西

他们很少有机会感觉无聊，因为大部分的活动不是坐在课桌上等别人给他们分发知识，而是在游戏和活动中探索这个世界和他们自己。

正因为他们过剩的体力很容易得到释放，所以一旦安静下来，他们有非常好的专注力和课堂秩序。他们很乐意问问题，因为不会有人告诉他们这个问题很愚蠢，或者跟他们现在学的东西不相关。

他们可以做很多照顾自己和照顾别人的事情，而之前从来没有人相信他们能做这些事情，或者大人们希望他们把原本属于自己的时间和精力花在大人们认为更有用的事情上。

最最重要，他们从头到尾都展露着发自内心的动人微笑，因为在这里，学习，和他们以往的经历不一样，终于成了一件快乐的事情。

我也同时观察着家长们的表情、动作和语言。比起孩子们，有些家长们显得更拘谨、局促不安，他们往往要花更长的时间去放下戒备心，放下身段去认识陌生人。

比起孩子们，有些家长们好像更在意孩子的得分，也很会算计，比如在时间有限的情况下，是参加 2 分项而不是 1 分项的活动，不管它是不是孩子更喜欢的活动。

比起孩子们，有些家长们更扭扭捏捏、更难与人合作、更难放下面子、更手脚不协调，这不能怪他们，因为他们小时候没有这样的经历。

爸爸也要举手发言哦

比起孩子们，有些家长更不敢、不愿，也不会提问题，这也不能怪他们，因为他们从来没有被给予过这样的机会。

比起孩子们，有些家长从来不笑，或许他们正忙着计算孩子到底学了什么有用的知识，也或许，这个庸庸碌碌的世界已经让他们忘记了怎么笑。

家长和孩子在营地里同时得到滋养

不过，我也很欣慰地看见，有很多父亲来参加了这个开放日的活动，爸爸们终于找到了一个机会来补偿他们在孩子成长过程中经常的缺席。

我也很欣慰地看见，有很多妈妈玩得比孩子还投入、还开心，在她们略有淡纹的脸上绽放出了久违的放肆的笑。为了操持这个家，为了把孩子培养成人中龙凤，她们时常忘记了自己的精神需求。

我也很欣慰地看见，一家三口的协作从一开始都快要被孩子嫌弃的格格不入逐渐变成心有默契。这种真正意义上高质量的陪伴，不同于把孩子丢进一个商场里的被泡沫塑料全副武装的攀爬架，妈妈忙着刷个微信，爸爸趁机打个盹。

我也很欣慰地看见，孩子们离开时依依不舍的表情，父母看见孩子一天之内的巨大变化时，改变了之前半信半疑的态度。对孩子、对全家来说都是莫大的一个礼物。

当然，在和家长们分享和沟通时，我也发现了家长们可能还没有完全理解营地教育的功能和特性，没有完全理解营地教育和学校教育的区别、分工和殊途同归。但是没关系，很多答案我也在寻找：

营地的导师和学校的老师到底有哪些不一样？

营地教育到底带给孩子们哪些成长的机会？

营地的课程有没有给到孩子他们急需的营养?

营地教育将在中国当代纷繁芜杂的教育生态里扮演什么角色?

营地教育有没有可能代替已经手脚被绑死的学校完成一些必须完成的任务?

或者,营地教育对于学校教育和家庭教育能带来哪些启发和思考?

感谢赵蔚老师,启行营地教育创始人,中国营地教育联盟发起者和联盟首任主席。她已经向我们摊开这张清晰地标注着“蓝海”的地图,已经义无反顾、不畏艰辛地用自己的寂寞双脚踩出了一条泥泞小路。感谢那么多家长们已经勇敢地迈出了这一步,感谢大家给我这个机会去见证这条注定崎岖却充满希望的探索之路。接下来,我们将带着更多的疑问、更多的好奇,一起关注启行,关注营地教育,以及营地教育在中国这块特殊的土地上如何开花结果。

最后,摘录一段启行营地教育官网上的寄语来结束这个章节:

21 世纪,我们的教育需要培养未来的领导者来解决世界存在的诸多未解决的问题,例如贫穷、环境污染、能源短缺、文化教育等。社会需要可以用新方式寻找答案的年轻一代,青少年教育正面临着迫切的创新需求。

全球范围内,营地教育经过 150 多年的发展证明,营地教育在帮助青少年建立自信、培养品格与领导力、创新能力以及 21 世纪学习能力上效果显著。21 世纪需要用新的方式来寻找答案并具有冒险精神的人。

在中国,营地教育刚刚起步……

我们致力于成为中国领先的营地教育机构,通过教育创新支持和影响青少年,因为我们相信,青少年可以改变世界。

第二章

国际教育之门外

——出国留学

在家长们艰苦卓绝的择校过程中，常常会轻易走进几个误区：第一个，反正最后要出国留学，还不如早点走，早点进入英语环境；第二个，国内的国际学校学费已经快赶上国外，质量还不一定能保证，还不如索性出去读。于是焦点和焦虑都从门里转移到了门外。

我们小时候写作文的时候，没什么生活素材，常常词穷，总是不能凑足字数，老师就教了我们写作的六要素——Why（为什么？），When（什么时间？），Where（什么地方？），Who（什么人？），What（什么东西？），How（怎么做？）。我觉得是挺实在有用的工具，于是我也就借助这六个特殊疑问词，来梳理一下“关于留学不得不说的那些事”。

第一节 Why——留学动机

一、扪心自问：“我为什么想留学？”

我在美国参观一所老学校的时候带回来一块石头，我很喜欢，一直在我的书桌上供着。石头正面刻着一个“Why”字，它经常提醒我，在做任何事情之前先想一想为什么要做。如果这个问题自己没想清楚，就很容易被别人的价值观误导，被无良的广告误导，被自以为是的大人们误导，被那些教条的观念误导，被集体无意识误导——最终的结果反而是浪费很多时间，付出很多代价，去做一件很辛苦的事。等到达目的地了，却不知道究竟当时为什么出发，比如“文化大革命”，比如非典囤盐，比如应试教育……

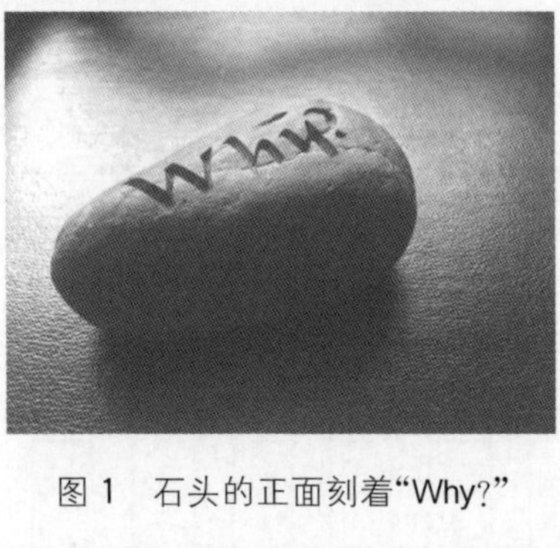

图 1　石头的正面刻着“Why?”

我做过很多场关于留学话题的演讲，通过在现场跟大家的互动，更加确定了“问为什么”的必要性。因为我发现很多家长、孩子，在出国之前并没有想清楚“为什么要留学”。从他们冷不丁被我问到、仓皇给我的回答里，我发现有以下几种心态比较普遍。

第一种说得比较随便：想出去开开眼界。就像前段时间网上流行的所谓“来一场说走就走的旅行”——口号很响亮，甚至很动人；但现实很骨感，甚至很残酷。有很多人走到半路就回来了，只是没有像走的时候那么潇洒、那么高调地向全世界宣布而已。如果纯粹只是想出去看看那就不用留学了，跟个旅游团就行了，要开阔眼界去整容医院开个眼角岂不是更方便？体验式教育并不是体验教育，留学的意义应该远不止于此。

另一种想法认为：上一所美国的好大学比上中国的一所好大学容易。这句话从统计学角度来看是没毛病的，中国近 14 亿人口分享 2 800 多所质量还不怎么样的高等院校，每年 900 多万考生踌躇满志地进考场，最后也就 400 多万人能进三本线以上的大学。一半多的孩子搭上了原本可以很快乐的童年，搭上了很多无谓的辛苦，其实只是来“陪跑、陪绑”的。

这个事实让人脊背发凉，从一开始，我们就知道大学跟这些孩子其实没什么关系，但除了“好好读书”这一句话，也不知道还有别的什么方法鼓励孩子上进。多年媳妇熬成婆的大人们草草涂鸦了一张“梅花香自苦寒来”的简笔画，信誓旦旦地塞进孩子们的手里。可怜很多孩子照着这张山寨版的“梅花宝典”闻鸡起舞，日夜苦练，最后非但没有修成绝世武功，反倒走火入魔。

而相对而言，美国总人口为 3 亿多，但全国有近 4 000 所高等院校，而且在我看来，至少 3 800 所都是不错的学校。2011 年联合国开发计划署发布了一项数据，显示了每一个国家人均接受正规学校教育的年限。这个数据并不完整，而且也并不能说明一切问题，但是它至少说出了一件事情：跟其他国家的人均教育资源相比，中国还是落后挺多的。

表 1　各国人均受教育年限(2011 年)

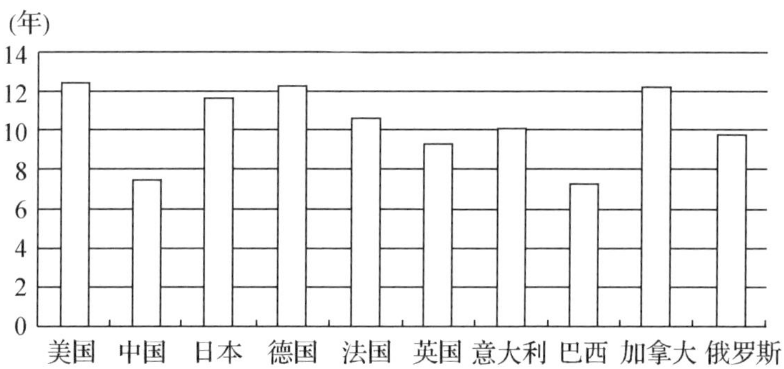

我还必须提到美国对留学生群体的投资，尤其在我留学的那个年代，美国经济情况较好，免去你的学费不说，还给你提供生活费用，让你可以心无旁骛地学习。最让人百思不得其解的是，最后他们还不欢迎、不允许你留在美国工作，你必须回到自己的国家。这是多么无私的共产主义思想啊！学术无国界、人才无国界，他们相信国际学术圈其实是一个总量，人类的进步和社会的发展依靠的是国际学术圈的整体实力。

所以，趁着中国现在还坚挺的经济实力与综合国力，好好利用这些海外过剩的教育资源①是多么明智的选择，尤其是计算了"在中国需要付出怎样的代价才能考进稍微靠谱一点的大学"这笔账之后（也不知道中国现在哪个大学算是靠谱一点的大学）。

但是，如果这句话你误解成——如果这孩子在中国混不下去了，就让他去美国碰碰运气——就可笑了。留学不应该是一条出逃之路，更不是逃避吃苦的手段。如果你在中国就不是主动的学习者，到了美国会遇到更大的挑战，你会变得更不主动；如果你在中国就没有好的学习态度和学习习惯，到了美国，遇到全新的学习模式和测评方法，你会体验到更残酷的力不从心。

从教育部给的官方数字②来看，现在每年出国留学的人数还是呈上升的趋势，而留学年龄却呈下降的趋势，即低龄化留学的现象愈发普遍。一方面是因为更多的家长负担得起这笔巨额费用，另一方面是因为中国的教育实在是让家长们看不到希望。水涨船高的学区房也逼着望房兴叹的家长们重新算一笔账：学区房加补课钱更贵，还是国际学校加留学费用更贵？

但留学并不是一道可以用公式来解决的数学题，所以我建议大人们和孩子一起好好地聊一聊这个话题，听听孩子的想法，他到底想不想出国？他想或不想的理由是什么？如果孩子出国的理由是充分的，鼓励他、祝福他，用宝贵的青春去换一些更宝贵东西回来，无需旁人的叮咛，他自有坚持。如果他自己并不是很想而是父母逼他出去，或只是看见同学和亲戚都在往国外跑才去的话，那还是再考虑下吧。

我在我同期出版的《鲑去来——我的美国留学往事》一书里分享了我自己的留学动机，但每个人出国的目的应该是不一样的，不用给别人交代，只要能说服自己就行。若干年后回国的时候问一下自己此行是否圆满，有没有遗憾

---

① 以英国为代表的一些西方国家培养的老师数量是超过国家内需的。

② 根据最新《2017 美国门户开放报告》对全美 3 000 多所高校的调查结果显示，中国已经连续 8 年成为美国最大的国际生生源国，2016—2017 年有超过 35 万中国学生入读美国高校，占国际生人数的 32.5%。

即可。不过有几件事情你最好花点时间想一想：去国外读书是求学问，还是求学位？想带回国的是本事，还是本子？文凭其实到头来只是一张入场券，而且是有 expiration date（有效日期）的入场券。

我们都太习惯于功利主义的思维模式，包括在留学这个问题上。我们更多时候在想，这个大学排名第几？这张文凭含金量多高？能带给我儿子怎样的就业机会？能保证我女儿一年几十万的年薪？能给我的家庭带来怎样的荣耀？能让我在相亲公园得到多少准亲家母的青睐？

如果你能先暂时放下这些庸俗的问题，反过来问问自己，这一辈子想成就些什么？活的时候想为这个世界创造些什么？死了以后想为人类留下点什么？如果你已经有了这样明确的目标，留学就会成为你渡过挑战之河、实现光荣梦想途中的一块砖头、一叶扁舟，甚至是一双翅膀。

这块石头的背面刻着"Why not?"，实现了一种完美的平衡。中国有个成语一直被人们误用，被以讹传讹了，大家都以为"三思而后行"是在提醒我们做事情不要太莽撞，要考虑周全。其实，这句话出自《论语》，原文是："季文子三思而后行。子闻之，曰：'再，斯可矣。'""三"在古汉语里不是个确数，而是多次的意思。季文子这个人做事情很纠结，常常思前想后，患得患失。孔子听到了这种情况，就说："（不用思考那么多吧）两次，也就可以（去行动）了。"

其实我跟这位很有可能是天秤座的季大哥有点像，容易陷入太深的困难预设，太在乎所有人的想法和感受，常常错过最好的时机，或需要太长时间启动一个项目。留学这件事，毕竟也不是做不做变性手术级别的决定，如果你的好奇心已经远远超过了你对未知的恐惧，不如就纵身一跃吧！

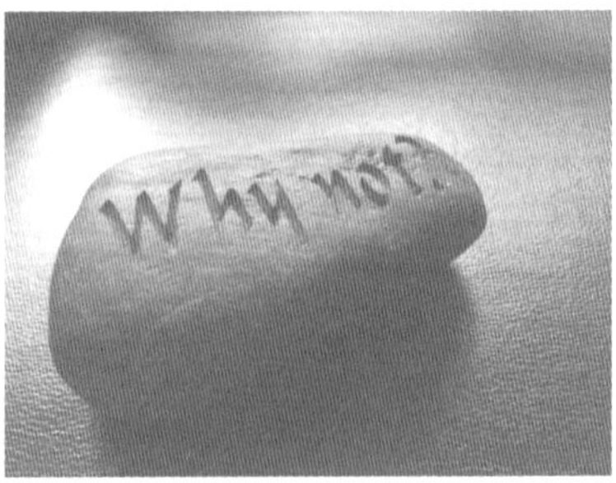

图 2　石头的背面刻着"Why not?"

二、美国大学的优势

（一）硬件

美国1776年才实现独立，整个国家历史不到300年，但哈佛大学的前身哈佛学院成立于1636年，比这个国家还老了100多岁。欧洲的意大利、英国、法国、西班牙、葡萄牙、德国等国家最古老的大学都有600到900多年的历史了。这说明什么？说明了在这些国家教育被重视的程度，说明了学术传统和文化脉络的延续性。

中国的大学最老的也不过100多年，而且“文化大革命”不但让它停滞发展整整十年，更极大地损坏了大学最宝贵的学术精神。像一株伤了根系的植物，虽然没死，但需要很长时间才能修复。在物质繁荣的时代，很容易让人误以为钱可以买到所有东西。但是有一样东西是买不到的——爬在大学墙壁上的常春藤。

但那些前赴后继的“爬藤家长”可能忽略的一个很重要的事实是，教育就跟每年就长那么几米的常春藤一样，急不来，买不来，侥幸不来，苟且不来。任何用非正常途径获得的荣誉也好，成绩也好，学历也好，就跟站在藤墙前拍了张“到此一游”的照片一样，只能沾到一些颜面的光，而得不到教育给人们带来的真正的滋养。

美国的大学美吗？美。东海岸那些老字号大学，譬如耶鲁大学、普林斯顿大学，都继承了欧洲传统的红砖墙，典雅的风范让你瞬间倾倒，即使考不进去，哪怕像电影《心灵捕手》里马特戴蒙扮演的天才少年一样在里面做个扫地工都是幸福的。而西海岸那些创新大学则沿袭了拓荒者、淘金者们敢于冒险的探索精神，以斯坦福大学为例，开阔宽广的校园环境为学生们的想象力提供了放飞的空间。

但校园的美毕竟只是视觉的享受，跟学术水平关系不大，跟学生的生活关系也不大。就像我母校北大，最吸引游客拍照的地方一定是博雅塔和未名湖，但对于在校生来说，无非是多了一个谈恋爱的去处而已。

清华老校长梅贻琦先生曾经说过：大学者，非大楼之谓也，乃大师之谓也。硬件设施其实是次要的，过度地强调楼宇的豪华，占用的一定是本来应该花在老师身上的资金。就像一间装潢豪华但口味一般的餐馆一样，吃完饭一出门你就想到大众点评上去“吐槽”。

地球正在越变越小，人和人之间的距离也越变越近。在未来已来的今天，一个渴望求知的学生和全世界最好的那一门核物理课程之间的距离，已经不是西直门到哈佛大学之间的距离，而是手指和键盘之间的距离。很多大学已经没有围墙，很多学习已经不在教室里发生，考量一所大学好坏的标准，已经不能再看它有多少间教室、有多少本藏书了。

（二）教授

提及教育资源，我们首先会想到学校的大小、历史的长短、实验室的级别，常春藤枝蔓的覆盖面积，等等，但其实比这些更值钱的是软件——美国大学教授的工作状态、生存状态，教授的待遇、职业素养，以及教授愿意花在学生身上的时间。我在中国的大学、美国的大学都工作过，我知道这个差距有多大。

我至今保留着一所中国211大学给我打出来的那张细细长长的工资条，跟我妈妈20世纪80年代下岗之前的工资条长得一模一样。说出来谁都不会相信，基本工资仅1 325元，各种津贴补助，有零有整的长长一串加起来，最后到手的数字是5 000出头一点点。这还是给一位美国回来的“大海龟”博士的“特殊待遇”，按副教授标准给的。你别以为这是多么久远的事情，时间轴是2014年。

客观而言，其实美国的大学也并没有给到足以让教授们逛超市不用看价签的巨额工资，但若与目前中国高校教职工收入与生存环境横向比较，已经可谓云泥之别。我2007年在LMU大学（即洛约拉马利蒙特大学，美国西海岸最大规模的天主教耶稣会大学）担任讲师时的工资是75 000美元，合同期限为9个月，一学期承担两门课的教学任务，业余时间可以做很多自己想做的事情。此外，还有3个月的假期，老师们可以利用假期再额外承担教学或研究任务，工资另算。

图3　洛约拉马利蒙特大学（LMU）

不过美国各种职业间的差距本来就不大，脑力劳动者的身价并没有高出体力劳动者太多，主要看这个职业市场的人才储备是否供不应求。没人愿意干的活、有生命或健康风险的工作待遇会更好一些，比如替身演员、矿工、入殓师等。当他们告诉我旧金山地铁司机的工资比校长还高的时候，老实说我是有点心理不平衡的。而且，据说只要工会发起罢工就能涨工资。

但即便如此，我还是不认可美国的教师工会，并且庆幸自己为私立学校工作而不受他们的约束或"保护"。据说教师工会是全美国规模最大、最有钱的国企，也是权力最大的"黑社会"。他们每年强行收取每个老师本来就可怜的工资的10%作为会员费，像黑帮老大一样保护着那些懒惰、平庸甚至猥亵学生的老师免于开除公职。更可怕的是，在加州被吊销教师执照的老师只要迁去德州还能堂而皇之地走进教室、拿起教鞭，简直不可思议。

我并不是在标榜工资越高的教授水平越高，我见过中国很多安贫敬业的教授学者，不计回报地为国家鞠躬尽瘁。我只是在评价一个国家对于知识和知识分子该有的尊重，并探讨如何用更公正且丰厚的待遇把更优秀的人才吸引到教育行业来，让他们的个人价值和他们能为这个世界创造的社会价值都实现最大化。

我在美国的教授那里看到了另外一种师长的状态。他既不是中国文化里经常追捧的那种慈母严父，也不是非要请学生出去吃饭喝酒、跟学生称兄道弟的哥们儿。但他们真的会在 office hour（办公时间）坐在办公室等我去问问题，甚至会请我去他们家里吃后院烧烤，把我当成一个成年的孩子来看待。非常让我难过的是写这本书的时候发现其中有几位教授已经离世了，徒然生出"子欲养而亲不待"的悲伤和怀念来。

当我回想起这些老师的时候，最打动我，也让我怀念的理由并不是他们教会我的知识，而是他们怎样用启发的方式去触碰我的心灵，那种温柔而有力的托举，能提供更多的机会让学生找到自己，并活成学生自己想要的样子。教育本来就是一个由情感启动的事情，老师不仅应该教知识，更应该教人。这也让我更加确定自己的梦想就是成为一个像他们一样有学识而又有温度的老师，把他们曾经送给我的温暖复制出来送给更多的年轻人。

（三）同学

小伙伴们的状态和老师的状态同样重要。说实话，我现在不太敢去中国的大学，哪怕是所谓的"双一流大学"。即使在这些相对比较好的大学里，我们仍然会看到很多大学生不知道自己在做什么，也不知道自己应该朝哪个方向努力。十几年的应试教育模式下，他们被大人们管着、逼着去读书，这种高压的、短视的、急功近利又徒劳无功的学习状态耗干了学生对知识的渴望，他们学习的动机在迈入大学校门的那一瞬间戛然而止。

他们一下子从一个高压、高控的环境进入到一个完全没人管的真空状态，不懂如何使用来得如此突然的自由。于是，他们开始恶补之前十几年错过的快乐，打牌的打牌，打球的打球，打游戏的打游戏，反正很少有人在学习——尤其是当他们发现之前老师和家长们描绘的通向光明前途的大学校园，根本没有他们想象的那么自由，大学的课程也没有他们想象的那么有趣，大学学历也没有他们想象的那么有用的时候。

大多数学校还沿用着半个多世纪前借鉴苏联的那套院系设置和选课制度。学生们跟20世纪80年代的学生毕业包分配一样，被领到自己并不一定喜欢的(学习)单位——院系专业，然后就没人管了。学校可能会派个年轻的研究生来做辅导员，至少从形式上延续了中小学"班主任"的岗位。但是，看到一群自己还没离开过动物园的家禽，辅导一群还不会飞就被放出笼的雏鸟，我只能深表担忧。

唯一让学生们有"安全感"的是，大学里还有很多公选课，虽然他们也没被说服为什么一定要上这些课。哪怕明知道自己不喜欢，哪怕明知道自己会睡觉，哪怕200个人的教室里，有190个人跟你有同样的想法，你还是要把它上完。上完课他们还会被考一场试，被给到一个分数。咦，为什么这一切听起来是那么熟悉?!

不过好在不用再跟全班同学拼个你死我活了，只要能混个及格，攒够学分，最后换张毕业证书就行了。但是，这张只需要"混一混"就能够得到的毕业证书到底能为他们带来什么呢？我很怕他们问我，因为我答不上来。这个世界发展的速度已经一次次突破了我想象的边界，我们已经从互联网时代迈入了人工智能时代，很多大学生在大学里刚从教授那里学来的技术，还没等他们毕业就已经被淘汰了。

现在的大学生比我们当年还可怜。我们当年也觉得读大学挺没用的，会用大学生独有的玩世不恭对那些无聊透顶的公选课发发牢骚。但那毕竟是个物质匮乏的时代，生活比较简单，贫富差距没有那么大：你没有手机，大家都没有手机。人们活得也没那么市侩，同学之间的关系很义气、很单纯，有很多风花雪月和穷开心的事情，而且多多少少还有点梦想，或至少是聊梦想的愿望。

但现在的大学完全不一样了，不用去公共澡堂几个人共用一个水龙头了，八人间的宿舍变成了两人间，条件再好一点的学校还有独立的卫生间；但没有互相搓背甚至一起翻墙喝酒经历的同学之间的那种深厚感情了。现在他们可以一整天不用跟活人说一句话，也可以几天几夜不离开宿舍。

他们的世界说大很大，已经没有什么学生不能获得的信息了；他们的世界说小也很小，他们每天面对最多的不再是人，而是一个十几寸的 LED 屏幕。他们在虚拟空间里从未见过面的网友可能很多，但真正能一起买醉、一起逃课看通宵电影的朋友可能真没有几个。

而在美国，大学才是真正学习的起点。正因为前面十几年的基础教育阶段他们学会了如何学习，而没有在应试上消耗掉所有的热情，所以无论是大学前两年的通识教育，还是后两年的专业学习，我看到的大部分美国大学生都很努力，用他们自己喜欢的方式学习他们感兴趣的知识。

第二节

When——留学时机

我刚看到一组数据[①]，越来越严重的留学低龄化现象让我忧心忡忡。这哪里还是留学，已经接近逃亡的心态了。中国没法待了，中国的学校没法念了，赶紧送孩子去美国吧，越早越好，其背后的“焦虑逻辑”是一样的，美国虽然教育资源比中国多，但是中国人抢惯了，总担心抢不到最好的资源。美国也有学区房，也有名校的呀，不拼怎么抢到手？

你希望孩子上一个好的大学，就得上一所好的高中；要想进本来就屈指可数的私立寄宿学校，初中的底子非常重要；如果小学的英语就没说好，怎么跟母语是英语的美国孩子竞争；幼儿园是最关键的，孩子的心智启蒙和语言的培养全靠那三年；听说胎教也很重要，妈妈怀孕的时候就让孩子隔着肚皮听纯正的英语发音……

这样的逻辑貌似是没错的，所以这种焦虑很容易传播。但如果这种简单粗暴的逻辑被无限放大，有一些家长就会走极端。越早去国外居住，当然能越早说流利的英语，就像你越小开始吃面包，你就会越早爱上吃面包一样。但家长们付出如此代价送孩子出国的目的，只是想跟美国人说一样好的英文，那这个留学的性价比也太低了吧？

家长们往往只关注到孩子们得到了什么，却常常忽略硬币的另一面——代价。我在美国最后几年看到很多家庭表达出他们欲盖弥彰的后悔和遗憾。

---

① 据美国移民与海关执法署（U. S. Immigration and Customs Enforcement）称，在美国就读小学的中国学生人数已经从 2011 年的 500 人增至 2015 年的 2 450 人。同期，在美国就读中学的中国学生人数从 17 914 人陡增至 46 028 人。

有些孩子是从小被送去读举目无亲的寄宿学校，有些在亲戚的亲戚的亲戚的照看下去读了一所走读学校。这些在国外出生或长大的孩子们，一张口就是一口美式卷舌音，像“京片子”般地道纯正。华人家庭，通常都会做“豌豆公主”的梦，梦见孩子爬藤成功。也确实有一些家长“成功”了，孩子如期进入了美国的名牌大学，从此被国内外的亲戚朋友奉为神明，甚至还著书立作，传授育儿心经。

这种听了父母的嘱咐，不惜一切代价蜕掉“immigrant skin”（移民外皮）的孩子，很多已经不会讲中文了，就算还能在唐人街的中餐馆点个菜，但已经无法再用中文去思考、阅读和表达他们内心最深处的声音和情感了。他们其实早就对跟长辈去吃早茶这件老派而拘谨的事情不感兴趣了，他们宁可跟小伙伴在星巴克待上一整个无所事事的下午。当全家人想去吃个火锅的时候，他只想安安静静叫一份外卖的比萨。

他们热衷于在万圣节装神弄鬼，但对于端午节吃咸蛋黄肥肉粽子、中秋节吃五仁月饼这样的习俗只会嗤之以鼻。他们虽然可以对自己的亲爹亲妈毫无顾忌、大胆热情地说出“I love you”，但他们再也不会觉得给父母买个房子养老也是他们尽孝的方式。他们在华尔街有了一份体面的工作，每个假期都会去加勒比的套餐式度假酒店住上一个星期，但要他们回一趟中国比删掉他们的游戏账号更让他们痛不欲生。

低龄留学对孩子最大的伤害还不只是文化身份的缺失，对于一个孩子来说，在这个最关键的成长期，他更需要的是父母的爱。我们这些所谓的职业教育者论排名只是孩子们的第二位老师，真正对孩子一生产生持久而深刻的影响力的一定是父母亲。你过早把他丢给别人帮你抚养、帮你教育，却错失了让孩子传承你的天分和才华的机会。

从心理学角度来看，在最关键的时期，你又错过了帮助孩子建立安全感的机会，错过了亲口告诉孩子“无论考不考得上名校，妈妈都会一样爱你”的机会。我曾听过一个孩子亲口告诉我：“我妈不爱我，她只是为我好，但所有她希望给我的东西，我都不想要。”这样做，对亲子关系造成了不可逆的伤害，这个代价太大了。

我做校长这些年发现很多“有问题”的孩子，问题的根源其实都不在孩子，很多时候是因为家长的缺席、缺失。而且缺席比缺失更可怕，有时候一个不完整的家庭反而有它更独特的凝聚力和抗挫力，但是一个貌似完整但没有完整的爱的家庭，父母双亲虽然健在，但都只会签单而没有扮演起他们该扮演的角色，反倒给孩子造成了一些不可逆的心理创伤，以及那种学校通常爱莫能助的负面影响。

说实话，我其实没有足够的胆量去建议一个最佳的出国年龄，这是件因人而异的事。如果硬要我表一个态，我建议大学再走，那时候，人格和批判性思维已经塑造完成，就算还不太清楚自己想要什么，孩子也已经拥有基本的判断力，知道什么是自己不想要的。

对个别独立性特别强的孩子来说，高中也行，但高中留学也有一个巨大的风险。高中是孩子气质养成的关键时期，也是孩子青春期各种叛逆症候最旺盛、情绪最容易失控出岔子的阶段。大多数人忽略了这个细节，在他们眼里，高中就是大学的海选池和角斗场，学生就是考试机器而不再是一个完整的人，他们的唯一使命就是进(好)大学。

有些美国高中直接命名成 Prepatory School，按字面可翻译成“(大学)准备学校”，英国更干脆，很多私立贵族高中索性就叫 College(学院，大学)。跟中国“某某大学附属中学”一样，这些通常都是国外那些焦虑家长挤破头想进的好学校，却让我忍不住联想到那些被关进荒郊野外的高考复读班里参加封闭式训练的孩子。他们的学习状态与生活状态，就像参加劳动改造的囚徒一样苦不堪言。

大家只知道中国的高中生头悬梁锥刺股，但其实西方国家最优的教育资源也一样竞争激烈，绝不是唾手可得的。很多家长把高中当成国际教育赛道上最后一圈的起跑线，那些“爬藤”[①]的学生也都是一天只睡四五个小时。虽然“俊鸟攀高枝”的逻辑本身没有错，但一旦被这种功利和攀比思想绑架太深，就容易偏离教育的本质。

在动物界，老虎妈妈、猩猩妈妈会用身教的方式给老虎崽子和猩猩宝宝示范如何捕猎食物、防备天敌，它们绝不会把孩子假借他人之手去抚养。而在中国，有钱人家会请专人给狗狗理发、按摩、洗澡、看病，甚至聘请专业的遛狗人。我忍不住想问，在狗狗的眼里，到底谁是它的主人，是买狗粮的那个，还是每天陪它散步的那个。比这更糟糕的是有些家庭就用这种养宠物的方式养孩子，请各种教练、专家、老师，教孩子这个那个，自己甘心只做个负责签单付钱的旁观者，而错失参与孩子成长的机会。

初中生对世界的好奇如刚学会奔跑的辛巴，他们在捕猎的同时也暴露在危机四伏的草原上，很容易受到不好的影响，甚至成为别人的猎物。我见过被只身丢在国外的初中生，我很心疼，也很不放心。没有真正在乎他们和可以信

---

① 指那些一心希望学生考入常春藤联盟大学的人。

任的人在身边及时提供援助和指导，结局有可能与我们想象的完全不一样，不相信的可以看一看贾樟柯导演的电影《山河故人》，或汪俊导演的电视剧《小别离》，艺术虽不等同于生活，但艺术是来源于生活的，当你看到亲生父子之间还需要翻译才能交流的画面，我相信家长们应该有所触动。

早熟一点的孩子在初中就开始有了叛逆的兆头，开始拒绝接受以爸爸妈妈为代表的成年人给出的所有建议。已进化成社交动物的他们很容易受朋辈的影响，更愿意听同伴告诉他该怎么做。尤其是本来就可能被边缘化的少数族裔留学生，如果孩子的优先目的是合群，他往往会放弃原则去做一些讨好逢迎的事情，哪怕明知是不好的，甚至是有危险的，尤其是在一个枪支、毒品都相对更容易获得的大环境里。我并不想危言耸听，只是坦率地告诉你最坏的情况。

再小一点的孩子，就算狠心的父母肯送，美国也不敢收。我个人非常不赞成把小学生甚至更小的孩子送去国外读书，我自己也不会带着那么小的孩子移民海外，因为我觉得得不偿失。但我并不想以此来评判任何人，毕竟每个人心中有杆自己定义的秤，别人很难去评判，只要你自己想清楚你是谁，你想要什么，你的家庭要什么，并且你能否承担所有可能的结果就好。

我也见过有朋友全家都迁去了美国，三代人都和谐而幸福地生活在阳光明媚的加利福尼亚。孩子不但中文说得很熟练，还能听懂姥姥姥爷的方言，奶奶在后院种着葱蒜韭菜，爷爷教邻居大妈们打太极拳，孩子放学后跟爷爷一起写书法，吃奶奶晒的腊肉和萝卜干——不知道他们怎么做到的。

我去年写了一本书《校长日记——我在美国当校长》，用 49 个小故事，通过一个校长的独特视角还原了一所美国的国际学校教育现场，可以供那些已经吃了秤砣铁了心要移民的家庭参考。但这本书不是攻略，也不是药方，它没有给出什么现成的答案，只是希望大家可以通过别人的故事去展开自己关于教育本质的思考。

我今年写的《鲑去来——我的美国留学往事》这本书，如实记录了一个 70 后留学生如何拿到全额奖学金到美国读研究生并留下来工作的经历。从某种程度上讲，这种留学方式已经成为历史，经济条件已大幅改善的中国家庭已不再需要付出如此努力，更不会忍心让孩子在海外打工养活自己。但我说句不时髦的话，可能拿奖学金读研究生才是留学的正确打开方式，也是付出和回报性价比最高的留学方式。我有时候真想跟那些口气比力气大的孩子说一句：有种，就别用父母的钱出国。

第三节
Where——留学目的地

一、去哪个国家/城市留学?

我只有在美国留学的经验,所以我可能没办法给出什么特别有价值而不偏颇的答案。就我粗浅的了解,美国的教育资源丰富,(好)大学总数居世界之最,再加上本来就是移民国家,对外国人、外族人的接纳和欢迎程度较高,是非常适合初次留学的地方。但正是因为它吸引人的地方很多,也理所当然成了最难去的一个国家。如果希望竞争小一点,那加拿大、英国、澳大利亚、新西兰也是不错的选择。

一说到留学,大家马上先想到的就是雅思、托福考试。我们会太快地做出“英语好的学生才能去留学”的假设和逻辑推论。其实,留学是手段,不是目标,留学国家的母语也只是载体,并不是内容。所以,留学并不是一定要去英语国家,现在去非英语国家也比以前方便多了。

英国之外的欧洲也是魅力无穷的,文化和历史悠久和丰富,各行各业的大师人才辈出,都是只有不到300年历史的美国不可比拟的。法国、意大利、西班牙、荷兰、德国不光是值得住上几年的地方,也是艺术、音乐、设计、工程、工艺和创业的种子能得到极大程度滋养的土壤。没出国之前,大家都误以为美国是全世界最自由的地方,等你到了欧洲,才可能理解“free”(外在自由、身体自由)和“liberal”(内在自由、灵魂自在)的区别。

如果你觉得多学一门外语是一个不小的挑战的话,你也可以考虑去中国香港、中国台湾、新加坡、日本、马来西亚等地留学。在这些大中华文化圈的国家或地区留学,语言的压力不至于成为一座不可逾越的高山,不至于让孩子因语言障碍而抑制了真正的才华和兴趣的发展。相对于中国大陆,这些地区的高等教育人均资源是让人羡慕的,普通教师和教授的平均薪酬虽不能代表一切,但是可以以小见大。

我在国际学校做校长的那些年,经常跟家长说,我们学校的孩子是肯定不高考、肯定要出国的。我现在开始怀疑这个论调是不是太二元论了,这个结论是不是有点太简单粗暴了。世界变化太快,虽然教育的变化速度远远落后于社会的变化,但我预感到教育很快就会经历一场巨变。十年以后的大学一定不是现在这个样子,大学录取的政策也一定会跟现在截然不同,说不定不出国门就可以留学。

在孩子还只有三岁的时候，就满脑子想着怎么样让他适应十五年以后的考试体系，想着“是参加国内高考还是洋高考”的问题，我觉得是毫无意义且极度危险的。如果那一天不这么考了怎么办？其实以哈佛大学为代表的一些高等学府已经开启了改革录取标准的行动[①]，中国的新高考政策也在逐渐弱化标准化考试的权重。

教育有其基本的规律和原则，而留学归根结底还是教育的一种形式，它就得符合这些大的规律和原则，不能太急功近利。留学本应是一件过程导向的事，享受它的每个环节非常重要。尤其是当我们都无法预测十年以后的世界是什么样子的时候，我更希望把孩子培养成具有批判性思维、独立思考能力，知道如何高效学习的终身学习者，只有这样他们才能以不变应万变，随时适应任何环境的改变、考试制度的改变。

二、选哪所学校？

在美国择校和在中国择校一样，我们无可避免地会遇到一个教育系统内的毒瘤——排名。我当年怀着一颗赤诚的心，在中国传媒大学培训学院的国际部成立了“留学帮”，想帮助那些想要留学的孩子想清楚留学这件事，为他们设计大学预科课程，在生理和心理上为他们做好更充分的准备，并推荐他们去适合他们的学校。

但是我很快就发现家长们完全不是这么想的。他们会说：“钱教授，我给你5万块钱，你帮我孩子进排名前50的学校好不好？”我给了他一个“不可置信”的表情，他误以为自己读懂了：“5万不够，那就10万吧？”我最后离开留学导师这个岗位，归根结底是因为我实在没办法说服那些家长，他们要么觉得我小看了他孩子，要么觉得我不够神通。

现在这个物欲横流的世界，钱确实可以买到很多东西，但也有很多东西无论你花多少钱也买不来，比如健康和幸福，当然，也包括智慧和学识。这些东西注定该是得用勤奋、毅力和百折不挠去换来。能用钱买到的学历，肯定都不值那个钱。

我有一个在美国做大学校长的朋友告诉我，他每年会收到那些排名机构寄来的表格让他勾选。我说这么几千所学校你勾得过来吗？他说当然勾不过

① 注：2016年哈佛大学教育学院发布了一份名为《扭转趋势》(*Turning the Tide*)的报告。

来。哪有那么容易给各地不同的大学去排名，尤其是世界排名？大家既然知道了排名是怎么糊弄出来的，就千万不要太当真了。

我也当面批评过我做留学中介的朋友，我说你们搞这些排名都太不负责任了。他说我们也不想啊，但是家长们要啊，如果你不告诉他一个排名他就觉得我们不靠谱，就不找我们了。所有的中介都拿排名说事儿，因为反正就算说别的，说的人——那些自己都没出过国的留学顾问也说不明白，听的人——那些家长也不愿意听，想听也听不懂。你看这个恶性循环的生态多么可怕，搞了半天家长们才是“排名文化”的罪魁祸首。

所以，家长从一开始就应该坦率地问一下自己：送孩子去留学到底为了什么？有没有掺杂你的虚荣心和攀比心在里面？有没有跟三大姑六大姨聊天的时候可以显摆的成分？其实就我的观察，只有最无能的父母，才会用儿女虚假的幸福（包括但不仅限于学历的高低、学校的排名、亲家的背景实力等）来证明自己的成功。谁都不能说一点虚荣心都没有，但有些家长关心排名的比重远远超过了对于人的关注，那就是造孽了。简而言之，没有最“好”的学校，只有最“适合”你的学校。

（一）Public or Private？（公立学校 VS 私立学校）

我读过美国的公立学校，也读过美国的私立学校，两类学校确实很不一样。公立大学是州政府出资运营的学校，有点像奥特莱斯（outlets），“商品”琳琅满目，占地广阔，价格相对便宜，如果是“本地会员”，还可以享受更加优惠的价格。基本上每个州都至少有一所公立大学，最多的州有 30 个公立大学。一年招收上千甚至上万的学生，校园里人声鼎沸，像个小社会。

私立大学主要经费来源为学费和来自校友、企业、基金会的捐赠，以及从这些捐赠基金理财所得的收益等。它更像是个私人会所，缴纳相对较高的“入会费”，经过选拔才能批准入会。才艺突出的可以通过特殊通道“免会费”加入。会所内有各种精致的设施、丰富的资源和朋友圈，“会员”从入会开始就经营自己独特的“社交圈”。

很多人误以为私立学校一定贵得离谱，可能被国内动辄几十万一年学费的私立中小学吓怕了。没错，哈佛的学费真心不便宜，但它恰恰也是给奖学金最慷慨的学校。通常情况下越是学费昂贵的私立学校，校友捐赠数额越多，也越有可能给出更丰厚的奖学金。

而公立学校的财政来源一大部分是州政府和地方政府的税收，随着经济形势的兴衰会有跌涨。我们留学那个时候美国经济还不错，硕士生都有可能拿到全奖。但是当下的情况已经完全不同，很多美国大学都入不敷出，连博士都不一定能拿到全额资助。连本国学生都照顾不过来的时候，如果还拿出大笔钱款资助外国人上学，总统会选不上的。

公立学校，相对来说硬件设施会差一点，师生比例会低一些。但也有它们的优势，比如我的母校伊利诺伊大学香槟分校，它们的学科会更全，服务于普罗大众的立场可能会更加明显。在录取的时候，对学生家庭背景的要求没那么苛刻，学生间的贫富差距没有那么大，收取州内学生的学费比较低廉，但对于国际学生来说，好的公立学校的学费并不比私立学校便宜太多。

私立学校除了有更多的钱来更新学校的设备，班级的人数也会更少，老师更能关注到每一个学生，提供更个性化的教学。以前私立学校的国际化程度会略高一些，但现在很多公立学校也不得不靠大量的国际学生所交的学费来贴补学校的入不敷出。

私立学校非常强调学校大家庭的观念，也非常重视校友会的建设，会有专门的团队，以专业的方式募集校友的捐款。我当年就读的南加州大学，拥有全美排名第一的大学橄榄球队，球队的 mascot（吉祥物）[①] 是特洛伊战士（Trojan）。遍布全球的毕业生都以 Trojan 自称，积极参与返校日活动和体育赛事。

像这样的校友会可以调动的社会资源是非常可观的，所以有些人认为缴学费的同时也买了一张富人俱乐部的终身会员卡，成为这个大家族的一员，你可以从人际关系里面获得一些资源，这种文化在以人为本（钱）的商学院里更加明显。

（二）Lay school or religious school?（世俗大学 VS 教会学校）

有些家长对教会学校有成见和误解，生怕他们带坏了学生，这就是没有信仰的国度最大的偏见与悲哀。我工作过的洛约拉马利蒙特大学被认为是西部最好的私立学校之一，在大洛杉矶地区名声仅次于我母校南加大，但其实除了有一座美轮美奂的教堂之外，它跟普通大学没有太大差别。

它就是一所天主教的大学，再细分的话，它又属于天主教里的耶稣会分支，而耶稣会向来以重视教育为特色。早在晚清的时候，一大批像利玛窦、汤若望这样对中国人非常了解、对中国感情非常深的耶稣会士，都曾为中国的教育做出过卓越的贡献。这类教会学校确实会比世俗学校开设更多有关神学和

① 吉祥物是任何人、动物或被认为能带来好运的物体，或任何用来代表具有共同公共身份的群体的东西，如学校、职业运动队、社会、军事单位或品牌名称。吉祥物也被用作虚构的、具有代表性的消费者产品代言人。

宗教研究的课程，但都是选修课，并不会对学生做强制要求。

我个人的体会是，有信仰的学校基本办学品质都不会太差，因为有道德底线，有敬畏之心。你会发现有信仰的教授一言一行中体现出来的纯真和无私，他们对待每一个孩子、每一节课的认真程度，都会让你肃然起敬。有信仰的人普遍更温和、更善良一些。虽然有以偏概全的嫌疑，但至少我认识的人里面，这是一个趋势和共性，他们让我感觉温暖而慈悲、安全而友善。

这个世界想要可持续发展，不光需要科学技术的进步，更需要发自内心的道德约束和精神层面的追求。而一般有宗教背景的大学通常更强调自律、反思、服务和奉献，更有利于学生在身、心、灵各层面得到长足的修行和滋养。它们并不会强迫学生信教，但会积极探索如何用年轻人更容易接受的方式回归信仰。

当然也有一些教会学校可能会有一些特殊的要求，比如像BYU（杨百翰大学）这样的摩门教学校，对学生的言行举止要求确实会更加严格，甚至对着装都有要求，比如裤子不能高过膝盖。这个东西就不好说了，我个人不太喜欢受太多约束，但是有些家长反倒会情有独钟。他们觉得孩子太皮了，有些约束，严加管教也不是什么坏事。还有，教会学校的学费相对会便宜一些，因为多少有点教会的捐赠和补贴。

（三）Research University or Liberal Art College?（综合型大学 VS 文理学院）

用一句话说，综合型大学像是百货商店，体型庞大，有本科和研究生院，专业如商品般分门别类，一应俱全。即便学生选定一个专业，可以主修、辅修，也可以修双学位等。在校学生人数从几千到几万不等；而文理学院更像专卖店，体态轻盈，没有所谓的细分专业，但是“商品”设计得更精细。在校学生人数一两千，每年最多招收几百名学生，专注培养学生的综合素质。

以常春藤大学为代表的那些研究型大学，肩负着推动社会和人类进步的使命，所以它们的教授要花很多精力去做科研。它们在排行榜上排名之所以非常靠前，因为排名指标非常看重诺贝尔奖得主的人数以及教授们在学术期刊上发表论文的篇数，但跟本科生的教育质量基本没太大关系。

在那些研究型大学里，教授工作的重心和热情都放在发表论文上，所以反倒对孩子的关照没有那么用心。很多留学生拼死拼活进了名校，发现给他们上课的并不是那些得诺贝尔奖的教授，很有可能是那些像我这样不得不通过做助教的方式获得奖学金的外国研究生。这性价比是不是有点低？我有个朋友天天抱怨他们的印度助教说英语好像嘴里含着个枣核，完全听不懂。

这样看来，文理学院绝对是一个“hidden gem”（被雪藏的宝贝）了，正因为文理学院没有研究生院，所有教授的全部使命就是好好教课，把每一个孩子都教好。因为校园精致人数少，老师们几乎认识每一个学生。因为文理学院基本不参加排名，很多中国家长没听过它们的名字，但其实它们为这个国家培养了很多最杰出的人才。所以如果说你是去念本科的话，我会强烈推荐文理学院。学会怎么学习之后，争取到奖学金到那些综合型的名校去读研究生才算你有真本事。

表 2　美国综合型大学与文理学院的对比

类型	综合型大学	文理学院
教育重点	重研究	重教学
录取流程	大学的某个学院、某个校区	学院录取
录取人数	上千到上万不等	几百个学生
班级人数	几十到几百	个位数，至多二十几个学生
学生群体	五湖四海，三教九流	群体相对单一
上课方式	讲座式授课居多	课堂讨论，小组作业
教授关注	四年后教授依然是陌路	更加亲密的接触和关注
出众机会	披荆斩棘才能脱颖而出	更容易获得锻炼领导力的机会
专业设置	大部分专业齐全	文科、理科
学位选择	学士，硕士，博士，博士后	学士

（四）4 Year University or 2 Year Community College?（四年制大学 VS 两年制社区大学）

美国被歧视、被误解最深的就是 community college（社区大学）了。全美有 1 200 多所社区学院，拥有超过 1 000 万的注册学生。这些社区大学对于平民教育、多元教育的推动发挥了巨大的作用，不知道那些把它们翻译成“街道大学”的人是因为自己孤陋寡闻还是居心叵测。因为中国的学历通胀[①]，大家都对本科学历趋之若鹜，而对专科学历充满偏见。大学大面积扩招后，本科生泛滥成灾，又其实没学到任何有用的东西。

Associate Degree（副本科学历）和中国的大专学历还是不太一样的，它开设的很多通识课程，跟四年制大学并没什么区别。虽然有很多培养职业技能

① 学历其实和货币一样，是有通货膨胀率的，大家都有本科学历时，它就不值钱了。

的课程供你选择，以帮助你就业，但它同时也提供了转学四年制大学的学习通道。不需要通过类似中国"专升本"的考试，就可以直接申请去大学，并且在最后的本科毕业证书上不会显示差别。

我觉得社区大学是一个性价比非常高的选择，一些社区学校学费才几十块钱一门课，虽然对外国留学生还是要贵一些，但是普遍还是要远远低于四年制的大学。那些英语起点稍低的留学生完全可以先去社区大学学习一段时间。在社区大学里，竞争相对没有那么激烈，更有利于培养学生的自信，能帮助他们更快适应美国的生活，为他们将来选择心仪的大学做好更充分的准备。

（五）Art School or Language School？（艺术院校 VS 语言学校）

中国现在有一个很奇怪的现象，文化成绩不太好的孩子，都被都送去读艺校。家长听信了中介公司的谗言，竟然还把这个"光荣传统"带到了国外。很多申请了艺术院校的孩子，其实根本没什么艺术细胞，只是大家都认为这样的学校可能不那么看重文化知识，觉得孩子也不用说太多英语，就可以混个学历回来。

艺术生确实很有可能偏科，一个小提琴天才，对数学毫无兴趣，即使他考试分数低一点，也会被识货的老师录取。我这些年来一直在挑战"语数外三门主科"这个偏狭的概念，谁规定每个人必须学习这三门的？很多数学不及格的孩子现在不也活得好好的？做一个安安静静的中国作家或中国画家不行吗？诺贝尔评审委员会没要求莫言去考个六级就把全世界的作文比赛大奖颁给他了。

但这个逻辑倒过来是讲不通的，并不是说你英语差就可以进艺校的。如果你本着"进不了更好的学校，只能去混一个艺术学校"的态度，那样只会既浪费学校的资源、浪费父母的钱，又浪费了你自己的时间。假装成一个艺术天才生是很累的，花钱请人替你画的作品很快就会穿帮的。而且艺术类的院校通常相对更自由一些，学生和老师的生活方式难免更奔放一些，自制力很差的学生反而会更容易受一些不好的影响。

我自己对于语言学校的态度发生过变化。我以前总拿自己的标准去要求别人，总觉得就应该自己在国内把英语学好了，再去美国正儿八经地读大学。但后来我发现大部分学生因为在被动学习的教育体系里已经中毒太深，已经失去了自学的能力，一定非要报个班，有老师、有作业、有考试才能学到东西。而看遍全国，也没有几家认认真真教英文的学校，都只是在教如何通过英语考试。

而相对来说，美国的 ESL 老师（English as a Second Language，教那些

母语非英语并把英语作为第二语言学习的学生的专业老师）普遍比国内满大街的培训机构里那些三脚猫的 backpacker teacher（背包客英语老师）水平要高些，有些是退休的资深教师，有些是因为要顾及家庭只想做兼职不想做全职的优秀老师。尤其是那些由大学自己办的英语补习学校，其使命就是帮助在校学生和打算申请的准留学生提高学术英语的能力。

如果这所大学像我念的几所大学一样，偏巧教育系或英语系还开了个 TESOL 专业（Teaching English to Speakers of Other Languages，英语作为第二语言教学专业），那么十之八九你能从他们的老师和研究生那里得到非常专业的帮助。在国外读语言学校，难免要给家庭增加一年吃住的费用，但是如果学生可以好好利用这个时间适应海外的生活、获得自信，以做好面对更大挑战的准备，也算是物有所值。

（六）Online University or Scam School？（网络大学 VS 野鸡大学）

科技的发展催生了线上教育，可汗学院和 MOOC[①]（慕课课程）的出现解决了教育资源分布不均的问题，大大提高了教育公平实现的可能。虽然我自己没上过，但是我有朋友在我母校南加大念的教育硕士课程就是在线上完成的。老师和学生在开学初和学期末真人面对面，而老师授课和同侪讨论都是通过线上工具和平台完成。年龄大一点儿的、思维旧一点的人很难想象教育怎么可以不见面就完成，就像一百多年前电话发明的时候人们不敢相信怎么可能听到几千公里以外的声音一样。

林子大了什么鸟儿都有，美国也确实是有野鸡大学[②]的。我曾经收到过一份求职简历里写着“Irish International Universities of Europa”，我怎么看怎么觉得不对劲。上网一查，果然是 mickey mouse curriculum（小儿科课程）和 bogus degree（鼻屎学历）。花钱买来的学位，除了带来一辈子无法抹去的耻辱之外，不能带给你任何有价值的东西。那些傻傻被坑的不算，如果你明明知道是个野鸡大学你还要花钱去上，那中关村就可以买到假学历，你根本不用千里迢迢跑到美国去买。

美国有 3 000 多所经过高等教育协会认证的四年制大学，有的在噪音、污染、犯罪率与资源、机会成正比的大城市，也有的在自然环境优美但晚上九点

---

① Massive Online Open Course，大规模开放在线课程。

② 野鸡大学也称“学历工厂”“虚假大学”“学店”，其办学以营利为目的，通常采用与知名大学院校容易混淆的名称，以混淆视听的方式招收学生，以各种手段钻国家法律漏洞，滥发文凭。野鸡大学所涉及的欺骗既有假学校，也有假学历。

一过就百无聊赖的田野乡间。我是个地地道道的 City Boy(都市男孩),虽然偶尔会抱怨交通拥堵、警笛长鸣,但我情愿酷暑天捂一头大汗去挤纽约的地铁,也不喜欢冰天雪地的马路上看不到一个人影。各花入各眼,很难有一个统一的选择标准。但这是你将度过四年多时光的地方,我觉得如果有条件的话,亲自走访,实地感受是最保险的。

第四节 Who——留学群体

一、留学生群体"众生相"

(一) 出国性质:自己渴望型 VS 家长寄望型

留学是学习的一种特殊形式,并没有脱离学习的基本范畴,所以必须遵循教育的基本规律。教育规律第一条,学习是学生自己的事情,别人不能代劳或代做决定。所以留学这件事的启动必须是孩子自己有出国意愿,或者由家长跟孩子讨论、商量,并得出"孩子至少不反对这件事"的结论。如果是家长一厢情愿地认为出趟国就能把熊孩子变成继承人,那很有可能会出现继承人在你挂掉之前先把你财产败光再把你活活气死的结果。

(二) 留学目的:仰望星空型 VS 逃离苦海型

至少在我们那代人眼里,留学不光是一件很难的事情,也是一件高大上的事情,是一件需要用最虔诚的态度,付出最大的代价,全力以赴去做还不一定能成功的事情。但现在一方面由于家长们的财力增长,一方面由于中介的过度协助,留学成了一笔必定能成功的交易,只是性价比不好说而已。但如果只是想让那些在中国的竞争中毫无希望的孩子去美国碰碰运气,那也注定是一场一个愿打一个愿挨的赔本买卖而已。

(三) 学习方法:举一反三型 VS 死记硬背型

很多人片面强调中国的基础教育底子扎实,主要还是在描述学生在标准化测试中的表现,这类测试针对考查的是学生对知识的记忆能力,却完全忽略了学生在这场水涨船高的全国应试能力大比拼中所付出的代价。布鲁姆思维能力金字塔明确告诉我们人类智慧的六种表现形式,如果过分强调最浅层的记忆力,而忽略了其他几项高端能力的发展,即使是少年时代的学霸也很有可能后继乏力。一旦评价体系变了以后，反倒需要更长的时间去适应。

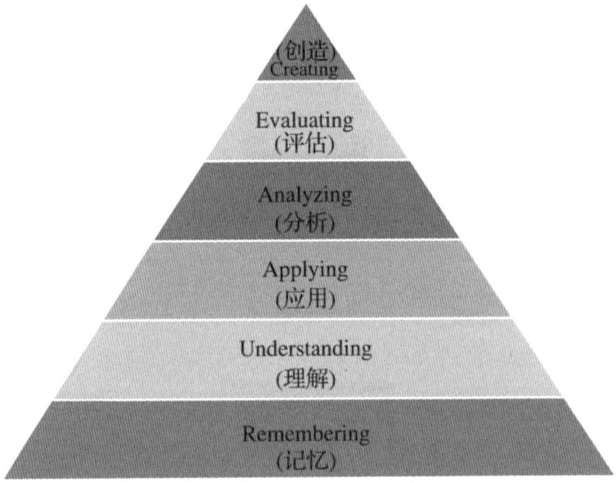

图4　布鲁姆思维能力金字塔

（四）生活态度：自爱自律型 VS 随波逐流型

在中国，孩子们从小独立的、批判性的思考能力没有得到最好的发展，比较容易没主见，比较容易在突然获得自由的时候一时不知如何支配，受环境、伙伴的影响程度很大。如果碰巧是向善的、激励的、挑战的、支持的环境，那么孩子如鱼得水，展翅高飞。但万一交到不好的朋友，受到感官和物质的刺激和诱惑，也很容易迷失自我。所以我才比较建议至少高中以后再独自出国，并且要在出国前刻意地让孩子体验并练习为自己做选择的快乐、责任和能力。

（五）生存能力：独立耐受型 VS 骄娇惰堕型

我是个“吃货”，所以我对食物的要求比较高，在饮食环境突变的国外，我拒绝苟且于速冻食品，选择了主动攻克厨房烹饪这个生存型学习项目。我们那个年代的留学生，就算没吃过什么大苦，但见过上辈人挨穷，所以多多少少继承了一点勇于面对艰苦和拮据的生活能力和一定程度的安贫精神。

但目测现在具有这些品质的孩子越来越少，家长的过度保护和溺爱让他们失去了很多他们本该具备的高贵品质，比如勤劳、俭朴、自制、坚韧、谦逊，这样的孩子在摆脱了父母监督却没有脱离父母宠溺的情况下肯定是“高危”人群，在没有训练的情况下面对挑战和困难，他们手里唯一的武器装备是父母无消费上限的信用卡。你说有多么可怕？所以如果我的孩子要出国，别的先别说，先在家里下一个月的厨，为全家做一个月的饭，既锻炼了能力，也尽了孝道。

（六）语言水平：敢说敢错型 VS 犹抱琵琶型

我认识的人里，90%的人都考过大学英语四六级，学习英语的时长绝不会少于 10 年。但能自如地使用英语来学习、工作，或哪怕只是日常沟通和交流思想的不到 10%。这说明什么问题？中国大中小学的英语教育几乎是全线失败的，以应试为目的的语言学习跟所有其他学科的知识学习一样，在人脑里留不下太多深刻的痕迹。语言是交流的工具，内容的载体，只有在真实的、与生活相关的、有意义的使用情境下才有生命力。我见过在国外待几个月甚至几个星期，就能游刃有余地交流沟通的学生，他们无不是性格开朗、敢说敢唱、不怕犯错的个性，而不是那些考试型的哑巴机器。

（七）家长特质：助力托举型 VS 百依百顺型

把学生分完类，我们也来看看家长有哪些类型。现在中国的经济条件好了，但并不是没有代价的。很多大人为了生活条件的改善，每天忙着挣钱，忽略了对孩子的陪伴和倾听，误以为只要不惜重金把孩子们托付给所谓的专业人士就可以确保自己后继有人。他们内心其实也愧疚于没有见证孩子的成长，于是采取了过度补偿，而且毫无悬念地是物质补偿，来证明自己对孩子的爱。

但我们也知道，靠钱收买来的爱一定不是真爱，靠钱实现的管束背后一定是父母的教养无力。培养出熊孩子的方式有千万种，但从小过度宠溺一定是罪魁祸首，而百依百顺的最高境界就是逼父母砸锅卖铁送孩子出国。最典型的留学失败案例已经被媒体曝光：因虐待同学入狱的熊孩子和试图行贿法官搭救孩子把中国人的颜面丢尽的熊爹妈。

（八）家教方法：鼓励放手型 VS 一切包办型

我见过的所有特别优秀、在哪里都能出人头地的孩子，几乎毫无例外地有一个共同特征：家长从小让孩子对自己负责，无论是学习还是生活。家长能做的是在背后无条件地支持他们的梦想，适可而止地提供坚持梦想所需要的帮助，并从小让孩子锻炼独立面对这个世界、实现梦想的能力。

而另一种家长却把培养孩子当成了自己的工作，把自己当成了孩子的救世主。他们不择手段地为孩子创造一切条件，去争夺更稀缺但并不一定是更好的资源，例如砸锅卖铁买学区房，请最贵的中介公司提供升学指导，等等。除了上厕所，他们恨不得什么事都替孩子做了。

他们永远低估孩子的能力，不容许孩子犯任何错误，不放心他们做任何决定，总觉得他们一步棋走错就会毁掉整个人生。于是他们全权揽下所有的事情，去哪个学校上学，去哪个国家留学，去学什么专业。在我看来，这一类家长比那些花钱养孩子的更可怕，因为他们害了孩子还浑然不觉，甚至还为自己替孩子营造的“假成功”沾沾自喜。

从小被人操控惯了的孩子一旦到了没有“直升机”（据说已升级成“无人机”）父母支持的环境，后果是不堪想象的。也不能怪他们，上课听不懂、功课不会做，也不会向老师求助，因为他连用英语求助的能力也没有。生活中也没有什么美国朋友，他就跟一帮跟他同样处境的中国孩子在一起喝酒、打麻将、聚居在唐人街附近。

家长甚至不知道孩子在美国已经没有书读，还不断地寄大笔的学费、生活费。现在曝出很多丑闻，华裔孩子开着豪车撞死路人这种类似的事件，都是因为不负责任的父母和不负责任的留学中介造成的，绝对不是一个偶然现象。现在出国变得越来越容易，家长越来越负担得起这笔费用。但出国并不代表留学，被录取不代表能毕业，因为大多数美国的大学还是宽进严出的。

现在我们只能从教育部发布的官方数据[①]看到每年有多少留学生去了国外，但谁也没有告诉我们有多少留学生最后没有拿到学位就逃回来，或者被学校开除甚至驱逐出境。中学不会说这个数据，他们只负责贴出红幅喜报，告诉家长多少学生成功“远嫁”海外；中介公司也不会说，他们只会大张旗鼓地告诉广大消费者他们又成功“贩走”了多少孩子；这种丢死人的事情家长自然不会说。

美国大学也不好意思说，尤其是那些本来就是靠中国留学生交的高额学费维持学校运营的学校，他们在录取的时候可能就知道这些孩子肯定毕不了业。有点良心的学校还会想办法帮助这些学生克服困难，但“一纸休书”岂不更省事？空出学位来继续招生赚钱，开除的学生又不用退学费。

那些家里有一定经济实力的家庭，大不了读不下去了就回来。最怕是那种家里需要借贷或者省吃俭用才能勉强凑齐学费的，孩子背负了所有人的期望出国，遇到困难时又不知如何面对、如何求助，就算家长原谅他们，他们也不能放过自己。我亲眼见过那些曾经的学霸孩子最后不堪压力，了断了自己年

---

① 2016年度我国出国留学人员总数为54.45万人，其中国家公派3万人，单位公派1.63万人，自费留学49.82万人。2016年度各类留学回国人员总数为43.25万人。2016年度与2015年度的统计数据相比较，我国出国留学人数和留学回国人数均稳中有升。出国留学人数增加2.08万人，增长了3.97%；留学回国人数增加2.34万人，增长了5.72%。从1978年到2016年底，各类出国留学人员累计达458.66万人。其中136.25万人正在国外进行相关阶段的学习和研究；322.41万人已完成学业；265.11万人在完成学业后选择回国发展，占已完成学业群体的82.23%。

轻的生命[1]。

相反，那些在中国的传统教育体系里经常被贴上“坏孩子”“调皮王”“成绩差”标签的孩子，不听话的孩子，异想天开的孩子，总是跟老师叫板、喜欢跟体制对着干的孩子，我反倒觉得他们可能更有机会在国外成就他们的梦想，成就他们自己，他们至少有一次涅槃的机会。

这些学生本身非常聪明，有很强的批评性思考能力，不满足现状，也不愿意轻易妥协，他们在跟旧体制及其捍卫者斗智斗勇的过程中锻炼出很好的抗挫力、生存能力和创造力，他们通常也有很高的情商和社交能力，而越来越多的研究证明，这些软实力恰恰比考试成绩能更精准地预测孩子未来的发展。

在中国，在应试教育体制不变、家长们对于孩子成功的定义不变的情况下，他们很有可能就被耽误了，被埋没了，很有可能就一辈子被别人瞧不起，最后甚至会自己瞧不起自己。我亲眼见过很多真实的例子，一些曾经那么不被看好的孩子到了美国以后，像泡在水里的还魂草[2]一样瞬间绽放了，在各方面都表现得很优秀，用一个成语来形容最贴切了——如鱼得水。

二、什么人该选什么专业？

谈到选专业这个事，大家都如临大敌，如履薄冰。很多大人多年媳妇熬成婆之后，还继续带着童年的阴影在帮孩子做这件事。我相信家长们一定会忍不住参与孩子选专业的过程，那你们会优先以哪一条来作为你的指导标准呢？请大家先听从你的内心，如实地勾选一下：

- 能挣大钱的
- 更容易找到工作的
- 有更好的发展前景的
- 更适合孩子的天分
- 孩子喜欢就好

很多家长可能不会选第一项，虽然他们心里并不反对。因为做了一辈子

---

① 康奈尔大学和麻省理工学院的自杀数据统计显示，亚裔学生的自杀概率要远远高出其他族裔。

② 卷柏的别名，一种可以完全脱水，直到枝叶全部干枯的蕨类植物，但一放到水里，在几十分钟内顿时变回绿色。

多项选择题的人已经闻到了反面教材的味道。在心理学领域有一个词叫Social Desirability(社会赞许性),就是人们在做问卷的时候通常填的不是自己最真实的想法,而是他觉得出题方更愿意听到的答案。

但是我很遗憾地告诉你,在我多次询问学生群体的时候,有不少学生竟然选了这一项。他们比大人诚实,比大人懂事,他们觉得选这一条会让大人高兴。因为他们知道,虽然大人嘴里不说,但是用收入的多少来评价一份工作的好坏就是现在甚嚣尘上的价值观,包括自己的亲爹亲妈也不能免俗。多少文学天才、摇滚天才都被家长们一句“你会饿死的”夺走了他们名垂千古的可能。

选第二条“好找工作”的家长明显多了很多,他们觉得天经地义。上大学的目的就是为了找工作,不然是为了什么?其实他们完全误会了大学的使命,耶鲁大学和哈佛大学的校长都曾经表达过类似的观点,如果名校培养的学生仅仅学会了知识和技能,仅仅为了找一份养家糊口的工作,这样的大学教育是失败的,那么清华和蓝翔就没有什么本质的区别了。

当年很多中国留学生无论原来学的什么,纷纷转到会计专业。猜测有这么几条原因:第一,美国CPA(注册会计师)的薪水可观,是被列入“师”字辈的三大高薪工作(律师、医师、注册会计师),是家长们很认可的金领工作;第二,跟美国相比,中国孩子最大的优势是数学底子好,计算能力强;第三,会计只需要坐在电脑前跟数字打交道,不会暴露中国留学生口语的短板;第四,很多人认为会计是个铁饭碗,无论你卖什么,都需要有人帮你管账。

但自从进入人工智能时代,人脑在很多领域都已经输给电脑,正以我们不可想象的速度失去竞争优势。你心算速度再快,记忆力再好,你能快过电脑吗?“阿尔法狗”(AlphaGo)彻底打败世界围棋冠军的那天,全世界的会计师们都有可能在那个瞬间感觉危机重重。果然没过多久,机器人做出了毫无差错的财务报表,哪怕你考下最高段位的CPA又怎样?很多下岗的售票员现在已经成了滴滴司机,不知道下岗的会计师能做些什么?因为连司机的岗位也岌岌可危。尤其是当“最强新狗”AlphaGo Zero学会了学习之后,已经没什么东西能拦住它了。

其实另外两位捧着金饭碗的“大师”也差不多了。律师,尤其是美国律师的工作就是把本来挺简单的事情搞得很复杂,让老百姓望而却步,不得不按天价的钟点费雇佣律师帮他们做这些事。但再复杂的东西,只要有规律,在机器人面前都是小菜一碟。现在电脑只需要几分钟就能撰写出真假难辨的商业合同。

外科医生的身价来自于他们在成百上千的病人身上积累的经验,但如果机器人在不碰一个活人的情况下已经积累了百万级别的病例，你会更相信谁？别的我还不敢妄言，我的眼睛做激光矫正手术的时候，虽然上了点麻药，但我头脑是非常清醒的。这个手术中的大部分工作是机器完成的，医生只是把我的眼睛用金属夹子撑开，帮我滴了几滴眼药水而已，而我并不会因为医生长得太年轻而惴惴不安。因为用伽马刀在我眼睛里掀起角膜瓣这种事，我更愿意相信机器，而不是随时会打喷嚏的活人。

选第三条“发展前途”的家长这时候可能有点幸灾乐祸加沾沾自喜，但我也想将你一军：你做过什么样的研究来让你有这个自信来描述十年以后世界的样子，以及五年以后产业市场和就业市场的样子？你怎么保证现在热门的工作几年以后仍然热门，或继续存在？你是做哪一行的？你怎么保证几年以后老板还会继续雇用你？你的工资越来越高，但你的体力越来越差，加班越来越不情不愿，比起年富力强的年轻人，你的创造力在你入职的那天起就开始慢慢枯竭。

你指望《劳动法》吗？还是指望老板念旧情？就算老板想念旧情，但他面对的不是你一个人，还有很多老人要靠他养。20 世纪 80 年代我父母下岗的时候，厂长也在几千名职工面前哭着说对不起，但是覆巢之下，安有完卵？如果整个公司都不能维系下去，谁又比谁更多一点苟活的希望呢？

选第四条“天分”的家长这时候一定倒吸一口冷气，幸亏自己终于聪明地提到了孩子。但是，我也希望你诚实地问一问自己，你真的了解你的孩子吗？他最近在读哪本书？他最喜欢的一部电影叫什么？最令他废寝忘食的一件事是什么？除了“王者荣耀”呢？他有女朋友或者男朋友吗？真的没有吗？还是他有但没敢告诉你？最关键，你了解你孩子的天分吗？还是他真正的天分早在几年前的一个下午，已经像一个烟头一样被你亲手生生地掐灭了？

那么我们真的只能选第五条吗？你不用问别人，也不用问孩子，问自己就好。

- 你喜欢你现在的工作吗？
- 如果不知道怎么回答，就问如果不给你工钱，你还会做这件事吗？
- 如果不是，为什么要做？
- 是因为要养活自己吗？
- 如果可以再选一次的话，有没有别的事其实也可以让你养活自己？

- 虽然能养活自己，但不能让家人过上幸福的生活是吗？
- 你有问过家人怎样才算是幸福的生活吗？
- 你每天忙着出差，忙着挣钱，住着豪宅的家人能感觉到幸福吗？

我们再换一套问题：

- 你做的事情跟你的大学专业有关系吗？
- 如果没关系，你当时为什么会选这个专业？
- 你喜欢你的大学专业吗？
- 如果不喜欢，为什么要选？
- 这个专业是你选的吗？
- 不是的话，是你家长帮你选的吗？

……

我相信你已经有答案了。

唯一让我感觉欣慰乃至振奋的消息是，越来越多没有被格式化得这么厉害的85后、90后已经成了家长，他们越来越容易被说服，越来越多的家长也开始觉醒，开始认真思考生活的本质，幸福的本质，教育的本质。如果你真的爱你的孩子的话，你真的不会在意他到底挣多少钱，而更在意他到底多开心。

我一直觉得自己是一个非常幸运、幸福的人，我很小的时候就知道自己想做老师，因为我从小就好为人师，也享受影响、甚至改变别人命运的成就感。于是，我一步一步地把我自己最喜欢做的事情变成了我最擅长的事情，把职业变成了事业，把事业变成了志业，变成了我这一辈子愿意专心致志去做，哪怕没人给钱我都会继续做，并乐在其中的事情。

所以对我来说，工作和生活没有界线，下班了还是会思考工作上的问题，跟任何人在一起我唯一想聊的就是教育的话题，我能在任何场所把任何话题引向教育话题，我常常在梦里还跟我的学生和老师们在一起。我每天都非常疲惫，但我每天都非常开心，眼睛一睁开就会往学校跑。就像爱踢球的人一样，无论多大年纪，喘得跟狗似的还是乐此不疲[①]。

现在我的很多同龄人找我喝酒，最后都哭得稀里哗啦的。不是因为我酒

① 我的这种对待工作的态度师承安东神父，我的第一任老板，具体内容详见我同期出版的《鲑去来——我的美国留学往事》。

量有那么好，只是因为他们实在太不开心。对他们来说，工作纯粹是为了赚钱，因为他们误以为有了钱就能让自己过上更好的生活，物质回报是他们工作的唯一驱动力。他们拥有好几套豪宅，好几台名车，他们在物质条件上远胜于我，但是我一点都不羡慕他们。因为他们每天做的事情不是他们喜欢做的事情，而且因为要忙着挣这些钱，他们其实都没有时间去享受这所谓的"更好的生活"。

我没有幸灾乐祸和评判别人的意思，用他们做反面教材就是为了提醒自己我真的很幸福。我觉得每个人，尤其是跟我一样已经半截入土的人，真的应该找个时间仔细诘问一下自己，到底什么事情真的让你感觉幸福？说不定还不是太晚，说不定你还有机会勇敢地做一次自己，也给孩子做一个榜样？

还有两个消息或许对大家有点安慰。第一，美国的大学很人性化，前两年都是学通识课程。学生学习自然科学、社会科学、人文艺术学科的同时，可以自由地跨学科选择自己感兴趣的课程，然后在大三才确定自己的专业和辅修专业。让一个还不知道世界是什么样子、三百六十行是什么样子的18岁孩子选专业，太不科学，也不人道了。而且在美国，转专业也不是什么大不了的事情，操作上也没那么复杂。

第二，其实专业已经没那么重要了。越来越少的岗位需要专科的、单科的人才，也几乎没有一个专业可以培养一个可以当场就业的人才。将来的人才都应该是跨学科的复合型人才。几百年的大学体制庞大而陈旧，要做翻天覆地的学科统整可能还需要一些时日。但历史的车轮不等人，也不会原谅人们因为因循守旧犯的错误。所以，我的建议是，让孩子坐下来想一想最让自己热血沸腾的话题到底是什么，最让自己可以废寝忘食去做的一件事又是什么。

如果你能坚持把这件让你乐此不疲的事做一千、一万遍，你就成了这个领域的专家。如果你还能够创造别人（包括机器人）不能创造的价值，无论是经济效益，还是社会效益，你就不可能养不活自己。就算不能就业，你还能创业，这就是这个最糟糕也是最好的时代给我们带来的危机与机会。

第五节

What——留学的挑战与机遇

一、可能会遇到的挑战

（一）Language Barrier（语言障碍）

语言能力按功能分为两类，一种叫 BICS（Basic Interactive Communication Skill），指日常生活中的沟通能力，另外一种是 CALP（Cognitive Academic Language Proficiency），是用语言来进行学术活动的能力。如果要留学的话，这两项都是必备技能。听说读写都要过关，最关键你得能够用两种语言去思考。

"YIELD"这个词大家都认识吗？不管是哪个版本的字典，包括我目前最认可的有道词典，都会告诉你是"屈服、出产、产生、投降、放弃"的意思。有时候读书读傻了真的是很可怕，词典也是会"坑爹"的。在美国，这个词用得最多的地方不是书本里，而是马路上，是一个重要的让行标志，相当于 STOP，停车让别人先过的意思。

前段时间有一个中国留学生家庭来美国旅行途中，看到 YIELD 标志没有停车，结果被飞驰而过的卡车撞翻，全家人遇难。所以，到美国第一件事情就是学会如何从生活中学习、模仿真实而鲜活的语言，而不是教条地去读课本、背单词。那么多中国人学了几十年的哑巴英语，学了很多语法知识，学了很多做题技巧，但是一开口，就是"How old are you? ——怎么老是你"的笑话。

光学会了生活英语是不够的，你不是去美国养老，只要会买个菜就行了。你是去读书的，学术英语的学习是第二道难关。你得听得懂教授和同学们在说什么，一周的时间内你得啃得下来几个大厚本的书，你得掌握学术英语的写作规范，你还得用别人听得懂的英语去陈述自己的学术观点。

（二）Study Skills（学习能力）

除了水土不服、饮食不调、语言不通、交通不便、交友不慎等一系列的挑战，最主要的当然还是学习上的压力。我当年是保送北大的学霸，所以拿我来做参照标准是有价值的。我想让大家知道，即使是学霸，到美国的第一年是生不如死的。你们知道我天天盼着什么？——考试。

因为，这是我唯一擅长的事情，这十几年用在我身上的唯一的评价体系，这件我自己引以为傲也受到别人认可的事情，是我去很多地方、获得很多资源的通行证，它是唯一可以证明我是个好学生，让我不给国家丢脸的方式。但是，我打死也没想到，美国大学，尤其是美国的研究生院竟然不考试。他们主要是通过以下几个方面来检验学生的学习成果，而这些偏偏都是中国学生的死穴。

1. Extensive Reading（广泛阅读）

美国学校很重视阅读，通常在上课之前，教授就会给你一个书单，少则几十页的论文，多则几大本硬皮精装的学术书籍。首先你要了解英语的写作方式，也就是英语的"八股"规则，并学会泛读——在一篇文章里找到关键段落，在段落中找到关键句，甚至在句子中找到关键词。

泛读要求的不是学生死记硬背的能力，而是能一目十行地领会作者的观点，也就是我们中文说的"不求甚解"。你要真是拿出"铁杵磨成针"的毅力一字一句地读，甚至背下来，反倒是吃力不讨好，而且我估计你永远不可能完成老师布置的功课。

2. Class Discussion（课堂讨论）

研究生院很少有 lecture（讲座课），大多数是 seminar（讨论课）。老师并不负责传授知识，学生们通过阅读产生自己独立的见解，你可以赞同，也可以不同意作者的观点。然后你需要找到充分的证据，使用合理的逻辑在课堂上跟同学们展开讨论，甚至辩论。

比产生自己观点更难的恐怕是找准时机插嘴。因为讨论课上通常不需要举手发言，插嘴时机其实就那么半秒钟，甚至更短。你要趁着别人将说未说的节骨眼开口，说早了打断别人不礼貌，说晚了又很有可能被别人抢走。最可气的是被"截和"，你的想法竟被别人一字不差地说出来了。而比"截和"还要可怜的就是当你终于嘴型都摆好的时候，大家已经翻篇。你在心里默默打磨了很久，准备一鸣惊人的聪明句子就这么被永远地埋没了。

3. Academic Writing（学术写作）

老师可能会要求每一节课写一篇小 paper（论文），一般不会打分数，但会占一定比例的总成绩。学期末的时候，还是需要递交一份大 paper。学术论文的第一条要求就是 Literature Review（文献综述），如果你根本不了解之前的研究成果，那就很有可能只是重复别人的话，或写出落后于时代，甚至已经被验证为谬误的东西。

中国留学生对 citation(引用)这个概念的误解,和对 plagiarism(剽窃)这个概念的缺失,是造成学术不诚实的主要原因之一。美国学校对学术诚实的要求异常严格,也有非常先进的工具检测抄袭的行为。一旦雷同超过一定比例(7%),后果非常严重,轻则挂科警告,重则直接开除学籍并遣返。

稍微有点良心的大学一般都配有专门的人手向有需要的学生提供写作援助,而且大部分是免费的,千万别不好意思求助,羊毛出在羊身上,你的昂贵学费里已经包含了这项服务,你不用就是为别人创造福利了。况且,有些教授可能拒绝审阅没有被 proofread(勘误)过的论文。

4. Oral Presentation(口头报告)

Presentation Skill(展示技能)不光是演讲,它全方位挑战一个学者收集、整理、归纳、分析、呈现、传播信息的能力,最后"传播"这关是最具挑战性的,因为很多中国学生在之前的学校里很少有机会锻炼,无论是因为悬殊的师生比,永远不够用的课堂时间,还是应试教育不考不重视的原因。

不光是对中国人,对美国人也一样,绝大多数人并不是生来就有 Public Speaking(公共演讲)能力的。但说到底,它也就是门技术活,既然是技术活,唯一的路径就是多练多说。不怕说错,不过分在意别人的看法很关键,有人建议演讲者把观众们想象成一排排的圆白菜。但我个人的经验是,恰到好处地跟观众稍做互动反倒能帮助自己尽快放松下来。在观众里找到或事先安排好频频点头、微笑而鼓励的眼神是一个不错的办法。

留学生的第一年肯定是最具有挑战性的,并不是因为你不够优秀或不够努力,而是因为游戏规则变了,就像在淡水池塘里养了很多年的淡水鱼突然被扔到海里一样,之前那么多年应试教育的学习经历并没有帮你做好相应的准备。凡事预则立,不预则废,只要你事先意识到挑战是什么,并提前制订合理而可执行的攻关计划,终究也不是什么克服不了的难题。

(三) Physical Strength(身体素质)

学习上的压力其实总还是有边界的,只要你有自主的学习态度、高效的学习方法和习惯,以及不怕吃苦不怕累的精神,长的一两年,短的几个月,你就能适应新的挑战。但有一些能力可能需要花更长的时间也不一定能赶上,需要提前有更久的积累和训练,比如体能。

在中国,至少在我的那个年代,体能是非常不受重视的。后来假装重视了,但往往流于形式,而且只注重结果不讲究过程,只看你能做几个引体向上而不是帮你养成锻炼的习惯,反倒让像我这样天生就不爱动的人更讨厌体育。

别说打球，看球我都懒得看，到现在我还搞不清楚棒球的规则是什么。算起来，这可能是应试教育对我造成的不可逆转的最大伤害吧。

在中国，只有成绩好的学生才可能做班长，做学生会主席也先看重成绩。但在美国，像我这样手无缚鸡之力的书呆子是毫无机会的。要想选上学生会主席首先你得长得帅，你得擅长至少一项体育运动，或有一样让别人都服气的本领，还得是酷酷的，比如极限运动、跳街舞等。你在网上稍微搜一搜图片，中国的大学生长什么样，你再去看一看美国的大学生长什么样，不用我说你就明白差距在哪里了。

如果你去读美国高中或大学的话，你最好在肢体上别太逊了。尤其是男生，哪怕你不喜欢踢球，你也得至少懂得看球、聊球。我读博士的南加州大学拥有全美国排名第一的大学生橄榄球队，每年大大小小的比赛，是比校庆还重要的一件事，那些肌肉健硕的男生们也让很多瘦弱矮小的亚洲男生自惭形秽。

（四）Time Management（时间管理）

在国内，有一件学校和家长一起做的坏事对孩子伤害很大——我们都过度参与了孩子的学习。学校根据教委发放的大纲为孩子制定了统一的课表，班主任和任课老师死死盯着每个年级每个班、每个学期每个科目的学习进度，隔三岔五地用总结式的大考试、小测验监督学生学习的进度和质量。

在家里，直升机式甚至是无人机式的父母每天嗡嗡嗡地盘旋在孩子的头顶，时刻提醒孩子什么时候该吃饭、睡觉、做作业。周末和节假日当校长和老师们下岗之后，家长就更加全副武装地接过革命的火把，不留任何缝隙地帮孩子把时间填满，爷爷奶奶、保姆司机一齐出动，把孩子从一个培训班送到另一个私教的家，生怕他虚度了片刻光阴，生怕被别人家的孩子抢了先机。

所以一旦到了大学，尤其是美国的大学，突然缺失了这样重要的监工岗位，孩子根本不知道如何安排自己的时间。而美国的学校从小就锻炼孩子们自我管理和时间管理的能力，所以他们会默认这是一项人人都已经具备的技能。当他们突然发现一个年满 18 岁的成年人不知道如何管理时间、不知道如何做决定的时候，他们也懵了，也不知道该如何帮助他，难道要帮他上闹钟，提醒他交作业吗？

（五）Sociability（社交力）

社交能力有多重要？我觉得比什么都重要。很多留学生最后逃回中国，并不完全因为学业的压力，而是他们在那边很寂寞，没有朋友，不会交朋友，不会与人沟通,不会组织也不愿意参加派对。在中国,成绩为王;但在美国,学习成绩并不是什么通行证,一个只会读书的人反倒会被当成 nerd(书呆子)或 geek(怪人)遭来嘲笑、歧视,甚至霸凌。

我注意到很多中国孩子英语词汇量不算小,但是却不太懂美国礼仪里通常期待的寒暄客套,经常都是没有任何铺垫地直接进入主题。去药店买个东西,营业员笑成一脸桃花地迎上来跟你说"Good Morning",结果中国学生冷冰冰、急吼吼地来一句"I want constipation pill"(我要治便秘的药),回人家一个跟斗。

虽然大学生没有中学生那么"残忍",你依然需要学会跟别人 chitchat(闲谈)。Small talk(聊小天)是非常重要的一种能力,你得让别人知道你是一个有意思的人,别人才有可能愿意跟你做朋友。美国的文化算是友善包容的,哪怕你长得并不有趣,你也至少会有一次机会表现出你的与众不同。

我刚到美国的时候,特别没自信,因为连我都觉得自己很无趣。十几年死书读下来,我几近绝望地发现自己除了考试,什么都不会,也已经没有了真正的兴趣爱好。别人的谈话,我永远插不上嘴,美国的时事政治我一无所知,文化娱乐圈的名人轶事我对不上号,体育赛事我压根提不起兴趣。毕竟没在美国读中学和大学,笑话里稍微掺一两个人名或文化现象,我就只能脸上假笑,心里在哭。

大家都误以为学霸一定是读过很多书的人,但其实读过的书大多是为了应付考试用的。被逼急了,我只能说自己爱看电影,希望蒙混过关。没想到没眼力见的美国人还要穷追不舍问你最近看的什么电影。老天,我都记不得最近一次去电影院是几年前的事了。绞尽脑汁地想到一部电影,还不知道用英文怎么说"人鬼情未了"。

——"What is it about?"

——"Eh, a man dead you know, but her wife don't think he dead you know, he come back, they play mud together you know?"

——"……"

(六) Survivability(生存力)

我把它放在最后,但并不意味着它最不重要,而是留学生在国外因为不会照顾自己闹出太多笑话了。最近有一则广告刷屏朋友圈:广告中的父母深夜拍摄"番茄炒蛋"的视频,发给在美国读书的儿子,但很多人擦干眼泪醒过神来之后,便开始对这类连番茄炒蛋都不会做、不会上网查资料、还要深夜打扰年迈父母睡觉的留学生口诛笔伐。

冷笑之余,我却想再调转枪口向这对父母开炮,这么大的儿子这点事情都不会，难道不正是父母从小种下的毒种结出的恶果吗？从来不让孩子下厨房，逼他"两耳不闻窗外事，一心只读圣贤书"，我不但不同情这样的父母，活该半夜不能好好睡觉，我还要怨怪他们，没有从小培养孩子独立自主的能力。

现在很多家长、老师都误会了学习这件事，误会了教育这件事。如果把考试成绩、名次、学校的排名当成衡量教育质量的唯一标准，没有在培养兼济天下的人才之前，先培养一个可以独善其身的人，那我们注定要为此付出代价，也不可能从留学这件事上获得任何有价值的东西。用一句祖宗的老话来总结：一屋不扫，何以扫天下？

二、留学能学到哪些能力？

有朋友戏谑我是一台"学历收割机"，也有不少人拜倒在我这些学历证书的光环之下，但我觉得仅仅这几张纸是不值得付出这几年宝贵青春的。就像衡量一个家庭是否幸福一样，不能只看房间有多大，车能跑多快，而是要看一家人一年有多少次机会能坐下来一起享受一顿一起做的晚餐。教育也是如此，对我来说，留学最大的收获往往是那些看不见的东西，那些无法量化、无法精确计算的东西。

（一）Critical Thinking（批判性思维）

英文有一个词叫 unlearn，意为"设法忘记，抛弃（已学会的东西）"，当然，这个解释并不能完全道出这个词的深层含义。毫不夸张地说，我在美国花了整整九年的时间，才把我在中国十几年的应试教育下养成的一些坏习惯改过来，戒掉了一些固化的、教条的、单项选择的、非黑即白的思维方式。之后，我开始质疑一些之前我不加思考就接受了的事实，我开始不满足于别人给我的标准答案。我开始被问及一些开放式的问题，不知不觉中，我竟也开始有了自己的见解和批判性的思维。我变得没那么容易轻信，没那么容易被洗脑，凡事喜欢问个证据，追问信息的源头。

（二）Open mindedness（开放性）

到了国外，你会突然发现原来世界的颜色和你想象的不一样，就像清末的皇帝第一次见到利玛窦神父带来的手绘地图一样，你开始学会不把自己当成宇宙的中心去看待世界；你开始不把自己的道德和审美标准当成唯一的、至高无上的；你不再指手画脚、信口评价别人的观点和生活方式；你学会了让别人有不喜欢的权利；你懂得了什么叫以尊重换取尊重，以自由交换自由，包括对于小众群体的宽容、接纳,欣赏各种形式的美,并用更包容的心态去看待自己、看待别人、看待这个世界。我管这些素养叫开放性,也有人索性就叫它“教养”。

2017年我非常喜爱的诗人余光中先生驾鹤西去,加进他的原话,以志纪念。

> 旅行的意义并不是告诉别人“这里我来过”,
> 而是一种改变。
> 旅行会改变人的气质,
> 让人的目光变得更加长远。
> 在旅途中,
> 你会看到不同的人有不同的习惯,
> 你才能了解到,
> 并不是每个人都按照你的方式在生活。
> 这样,人的心胸才会变得更宽广;
> 这样,我们才会以更好的心态去面对自己的生活。
>
> ——余光中

(三)Empathy(同理心)

我一个号称来自礼仪之邦的人,到了美国才发现什么才是真正的文明。在美国,尤其是夏威夷州,向陌生人问好和微笑是最起码的礼仪,人们的交谈中,听到最多的一定是互相致谢和道歉。推重门和坐电梯的时候,前面的人一定会等至少1—3秒看看后面有没有人;你在马路中间举着地图超过5秒钟,一定会有人过来问你需不需要帮助。

我还从美国人身上学会了一个很重要的,在中国几乎很少有人提的一个词——同理心(empathy),这个词有时候也翻译成“共情”。同理心跟同情心(sympathy)不一样,虽然它们是同一个词根,但意思差别很大。Sympathy是怜悯,是有一点居高临下的。比如说你看到一个乞丐没有手、没有脚,你给他10块钱去买一个面包,那是同情心。同理心是更加平等的一种换位思考。比如说你在高速上开车,你看见一位年过半百的环卫工人在捡垃圾,你能够想象酷暑天他有多热,你能够想象高速路上有多危险,说不定哪个司机边开车边打电话就会撞到他。那种设身处地的共情会让你觉得在高速上丢垃圾是非常不应该做的一件事情,从此你不会在任何地方丢垃圾,这就叫同理心:己所不欲,勿施于人。

（四）Curiosity（好奇心）

了解我的朋友都知道我是一个经常在路上的人，做校长的时候，任性的我在校历里订了春夏秋冬每年两长两短的假期。不光让自己有机会去看四季的世界，也希望学校里的每一个人都尝试着离开自己居住的城市。一旦你走出家门，走出国门，你会发现自己对这个世界的每一件事都充满好奇。或许是因为我们为了来美国读书，付出了太大的代价，为了考出一个像样的 GRE 成绩，已经很久没有对任何事情产生过好奇了。

你应该庆幸应试教育还没有让你麻木，你探索这个世界的旅程才刚刚开始，那就让好奇心和求知的渴望带你飞往这大千世界吧！我必须要做一个善意的提醒，好奇心是一个会上瘾的东西，你去过的地方越多，就越会激发你想去所有那些没去过的地方。只有当你知道了世界有多大，你才会知道自己有多渺小，人类有多渺小。

（五）Crosscultural Competency（跨文化能力）

我们这代人可能还没有那么紧迫地意识到跨文化素养的重要性，但是我们的下一代一定是生活在一个国界越来越模糊的地球村落里，他们不但要学会跟中国人打交道，也要去学习怎样跟来自其他不同国家、文化、宗教、教育背景的人去沟通、协作。

这些能力在单一文化环境的中国是很难培养的，这些东西讲理论是没有用的，一定是要生活在那种环境里你才会感受得到。这种能力也不是天生的，即使在美国这样的移民国家，我们也会将其融入课程中来学习什么叫世界公民，怎样去理解别国的文化，怎么用最有效的又最宽容的方式去跟别人对话，等等。

（六）Imaginability（想象力）

其实我刚到美国的时候很不习惯万圣节，我完全不能理解为什么大家要把自己弄得那么丑陋、那么恐怖、那么血腥。直到我在加州做了小学校长之后我才意识到万圣节其实可以如此美好，它不光是一个孩子的节日，也是一个大人的节日[①]。它可以让一个人有机会发挥自己的想象力和创造力，成为自己心目中想成为的那个英雄，哪怕只有一分钟；或者做最真实的自己，哪怕只有一天。

---

① 这是一个国际化程度非常高的地方，600 个学生的校园里有来自 40 多个国家的家庭与老师。在学校万圣节的化装游行上，我演的是哈利波特里的 Snape 教授，用了我自己的宠物蛇来做活道具，从那天起我成为全校最受孩子们欢迎的校长。

可惜万圣节现在在国内演变成了一种商业化的行为，虽然到处都能买到些道具和奇装异服，但是我觉得跟校园里的万圣节比起来少了些东西。学校会鼓励孩子们自己去做道具，自己去设计，而不是说去买那些现成的超人、女巫、吸血鬼造型服装。我们也鼓励家长们也参与进来，我印象最深的是一个家庭的套装：爸爸妈妈扮成汉堡皮、孩子扮成汉堡芯，女儿演肉，儿子演生菜，真是创意无限，稚趣无边。

（七）Assertiveness（自信表达）

我在美国参加过一个让我感觉受益最深的关于"assertiveness"（自信表达）的工作坊，几乎所有的英汉字典都把这个词错译成了贬义词：过度自信、固执己见、武断专行。这其实是中国文化里缺位的一个概念，甚至在维基百科上都没有中文版。我根据维基百科英文版把它的主要含义翻译出来，希望可以帮到一些跟我一样曾深深误解这个词的读者。

【拓展】

- 自信表达

自信表达是一种自我确认和自我相信的品质，而不是咄咄逼人。在心理学和心理治疗领域，它是一种可学习的技能和交流方式。道兰的医学词典这样定义自信表达：一种以"不需要证据的自信声明或肯定语句"为特征的行为。它肯定了一个人的权利或观点，但既没有威胁到另一个（假设占主导位置）人的权利，同时它也不会纵容另一个忽视或否认这个人的权利和观点。

在20世纪后半叶，自信表达被越来越多的人认为是一种行为技能，许多个人发展专家、行为治疗师和认知行为治疗专家甚至把它单独拿出来作为一门课来教授。

自信表达往往与自尊有关，这个术语和概念通过以下几本专著广为人知：由罗伯特·E. 阿尔贝蒂和迈克尔·埃蒙斯1970年出版的《你的完美权利：自信表达的行为指南》和曼努埃尔·史密斯写的《当我说不时，我感到内疚：如何使用系统的自信表达疗法》。

作为一种沟通的方式和策略，自信表达有别于攻击和消极攻击。消极型沟通者从不捍卫自己的个人界限，从而允许攻击性的人通过恐惧来虐待或操控他们。消极沟通者也不太可能冒险试图影响其他人。攻击型沟通者的人不尊重他人的个人界限，因此在试图影响他人的同时也会伤害他人。一个人通过克服害怕说出自己的想法或试图影响他人的恐惧来表达自己的自信，但这样做的前提是尊重他人的个人界限。自信型沟通者的人也通常愿意在面对攻击型沟通者时为自己辩护。

自信的人往往具有以下特点：

① 他们可以自由地表达自己的情感、想法和欲望。

② 他们也能够发起并维持与他人的良好关系。

③ 他们知道自己的权利。

④ 他们可以控制自己的愤怒。这并不意味着他们压制这种感觉；这意味着他们控制愤怒并以一种说理的方式谈论它。

⑤ 自信的人愿意与他人妥协，而不是总是想要自己的方式，并且通常拥有健全的自尊心。

⑥ 自信的人会通过"我在意我的需求，我也在意你的需求"的方式构建友谊。

（八）Be yourself（成为自己）

探索世界是一方面，探索自己的内心也是同样重要的一门功课。我们那代人，也包括我的父辈祖辈们，很多时候搞不清楚哪些是"我"的需求，哪些是"我们"的需求。出国以后你会发现自己活得更加真实，你开始问自己一些你从没问过自己的问题：

- 我真的需要这个吗？
- 我真的喜欢这个吗？
- 我必须这样做吗？
- 是我父母的需求还是我的需求？
- 我的生命到底该由谁来掌控？
- 如何定义幸福？
- 如何定义我的幸福？
- 我愿意付出怎样的代价去换来别人的满意？

……

然后你就发现更有机会去成为你自己想成为的那个人。

（九）**Compassion towards Public Benefit（公益心）**

我还要再告诉大家一个好消息，可能对一些人来说是不好的消息。2016年哈佛大学官网宣布，在录取的时候会更关注申请人帮助他人、参与社会公益活动的经历，其实也就是在看一个人愿意为这个世界做多少事，有多少可能成为拯救地球的那个大英雄。再具体一点，就是：

- 服务意识和社会责任感
- 领导力和组织能力
- 跨文化沟通与合作
- 行动力与公平意识

因为哈佛标榜自己是一所精英学校，是一所培养未来领袖的学校。但是如果我们未来的领袖们只有才智而没有品德，只关心自己的成就而没有意愿帮助别人，他们有可能会成为对这个社会有危险的人。发明地沟油的往往不是路边的小混混，而是走上歪道的科学家。小混混只能做出伤害一些人的小坏事，而那些受过高等教育的聪明人可能会做出对整个人类有害的事。

（十）**Resilience（抗挫力）**

有一个概念性的问题大家千万想清楚，留学的完整定义是在国外生活，而不是在国外的一所学校里读书。你的时间不该全部花在教室里、校园里，你会遇到千奇百怪的事，你会邂逅千姿百态的人。最后你能不能有一场圆满的收获，不在于你在简历上多加了几行字，而在于这几年的留学生涯里，你是如何去面对这些改变和未知挑战的。

所以在所有能力里面，我认为最关键的一条是 resilience（抗挫力），你如何面对挫折和挑战，如何面对你不喜欢的人。你对待考验和磨难的那种不放弃、不认输的倔强，或者是认输以后你知道从失败里吸取教训再次站起来的能力，以及战胜自己内心恐惧的能力，在绝望中看到希望的能力。

分享一条我非常喜欢的名言，我曾经多少次依靠它走出阴影和困顿：

> Whatever doesn't kill you only makes you stronger.
> （那些不能把你打败的东西只会让你变得更坚强。）

围观群众看到我的简历的第一反应很可能是：哟，保送北大，留洋美国，双料硕士，教育博士，在中国和美国都当过小学校长、大学教授。但他们可能不知道，我除了给部长做过翻译，给土豪做过家教，做过中国集团总裁，当过美国新闻主播这些貌似高大上的事情，其实我也做过不少在很多人眼中可能"不登大雅之堂"的事：摆过地摊，洗过盘子，开过货车，卖过字画，卖过艺也卖过"身"。

写完《鲑去来——我的美国留学往事》，我才发现自己竟然几乎只字未提我上了什么课，学了什么知识。反倒是自己在美国如何生存下来的点点滴滴，才是这九年的旅美时光留给我最珍贵的财富。

证明自己能力的方式不是告诉别人你学过什么，而是向别人展示你能做什么。

证明自己价值的方式不是看你曾经获得过什么，而是看你能为后世留下什么。

第六节
How——留学准备

一、如何为留学做好准备

我在《鲑去来——我的美国留学往事》一书中分享了我当年如何准备出国的过程，但这毕竟已经是 18 年前的事情。世界已经发生了翻天覆地的变化，大学申请的政策和要求也已经发生了很多变化，我的经验可能已经不足以指导当下的学生如何去做相应的准备，于是我决定邀请我二十多年的好朋友黄兆旦博士来替我完成这一章节的写作任务。

兆旦博士在全世界最好的师范学校——哥伦比亚大学读完博士，她专攻的课题就是国际教育，她在美国生活的时间比我更久，看到了更多中国学生在留学前、留学时和留学后遇到的种种挑战，以及家长们种种令人担忧的"帮倒忙"。她于 2013 年回国成立了"优你教育"，致力于帮助打算留学的家庭和学生们做好出国的准备。以下是兆旦博士关于留学申请详细而诚恳的分享与建议。

我的美国留学攻略

文/黄兆旦

世界这么大，一定要出国读几年书。人生这么长，一定要拓展几个维度。作为钱博士的客串作者，篇幅有限，我将主要针对目前国人留学年龄最集中的美国本科留学申请来讲解流程和一些关键点。

在谈具体的申请流程之前，我想先聊一下中国家长们的排名情结。据不完全统计，近 70%的中国学生集中申请的都是美国排名前 100 的学校，造成区块性拥挤，也让很多原本优秀的学生在录取火拼中变成炮灰。下图是金字塔尖的 8 所常春藤大学 2017 年的录取情况，以哈佛大学为例，2017 年本科生的总录取人数为 2 056 人，国际生约为 250 人。如果按照 5%的录取率来算，那么中国的学生大约仅有 12 人能被录取。这个数字真是少得可怜。

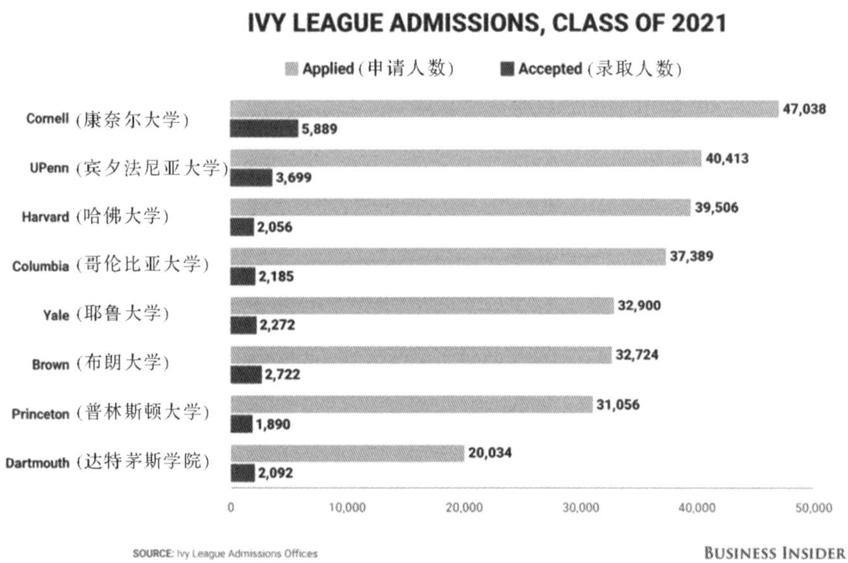

2017 年 8 所常春藤大学本科生录取情况

在美国本土，因为这些名牌大学录取中不成文的种族比例平衡政策，亚裔学生要想进入常春藤名校，不得不具备比西班牙裔和非裔学生更高的分数和更优秀的表现。2015 年华尔街日报一篇评论员文章指责哈佛大学存在“排除中国学生”的内幕游戏规则，并要求教育部核查此事。文中指出威斯康星麦迪逊大学甚至存在教授在给成绩的时候都会平衡不同族裔的现象。

根据美国《1964年民权法案》，任何接受联邦政府资助的教育组织必须公平对待所有的学生个体，不能因为种族或是身体特征而区别对待。但是，成绩突出的亚裔申请者正在遭受越来越严峻的录取考验是不争的事实。几乎所有的中国家长都有虚妄的名校情结，让此现象雪上加霜，最后苦的还是孩子，而且水涨船高的标准化考试成绩让美国的高中生也遭受池鱼之殃。

在众多的大学排名中，貌似最“权威”的是由《美国新闻和世界报道》(*U. S. News & World Report*)杂志每年9月发布的最佳大学排行榜。最佳大学分全国性大学(National Universities)，文理学院(Liberal Arts Colleges)，区域性大学(Regional Universities)，本科专业排名等。

自1983年首发以来，该榜单因为成功的商业运作，攀升为全世界知名度最高的排行榜。2014年最佳大学排行榜公布后的一两天里，网站的点击率超过千万。排行榜直接影响了班级排名前10%的学生对大学的选择，从而影响到学校每年收到的申请数量和录取比率。很多大学不得不把提升在该排行榜上的名次作为学校的工作重点之一。当然也有不愿助纣为虐的大学，反感并坚决抵制这种赤裸裸的商业行为，并扬言谁要给他们大学排名，就把这些炒作机构告上法庭。

2018年的排名数据来源于对1 800份调查问卷的大数据统计。该统计是根据7项一级指标、16项次级指标加权计算完成的。有些数据诸如SAT成绩是大学自己提供的，历史上确实有大学谎报分数的现象，比如埃默里大学据称长达十年虚报成绩。大家不妨仔细看看这几项指标，到底哪些真正反映了家长和学生关心的如何评估一个好学校的关键因素？

美国大学排名衡量标准

一级指标	一级指标占比	次级指标	次级指标占比
学术声誉	22.5%	校长、教务长、招生主任间互评	66.7%
		高中升学指导顾问对大学的评价	33.3%

（续表）

一级指标	一级指标占比	次级指标	次级指标占比
入学新生的质量	12.5%	录取率	10%
		高中班级排名前10%	25%
		SAT/ ACT 成绩	65%
教师资源	20%	教师薪酬	35%
		具有最高学历的教师比例	15%
		全职教师的比例	5%
		师生比例	5%
		班级人数1—19人	30%
		班级人数超过50人	10%
返校率	22.5%	毕业率	80%
		一年级学生的返校率	20%
财政来源	10%	每个学生的财政支持	100%
校友捐赠	5%	校友的捐赠率	100%
毕业年限	7.5%	毕业年限(4—6年)	100%
总计	100%		

——《美国新闻和世界报道》官网

其中跟学生息息相关的是“入学新生的质量”这一项(12.5%的权重),其中成绩排名占25%,也就是说成绩的绝对值,不如相对值重要。标准化考试SAT的批判性阅读和数学部分的分数(或者ACT中的综合分数)占了65%的比重。可是,越来越多的学校不再要求学生递交SAT成绩,因为越来越多的研究表明SAT成绩根本无法精准预测学生在入学后和毕业后的表现。这让SAT的出题机构大学理事会捏了把冷汗,终于在去年推出了新的SAT改革措施,以满足各大学对考核能力的要求,但好像并没有显著的成效。

大家津津乐道的连年创新低的录取率,说到底是由于大学公关和市场工作出色,品牌辨识度高,申请人数逐年增加,在录取人数不变的情况下,无声倒下的学生连年飙升。为了保证入学率(Yield Rate),也就是收到录取通知书来报道的学生比例,大学们又纷纷推出了花式绑定的“抢人策略”，包括提前决定和限制性提前行动等名目，这批录取的学生入学率肯定是100%，对排名是相当有利的。

在这个排行榜的复杂关系链中，其实学生和家长是被消费者。中国学生和家长需要拨开噪音，听听自己的心声。我认为，我们需要关心最本质的问题：上大学的意义是什么，你最希望通过大学的学习得到什么？很多家长会说学习知识和找到一个好工作，最终能够健康快乐地生活。那么什么知识在工作中是至关重要的？专业知识吗？社会发展进步的速度已明确告诉我们大二学的技能在毕业的时候就很可能已经被淘汰，而十年以后最热门的工作估计还未出现。

一、申请时间节点

确定申请哪几所学校，以10所为例，按照申请的难度系数分冲刺、匹配、保底三类学校。通过学校官网、校友、招生办公室了解这些学校的录取要求，从GPA和标准化考试等可量化的数据中评估自己的学术实力是否跟这些学校匹配。美国绝大多数高中以及国内的部分高中自有系统中记录了过去十年什么样水平的学生考入什么样的大学，这些数据将帮助你更好地确定哪些大学作为冲刺学校，哪些大学作为匹配，哪些大学作为保底学校。

美国大学通常有三种录取方式，即“提前决定”(Early Decision，简称ED)，“提前行动”(Early Action，简称EA)和“常规录取”(Regular Decision，简称RD)。前两者ED和EA可统称为“提前”类。还有一种提前叫限制性提前行动REA(Restrictive Early Action)，或者单一选择提前行动(Single Choice Early Action，SCEA)，只允许申请一所EA的学校，但是不可以申请ED。ED是具有约束力的提前录取，也就是学生被录取的话，必须去上；EA是提前递交申请，但是学生被录取的话，并不一定要去。

美国大学的三种录取方式

申请类型	提前决定(ED)	提前行动(EA)	限制性提前行动(REA)
申请数量	一所	多所	一所，不得同时申请ED
录取结果	录取了就得去	录取了不一定要去	录取了不一定要去
截止日期	11月1日	11月1日或 11月15日	11月1日

（续表）

申请类型	提前决定(ED)	提前行动(EA)	限制性提前行动(REA)
发榜通知	12月15日前后	12月15日前后	12月15日前
录取结果	被录取，被拒，被延迟等候		
延迟录取应对	联系招生办公室表示感兴趣，询问有什么可以加强的地方 把第一个学期和第二个学期中的成绩单寄过去 如果会再考一次标准化考试，把新成绩寄过去		
入学决定	—	5月1日	5月1日
申请优势	录取率相对常规，早录取，早安心	提前知道结果，非绑定	录取率相对常规录取高，非绑定
申请弊端	绑定，别无选择	提前完成所有考试，申请材料	只能申请一所REA，不能申请ED
多少学校适用	前100的综合型大学有40所ED，18所EDII	前100的综合型大学有41所EA	只有5所大学：哈佛、耶鲁、普林斯顿、斯坦福、圣母

二、为什么绑定提前决定(ED)

从学校的角度来说，在12月15日前后就能确定多少学生肯定会入读，这对招生工作提供了保障。有的学校一半的学生都是通过ED录取的。同时，100%的入读率会提升学校的招生产出率(yield)，也就是多少收到录取通知的学生决定入读的比例，哈佛大学的招生产出率最高，约82%。招生产出率越高，说明学校的受追捧程度越高，学费收入也有了一定的保障。

根据《美国新闻和世界报道》的数据，去年通过通用申请系统(Common Application)申请的学生中有51%的人选择了某种形式的提前申请。绝大多数学生选择提前决定，原因是录取率相比常规录取更高，最高达三倍多。来看下来这张表格，2015年ED、EA和RD录取率的比较，信息来源于美国大学理事会和各大学的官网：

2015年ED、EA、RD录取率比较

大学	EA/REA录取率	ED录取率	RD录取率	EA/REA/ED与RD差别
哈佛大学	14.80%		5.60%	9.20%
耶鲁大学	16.00%		7.90%	8.10%

（续表）

大学	EA/REA录取率	ED录取率	RD录取率	EA/REA/ED与RD差别
普林斯顿大学	19.90%		5.00%	14.90%
斯坦福大学	10.20%		4.00%	6.20%
哥伦比亚大学		19.00%	4.80%	14.20%
杜克大学		23.60%	11.80%	11.80%
宾夕法尼亚大学		24.00%	7.80%	16.20%
西北大学		38.00%	11.00%	27.00%
加州理工大学	13.60%		6.60%	7.00%
布朗大学		20.00%	8.30%	11.70%
康奈尔大学		26.00%	13.70%	12.30%
达特茅斯学院		26.00%	9.50%	16.50%
塔夫茨大学		39.00%	13.60%	25.40%
克莱蒙特学院		25.00%	9.30%	15.70%
纽约大学		29.00%	34.10%	−5.10%
波士顿大学		43.00%	32.30%	10.70%

然而ED并不适合所有的学生，通常情况下，具备以下条件的可以考虑：

① 所有标准化考试最晚在10月已经完成，并且成绩优异；

② 高中三年半，尤其是11年级和12年级上学期的GPA优异；

③ 心中有个梦想学校，正好有ED申请；

④ 梦想学校恰好有自己感兴趣的专业课程；

⑤ 文书、推荐信、申请表等申请材料都已早早准备妥当。

如果你并不是很确定这个学校是否真的是自己的唯一，只是为了占个高录取率的便宜，那么也许在录取结果出来的时候，你要感谢“不录之恩”，因为没准最适合的还在后面。

三、申请系统

美国大学申请系统有很多种类型，譬如通用申请系统CA(Common Application)，CAAS(Coalition for Access, Affordability and Success)，加州大学申请系统(University of California，简称UC)，加州州立大学系统CSU(California State University)，德克

萨斯申请系统(ApplyTexas),纽约州立系统(ApplySUNY),大学自己独立的网申系统。下面首先简单介绍后五种系统,然后侧重讲前两种申请系统CA和CAAS。

加州大学申请系统的成立,当初是为了跟东岸的常春藤盟校媲美,最知名的包括公立第一大牛校——加州大学伯克利分校(简称"伯克利"),以及加州大学洛杉矶分校等9所加州的公立大学。这些大学一般不看推荐信,除了伯克利要求提交两封推荐信。他们只要求填写成绩,录取后再递交正式成绩单;只有一轮申请截止日期,为每年的11月30日,没有提前录取一说。

加州州立系统成立于20世纪60年代,下设23所分校,申请难度比UC系统的大学要低一些。

德克萨斯申请系统适用于德州的9所大学和6个医疗系统。

纽约州立系统适用于纽约州的4个大学中心下设的64个分校,是世界上最大的公立大学系统。

有的大学坚持使用自己独立的网申系统,基本上和CA等申请系统大同小异。通过学校独立网申系统的学校有麻省理工学院、乔治城大学、伊利诺伊香槟分校、威斯康星麦迪逊分校等。

(一) 通用申请(CA)

美国大学本科申请存在时间最久最大的平台是CA系统,一站式服务,最多可同时申请20所大学。从1975年启用以来,总共有700多所学校相继加入CA的平台,由一家名为通用申请公司的非营利机构运营。刚开始的时候只有同意综合衡量一个学生的表现的院校才可以加入到平台上,但是为了扩大会员院校,该标准渐渐放宽,到今天任何正规的院校都可以申请加入。

随着平台上的院校数量增加,很多学校收到大量的申请,但是录取学生的入学率却没有变化,这让院校很头疼,院校难以预估入学的学生人数,所以近些年来院校开始增加"备胎"学生,也就是将有希望的候选人放入等候名单(waitlist),一旦发出录取的学生不来,暂时"打入冷宫"的学生就可能被移入"正室"。这样的恶性循环,消费的是申请人的情绪。

(二) 新网申请系统(CAAS)

2015年9月底,80多所美国一流大学联合推出了新网申请系统CAAS。就像这个系统的名字所提示的,这个新系统希望能够帮助低收入的少数民族学生、新移民学生，让他们更容易接近和接触美国大学。2017—2018年的申请年，有116所院校使用该系统接受本科新生申请，其中有3所学校把CAAS作为唯一的申请系统，它们分别是佛罗里达大学、华盛顿大学(西雅图)和马里兰大学。

CA和CAAS申请系统的比较

差异类型	CA申请系统	CAAS申请系统
历史和成因	1975年，为了让申请变得简单，起初只有综合评估申请人的院校才能入会	2015年，让家庭贫寒的中下层阶级的学生拥有公平的机会
会员院校	761所(包括113所CAAS院校)	116所(其中3所只接受CAAS申请)
申请日期和对象	每年8月1日，十二年级的学生	九年级(美国高一)就可以建立自己的大学申请档案
申请内容	总结性展示：四年成绩和十二年级的具体课程，标准化考试成绩，课外活动，主文书，补充文书，推荐信	学生成长日志：每学期的成绩，每次标准化考试的成绩，作业，作品，论文，社区活动等展示学生综合素质和成长的记录

四、录取考量的因素

大学考量申请人的因素真的是见仁见智，没有统一的定论。但是在不确定性中还是有一定规律可循的。总的来说，分以下几个部分：

- 学术硬实力(GPA和课程难度，标准化考试，学科竞赛表现)
- 素质软实力(课外活动，非学术类竞技表现，志愿者经历)
- 他人推荐
- 自荐文书
- 面试

当然，这个饼形图里标示的百分比并不是绝对的，而是显示各个部分的相对重要性。一个学生的学术实力永远是最重要的。因为不同的学校开设的课程不尽相同，每个老师给成绩的严格程度也不同，所以绝对的GPA平均成绩没有办法衡量一个学生的学术水平。对于“删选”这个需求，貌似统一出题和考核的标准化考试显得很有必要，但最近又有研究表明，SAT并不能精准预测学生入校后或毕业后的表现。

一个仅仅会学习的学生又不是绝大多数美国大学青睐的，除非是具备诺贝尔奖研究学术天赋的学生。所以了解一个学生学习以外的兴趣爱好同样重要，尤其是在体育艺术活动中是否能脱颖而出，是否能担任领导者的角色，等等。大学也希望听到学生自己的声音和故事，于是文书应运而生。光是听学生自己讲自己的故事还不完整，听听老师对于学生的评价也能从另一个方面了解学生，于是就有了推荐信这一说。

所有这些信息都是纸面上的，一个具有动感的学生会是什么样的呢？校友和招生官面试成为很多申请竞争难度很大的学校必需的录取过程。为了减轻校友和学校面试的负担，一些第三方机构成立，如InitialView(初见)，目的以是中性、不含偏见的方式，通过视频展现一个“活生生”的学生。大学可以根据InitialView中学生的表现决定是否录取或者进行第二轮面试。所以，这些录取考量标准不是一蹴而就的，而是在发展的过程中慢慢完善起来的。

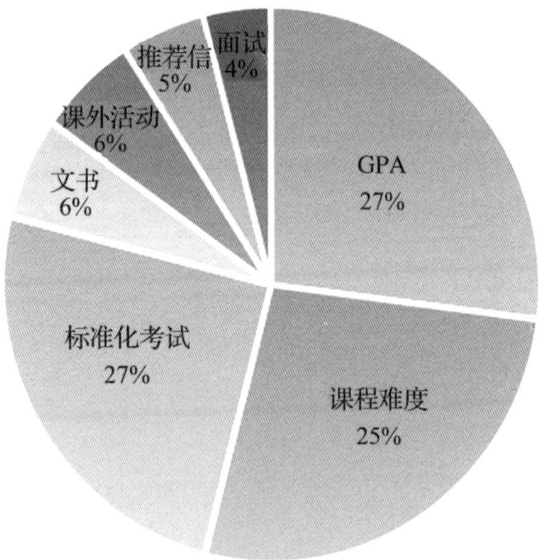

美国大学录取考核内容

五、申请准备时间表

对于这些考量标准，高中学生到底应该如何做准备呢？我这里给大家提供一个经过“优你教育”中美申请专家讨论提炼的申请准备时间表，仅供参考(适用美高党①)。

“优你教育”推荐的申请准备时间表

年级	主要任务	重点
九年级	● 进行性格和优缺点测试，更好地了解自己，并思考适合自己特长的专业和职业方向 ● 合理选择难度适中的课程，争取GPA最优 ● 参加课外活动：体育、艺术、志愿者、学生俱乐部等符合自己兴趣的活动 ● 提早准备简历，记录经历 ● 跟大学升学指导见面，初步了解大学的要求	● 保持好的GPA ● 通过参加各种活动了解自己的兴趣和特长 ● 思考上大学和未来的关系
九年级暑假	● 非学术类的体验：自己喜欢的社会实践、夏校②或旅行，做好日记，哪些是自己喜欢的，哪些是自己不擅长、不喜欢的，这些活动带给你的启发是什么？ ● 学术学习：英文读写能力的提升，美国文化的了解，拓展知识面等	● 挖掘自己的兴趣，了解自己的特长 ● 花一定的时间提升英语和软实力，拓展知识面
十年级上学期	● 在能力范围内挑战学校提供的高难度课程 ● 了解每门课的评分要求，力求GPA优异 ● 选择自己有兴趣的运动和课外活动，持续不断地参与，如果有机会锻炼领导力，不要谦虚 ● 如果学校可以考PSAT/NMSQT③，报名参加 ● 可以拜访当地的大学，进一步了解不同的大学	● 挑战课程难度 ● 保持好的GPA ● 课外活动进行聚焦 ● 了解标准化考试

① 指在美国上高中的中国留学生。

② 夏校(Summer School)，又名美国暑期课程，是每年暑假6月下旬至8月底，由高知名度、学术实力强的学校为国内外学生开设的一种以学为主、课程丰富的暑期游学项目。——编者注

③ 即SAT预备考试及全美优秀学生奖学金资格考试，是美国大学选拔美国本土优秀学生、推荐学校、发放奖学金的标准化考试，与SAT相似度极高。——编者注

（续表）

年级	主要任务	重点
十年级下学期	● 继续挑战难度课程（例如 AP），保持 GPA ● 年初可考一下托福（如果希望申请大学夏校） ● 夏校的选择和申请（如果有自己心仪的学校和项目，可以考虑体验大学课程和生活） ● 如果选了 AP，准备 AP 考试 ● 根据自己的兴趣，开始夏天志愿者活动的申请	● 成绩 ● 标准化考试 ● 课外活动争取领导力锻炼 ● 思考夏天的安排
十年级暑假	● 非学术类体验：跟九年级暑假衔接自己喜欢的社会实践、夏校或旅行，做好日记，哪些是自己喜欢的，哪些是自己不擅长、不喜欢的，这些活动带给你的启发是什么？ ● 学术类学习：SAT/ACT 学习准备，十一年级的课程预习 ● 读书，交流，拓展知识面，收集文书素材	● 更深入地进行非学术类的体验 ● 标准化学习 ● 拓展知识面和兴趣 ● 提升软实力中的演讲和交流能力
十一年级上学期	● 继续挑战难度课程，保持优异的 GPA ● 聚焦课外活动，逐步深化兴趣爱好和社会实践活动，锻炼领导力 ● 注册报名并参加第一次 SAT/ACT 考试 ● 参加大学升学指导会议，思考自己大学选校的标准 ● 学期结束的时候，可考一门本学期学过的 SATII	● GPA ● 深入发展课外活动 ● 标准化考试 ● 大学选校标准
十一年级下学期	● 挑战难度课程，保持优异的 GPA ● 继续并深入课外活动 ● 申请夏校（如果有感兴趣的大学，想去体验） ● 注册 SAT、SATII、AP 考试，并参加考试 ● 大学升学指导：初步确定 20—30 所符合要求的大学，争取学期末缩小到 10 所左右，并计划暑期拜访大学安排 ● 各大学代表访校交流，增进了解	● GPA ● 标准化考试 ● 大学名单 ● 暑期安排

（续表）

年级	主要任务	重点
十一年级暑假	● 标准化准备和考试，托福和SAT/ACT ● 非学术体验深入进行，思考文书题材 ● 拜访心仪的大学 ● 文书构思和起草，CA申请账号开通 ● 推荐老师	● 提升非学术体验 ● 标准化考试 ● 大学申请启动 ● 访校
十二年级9月到次年2月	● 挑战难度课程，保持优异的GPA ● 继续并深入课外活动 ● 确定申请时间表和大学名录 ● 文书、申请表、推荐信、简历、成绩单 ● 预约面试（如果申请顶尖的学校） ● 最后冲刺标准化考试（如果还没有理想的成绩）	● GPA ● 标准化考试 ● 大学申请全面启动
十二年级3月到6月	● 继续保持优异的GPA ● 申请学校的沟通，确认材料齐全 ● 录取大学的选择 ● 递交定金，落实宿舍 ● 安排留美签证的预约、申请和面试	● GPA ● 申请材料确认 ● 选校和定金 ● 签证
十二年级暑假	● 旅行，实习，休息，读书，写写东西，做自己喜欢的事情	● 做自己喜欢的事情

因为篇幅有限，没有展开讲文书的构思和写作，还有申请顶尖学校的面试注意事项。在时间表中提到的课外活动和暑期实践都是为了更好地了解自己、发现自己学习以外的特长和兴趣，也为文书的写作积累素材。所谓巧妇难为无米之炊，没有人生经历，是没有办法回答大学问的问题的，比如你最大的成就，你的失败经历，你的家庭和成长背景，你的创意与想法，等等。

而大学之所以问这些问题，根本不是为了为难你，而是为了更好地了解你是怎样的一个人，去了他们学校，是否能够充分利用学校的资源，自然地融入社区，最终成为一个优秀成功的人，让母校因你而自豪。无论是校友面试还是校园招生官面试，都是为了更立体地了解你，从而做出正确的录取决定。

大学是人生无数起点中的一个，不是终点，更不是唯一的路。凡事尽力而为，知己知彼，人生的每一步都不是白走的。来时路上流过的眼泪和汗水，享受过的欢笑，都会在未来的某个节点给你不经意的激荡与收获。曾经有的机会，不要错过；曾经可以的努力，不要保留。你的人生，你做主！

第三章

国际教育之核心

——世界公民

The illiterate of the 21st century are not those that cannot read or write, but those that cannot learn, unlearn, and relearn.

—Alvin Toffler

（21世纪的“文盲”不再是指那些不会读写的人，而是指那些不能做到“学习—忘却—重新学习”的人。）

第一节

世界公民的定义和标准

很多家长读完我“熊掌和鱼”系列第一部后，刚跌跌撞撞地从体制内教育中挣扎出来，又瞬间陷入送孩子“去读国际学校”还是“直接送去国外留学”的二元困境中。很遗憾这两个选择都代价不菲，并各有利弊，而且最后的结果也因人而异，并不是一剂万能药，我也见过把孩子送去国际学校或送出国之后更焦虑的家长。

无论选择哪一种教育手段，无论你选熊掌还是选鱼，我们都应该回归教育的本质。对教育的本质，每个人有不同的诠释方法。我每年都会追问我自己同样的问题，以前我给出过或认同过这些答案，有些是借鉴别人的，有些是自己琢磨出来的。

- 教育能通过改变一个人的价值观，进而改变他的命运。
- 教育能导致阶层流动，让社会变得更公平。
- 教育能让人摆脱现实的奴役，而不是一味地去适应现实。
- 教育能给人带来除了柴米油盐之外的诗和远方。
- 教育是一棵树摇动另一棵树，一朵云触碰另一朵云，一个灵魂唤醒另一个灵魂。

我也曾批判过一些人所奉行的各种“主义”，它们都不同程度误解甚至扭曲了教育的本质，比如为统治阶级服务的“功名主义”，决定物质资源分配比例的“精英主义”，让人不求上进、得过且过的“文凭主义”，以及父母有什么实力送孩子上什么学校的“特权主义”。以下是我今年给出的答案：

> 教育能帮助每一个孩子在了解这个世界的同时也更好地了解自己，找到并点燃自己的热情、天分、使命，并愿意为这个世界做点什么。

其实中国的学校里从来都没有淡化过学生该为社会尽的义务，我们甚至还有一门课叫“思想品德”，专门教育孩子要品格高尚、拾金不昧。但是当我尝试翻译给老外听的时候，大家一脸茫然，十分不解竟然还有专设的课程来“教”学生怎样变得有道德。仔细想想，确实如此：只是对着课本照本宣科，孩子们通过在课堂上听讲就能真正明白“道德”的含义了吗？即使每所学校都任命了一位专门负责德育的副校长，我想也未必能达到预设的效果。注重德育本身无可厚非，但如果用错了方法，很多时候可能非但没有教会孩子们善良，反倒教会了他们伪善；没教会他们诚实，反倒教会了他们两面三刀、见风使舵。

胡适先生就讲过这样一段话：

> 一个肮脏的国家，如果人人讲规则而不是谈道德，最终会变成一个有人味儿的正常国家，道德自然会逐渐回归；一个干净的国家，如果人人都不讲规则却大谈道德，谈高尚，天天没事儿就谈道德规范，人人大公无私，最终这个国家会堕落成为一个伪君子遍布的肮脏国家。

在西方教育里，并没有“Moral Education”（道德教育）这个概念，但学校高度重视对学生的“Civic Education”（公民教育），“公民教育”的理念与实践，着实深得我心。在我看来，如果一个孩子能够以一个“合格公民”的身份进入社会，以一个“中国公民”的身份实现自我认同，以一个“世界公民”的标准要求自己，那无论他处于怎样的学习和生活环境里，他都能在有限的条件中，主动寻找能帮助他实现目标的资源和工具，为自己的梦想创造无限可能。

另外，我也想借用“世界公民”这个概念调整一下我们看待教育的视角和方式。我们现在还误以为高考仍然是分拣和划定人口阶层的唯一工具，这样从众而不计后果的短视行为完全偏离了教育的根本目的，忘记了我们到底应该把孩子培养成什么样的人，忘记了“因材施教”这条最基本的教育原则。

那公民教育到底教些什么？一个 21 世纪的世界公民又应该具备哪些特质呢？我 2012 年写的博士论文研究课题篇名恰恰就是“全球化与 21 世纪技能素养”。原以为导师和我是这个世界上唯一有机会读这篇论文的两个人，今天非常荣幸，有机会把这篇耗时近一年完成的二十几万字的文章从故纸堆里翻了出来，发现有些理念对中国的教育现状而言还不算太旧，于是把一些章节翻译成中文，给大家提供一些思考。

> 随着技术不断改变我们的生活和工作方式，知识呈几何指数增长，“全球信息总量每两年翻一番”的判断都有可能说保守了。无论从地方、国家还是世界的视角来看，全球化的力量和速度是超越我们想象的。令人惊叹的科学和工程进步带来了令人猝不及防的社会、政治和经济困境。公民们需要能够应对这些变化的条件，做出明智

的决定，并采取行动来解决当前和未来的挑战。

今天的学生必须精确把握世界的发展规律并预见未来的某些趋势，才能在明天的世界里胜出(或仅仅是幸存)，这似乎成了一件顺理成章不言而喻的事。工作场所的性质变化就是一个很好的例子，往日的那些重复性的体力和脑力工作正在逐一被更能胜任的机器人取代，而那些和情感交流相关的，侧重知识管理、抽象推理和个人服务的工作类别似乎与日俱增。

这些工作涉及难以自动化的技能，如适应性问题解决，批判性思维，复杂决策，道德推理和洞见创新等，而机器人不太可能被编程去执行有效的人际交互任务，也难以训练它们去完成谈判、说服、人际沟通等需要敏锐的情感洞察力的工作。关心学生、护理病人、照顾老人、服务客人或其他类似的工作，更是暂时不可能指望机器人能够代劳。

劳动力的有效性也要求自主工作、自我激励、自我监督及终身学习。个人必须能够适应新的工作环境，使用各种媒介进行交流，并与来自不同文化背景的人进行有效的交流。企业对员工“能够在虚拟团队中进行远程工作”的能力要求越来越高。这种面向未来的、广泛的认知和情感能力往往被统称为“21世纪的技能”。到目前为止，已有多家学术和教育机构正在致力于定义这些技能的概念并制定相应的评测标准。

(一) Partnership for 21st Century Learning (21世纪学习伙伴关系)[①]

“21世纪学习伙伴关系”(Partnership for 21st Century Learning，简称P21)这个非政府机构成立于2002年，由比尔及梅琳达·盖茨基金会资助，其使命是通过在教育、商业、社区和政府利益相关者之间建立合作伙伴关系，将21世纪的技能注入教育。21世纪技能伙伴关系的成员包括全国教育协会(NEA)、美国教育部、美国在线时代华纳基金会，苹果、思科、戴尔、微软公司为代表的国家及商务社区的成员、教育领导人和决策者。

为了让美国在全球知识经济时代始终葆有强劲的竞争力与创新能力，P21开发了一个框架(Framework for 21st Century

① 注：该组织成立之初的原名为“Partnership for 21st Century Skills”(21世纪技能伙伴关系)，现已正式更名为“Partnership for 21st Century Learning”(21世纪学习伙伴关系)。

Learning)，该框架涵盖了两方面的内容：一方面是学生的"学习成果"(student outcomes，下图中上部"彩虹"拱门所代表的)，另一方面是达成这些成果所需要的"支持系统"(support systems，下图底部的"水池"所代表的)。[①] 学习成果的要素包括核心科目[②]和21世纪跨学科主题。核心科目包括传统的领域，如英语、阅读或语言艺术、世界语言、艺术、数学、经济学、科学、地理、历史，以及一些新的领域，如政府与公民；学生们要求掌握这些通识技能与知识以及专门技能与知识，以保证他们能在21世纪的生活与工作中取得成功。

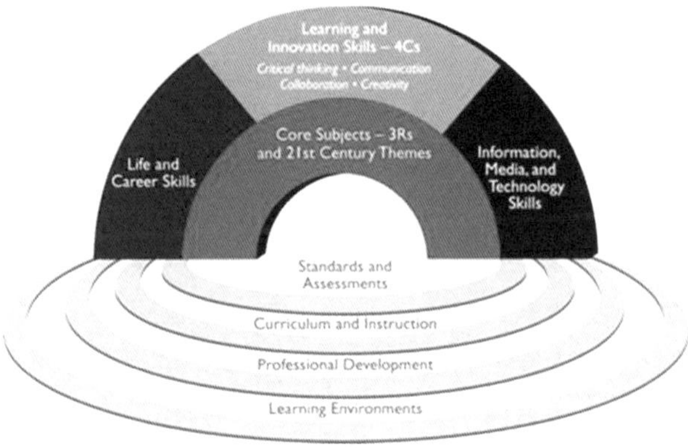

21世纪技能概念框架(2007年)

除了这些科目之外，还增加了五个21世纪的主题，这样学生们就能发展更高层次的思维技能，并在学校和生活之间建立更紧密的联系。

- 21st Century Themes 21世纪主题
  - Global awareness 全球意识
  - Financial, economic, business and entrepreneurial literacy 金融，经济，商业与创业素养
  - Civic literacy 公民素养
  - Health literacy 健康素养
  - Environmental literacy 环境意识

① 参见P21官方网站信息，地址为 http://www.p21.org/about-us/p21-framework.

② 2016年之后，我开始质疑这种"核心科目"的提法，我觉得对于每一个个体来说，不应该有一个统一的核心标准，每个人的志趣、天分是不一样的。而且过于宽泛的"核心"将占据学生们的大部分时间，将无从去锻炼、培养那些真正与考试无关，但与他们的一生息息相关的"软实力"。

除了核心科目和主题之外,P21还列出了三个(软)技能集,以总结在21世纪能够生存并臻于卓越的必要能力。

- Learning & Innovation Skills 学习及创新能力(4Cs)
  - Creativity and innovation 创造及创新能力
  - Communication 沟通能力
  - Collaboration 协作能力
  - Critical thinking & problem solving 批判性思维及解决问题能力
- Information, Media & Technology Skills 信息、媒介及科技能力[①]
  - Information literacy 信息素养
  - Media literacy 媒介素养
  - ICT (Information, communication and technology) literacy 信息、沟通及科技素养
- Life & Career Skills 生活及职业能力
  - Flexibility and adaptability 灵活性及适应性
  - Initiative and self-direction 独创及自我引导
  - Social and cross-cultural skills 社交及跨文化素养
  - Productivity and accountability 高效而值得信赖
  - Leadership and responsibility 领导力及责任感

简而言之,21世纪学习伙伴关系为课程、教学、专业发展、标准和评估提供了指导,它还为我们提供了一个新世纪的基本技能清单,也为我们定义世界公民提供了一个极具参考价值的范本。

(二) DeSeCo by OECD(素养的界定与遴选:理论和概念基础项目)

针对"21世纪的公民应该具备什么素质"这样一个问题,经济合作与发展组织[②](Organization for Economic Co-operation and Development,简称OECD)于1997年底率先启动了"素养的界定与遴选:理论和概念基础"项目(Definition and Selection of Competencies: Theoretical and Conceptual Foundations,简称

① 这部分的归纳并不完美,内容有重叠之嫌。

② Organization for Economic Co-operation and Development 经济合作与发展组织(OECD)成立于1961年,其目前的使命是利用其丰富的信息,促进广泛的主题,支持政府的目标,通过经济增长和金融稳定来促进繁荣和消除贫困。

DeSeCo)。同年，他们启动了国际学生评估项目（Program for International Student Assessment，简称 PISA），这是针对 15 岁学生学习知识与技能的世界性评估。PISA 的评估内容分为三大领域：阅读素养、数学素养及科学素养，要求个体学生不仅要有适应能力，而且要有创新意识、创造力、自我指导和自我激励等方面的素养与能力。

通过 DeSeCo 项目，经合组织与各界学者、专家和机构展开通力合作，以确定“关键能力”的定义和选择。2002 年底，DeSeCo 项目出版了题为“成功生活和健全社会的核心素养”的研究报告。OECD 核心素养指标框架从社会愿景和个人生活需求两方面出发，形成了包含三个维度素养的指标框架，每个维度下又包含三大指标，共九个指标，具体如下：

1. 互动地使用工具

• 互动地使用语言、符号和文本：有效运用口头和书面语言、运算和其他数学能力；

• 互动地使用知识和信息：识别和确定自身未知的知识领域，识别、定位信息来源，评价信息和来源的质量、适切性和价值，组织知识和信息；

• 互动地使用技术：具有在日常生活和学习中应用技术的意识，运用信息和通信技术获取信息。

2. 自主行动

• 在复杂的大环境中了解形势，了解所处的系统，明确自身行为的直接和间接后果，通过思考与自身和集体的规则和目标相关的潜在结果，对自身行动做出选择；

• 形成并执行个人计划或生活规划：制订计划，设立目标，识别和评价已有资源和所需资源，平衡资源以满足不同的目标，从过去的行为中学习，预见未来的结果，监控过程，在计划执行中进行必要的调整；

• 保护及维护权利、利益、限制与需求：了解自身的权益，了解成文的规则和原则，进行基本情况分析，为了认定的需求和权利建立个人的论点，提出建议或可替代的方案；

3. 在社会异质团体中互动

• 与他人建立良好的关系：同理心，从他人的角度思考问题，有效地管理情绪；

• 团队合作：表达观点、倾听他人观点，理解辩论的动态变化和接下来的议程，建立战略的或可持续发展的联盟的能力、协商的能力，综合各方观点做出决策；

• 管理与解决冲突：在危机中分析问题和利益，识别共识和分歧，重新界定问题，对需求和目标进行优先排序。

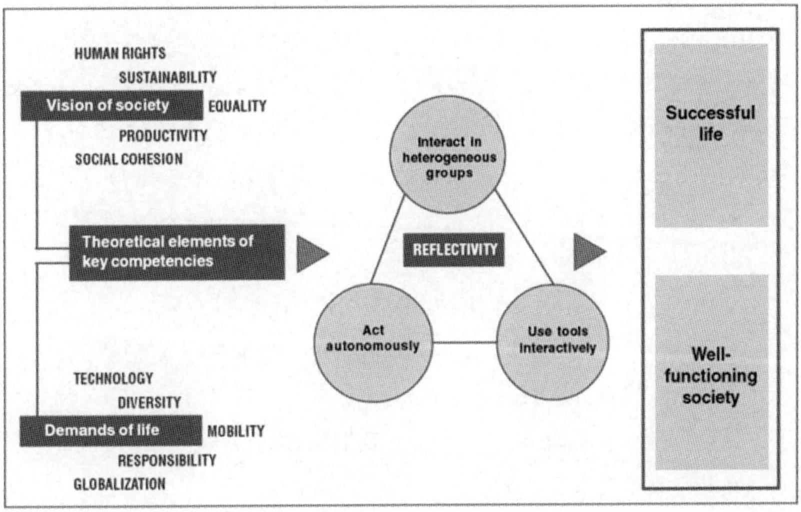

OECD 核心素养指标框架

OECD 的指标框架为国际学生评估项目（PISA）的开展提供了具有指导意义的参考框架。PISA 项目对全球 73 个国家或地区的教育质量监测涵盖了阅读素养、数学素养、科学素养、协作问题解决能力、财经素养、数字化素养等方面，这些指标均来源于 DeSeCo 项目的指标框架。

DeSeCo 项目在遴选核心素养时，特别强调 OECD 各国普遍认同的民主价值观和可持续发展的观念，并将其作为挑选核心素养的首要原则。DeSeCo 项目提出：从单纯的经济学的视角来看，核心素养的重要性主要体现在，有助于提高劳动生产率和市场竞争力，发展具有适应性和合格的劳动力，建立一个在全球竞争中处于世界主导地位的创新环境。

从一个更广阔的社会学的视角来看，核心素养可以增强个人对公共政策问题的理解，从而参与民主化进程和制度建设，这有利于社会的和谐与公正，能够加强人权和自主权，从而抑制日益增加的全球性机会不均等和个体边缘化的现象。经合组织还认识到,所有的关键能力都将在生活中得到发展和发挥,这不仅是对基础教育的参考,而且对成人教育也适用。

综合来看,DeSeCo 项目从学生核心素养的视角开展了对教育质量标准框架界定与遴选的研究,该研究成为日后其他国际组织以及世界各个国家和地区建立教育质量标准框架的主要参考依据,也为 PISA 等国际大规模学生评价项目奠定了坚实的理论基础。

此外,美国大学与学院协会(American Association of College and Universities,简称 AAC&U)也曾对其成员进行多项研究和调查,2007 年,他们提出建议,高等教育的毕业生应获得如下四种技能:

- Knowledge of Human Cultures and the Physical and Natural World 对人类文化和自然世界的认识
- Intellectual and Practical Skills 智力及实践技能
- Personal and Social Responsibility 个人和社会责任感
- Integrative Learning 整合性学习

他们发现,在大学的目标中,最普遍的技能是:

- Writing 写作
- Critical thinking 批判性思维
- Quantitative reasoning 定量推理
- Oral communication 口头交流
- Intercultural skills 跨文化交际能力
- Information literacy 信息素养
- Ethical reasoning 道德推理

2015 年,AAC&U 会员机构的调查增加了以下目标:

- Analytic reasoning 分析推理
- Research skills and projects 研究技能和项目
- Integration of learning across disciplines 跨学科学习的整合
- Application of learning beyond the classroom 课堂之外学习的应用
- Civic engagement and competence 公民参与和能力

2008 年,哈佛大学教育研究院的教授和学者托尼·瓦格纳(Tony Wagner)指出了现代职场所需要的“七种生存技能”:

- Critical thinking & problem solving 批判性思维和解决问题

的能力

- Collaboration 合作
- Agility & adaptability 灵活性和适应性
- Initiative & entrepreneurialism 主动性和创业精神
- Effective oral & written communication 有效的口头和书面沟通
- Accessing & analyzing information 获取和分析信息
- Curiosity & imagination 好奇心和想象力

我个人也非常推崇 IB 课程提出的"IB Learner Profile"(学习者特征),它提供给我们一种全新的视角,让我们从分门别类的学科知识的传授中解脱出来,把教育的重心放回到学习的主体——人的身上,同时也描绘了一个 21 世纪的公民应该具备的基本品质和素养。

- 勤于探究的人 Inquirers
- 知识渊博的人 Knowledgeable
- 心中有爱的人 Caring
- 勇于冒险的人 Risk-takers
- 热爱思考的人 Thinkers
- 坚持原则的人 Principled
- 擅于沟通的人 Communicators
- 均衡发展的人 Balanced
- 积极反思的人 Reflective
- 思想包容的人 Open-minded

——摘自我的博士论文《全球化和 21 世纪能力素养》

这些能力素养框架百花齐放、各有所长,但最终殊途同归,强调的都是那些通常不容易教授、不容易测评的软实力。但在教学现场我们也会发现一个严峻的问题:原则上,没有一所忙着刷题拼分的应试学校会公开反对素质教育的重要性。但现有(要考试的)科目一朝没有减少,现有的已经排满的课表一朝没有被改写,学生的时间一朝没有被重新"瓜分"之前,谈任何核心素养都是望梅止渴、画饼充饥。

尽管校长希望改革、呼吁创新,却没有给老师减负,留出集体跨学科备课的时间;即使老师希望以创新缓解日益严重的职业倦怠,却得不到 STEAM

课程设计的培训；即使学生渴望创新、渴望在项目制的学习中实现知行合一，但却先得应付没完没了的考试。所以，如果我们要谈公民教育，要谈素质教育，就必须得先做减法：给校长松绑，给老师减负，给学生豁免——没有舍，不可能有得。

第二节 一个来自中国的世界公民

一、来自中国的“世界公民”应该是什么样的？

有些人很怕提到“世界公民”这个词，我觉得主要是因为他们没有完全理解它的定义和内涵。世界公民，并不是独立于国家之外的一个概念，它不是“中国公民”的对立面，相反，是“你中有我、我中有你”的关系：一个中国公民应该展现出所有世界公民都应具备的品质和修养，而一个来自中国的世界公民也不能缺少一个中国公民所应代表的语言能力、民族特征、文化底蕴、人文气质和审美标准。

美国亚洲协会①也一直在用“国际教育”这个词来强调未来与学生学业成就之间的重要联系。他们认为学生们需要能够与世界各地的同龄人竞争、交流与合作。为了实现这一目标，学校必须对他们希望实现的目标有一个愿景：一种面向全球学习的学校文化。

在努力使学校“全球化”之前，亚洲协会从知识、能力和态度三个层面为国际教育制定了强制性的教育指导方针：

① 知识层面：了解世界其他地区，了解全球问题；

② 能力层面：能够使用英语以外的语言交流，适应跨文化环境的工作，以及使用来自世界各地不同来源的信息；

③ 素养层面：尊重和关心其他文化和民族的价值观。

这些元素提供了一个与那些需要考虑内容和知识的框架不同的视角，而且这个框架将视角转移到美国以外，给了学生和教育工作者

---

① 美国的亚洲协会(Asia Society)是由约翰·D.洛克菲勒(John D. Rockfeller)于1956年创立的一家领先的国际非营利组织，致力于加强和促进美国和亚洲之间的相互了解与交流。随着全球化进程的加快，教育部门致力于改善和重新设计美国的K12课程，为全国各地的学校提供模型和资源，以帮助美国学生为日益相互依存的世界所赋予的挑战和责任做好准备。

一个新的角度来看待世界。亚洲协会提倡用新颖的视角来对现有学科进行信息化和现代化的处理，而不是建立一个新的独立学科。

亚洲协会发展的技能是基于多元文化的。考虑到学生将来生活在一个非常不同的世界，个人必须学习全球能力，必须有能力在全球范围内进行调查和互动。学生必须能够获得和应用各学科和跨学科的知识，从不同的角度认识和权衡观点，交流思想，并采取行动。这些技能对于帮助学生成功地与来自世界各地的人互动，是必不可少的。

除了在文化和全球意识方面的关键能力之外，国际教育还认识到有效的沟通、技术素养和团队协作能力的重要性。熟练掌握第二语言，是另一个与"21 世纪技能框架"不同的显著区别。亚洲协会明确指出，需要通过分配足够的时间与优质的教师，保证积极的、投入的学生参与，以及课堂以外的语言的使用，来更认真地对待世界语言课程。我最崇拜的华裔教育学家赵勇教授也提出，掌握第二世界语言对于发展跨文化交流和更好地了解社会问题的全球本质是至关重要的。

——摘自我的博士论文《全球化和 21 世纪能力素养》

从亚洲协会的措辞和思维方式来看，它是从一个美国公民的视角提出主张，深切地担心着美国这个建立在移民文化基础上的民主国家，最终却毁在"孤芳自赏""唯我独尊"的排外的政治氛围和国民文化里。它大声鼓励、敦促国民，在全世界都在了解美国的时候，不能让美国长大的孩子对美国以外的世界一无所知。

同样的道理和呼吁亦适用于中国。在国际学校工作的那几年，我常常忍不住会担心那里的孩子。尽管他们不需要参加高考，但还是要去和全世界的高中生争夺美国、英国的大学有限的录取名额。在一个"考什么就学什么"的急功近利的教育环境里，外国大学不看中文成绩，就没人在意中文课。在英文课程比例占到 90% 的 IB 高中里，考试压力再加上同侪压力，导致很多学生回家都不跟父母说中文了。

而在我看来，世界公民的标准是至少能用两种语言表达自己，一个中国来的世界公民如果中文说不好是有点可惜的，也是有点说不过去的。这不仅是一个课时分配的问题，更重要的是学生对自己文化身份的认同，绝不能仅仅因为升学而做"捡了芝麻，丢了西瓜"的事。

我也忍不住会操心，一个国际学校长大的孩子将来站在国际舞台上时，会怎样去介绍他自己。尤其是那些将来要出国的孩子，甚至全家要移民的孩子，仅仅说一口差不多跟美国人一样好的英语是不够让你脱颖而出的。在美国，连路边卖热狗的人也会讲一口流利的英语，这不是什么优势。

我一直很担心这样一个窘迫的局面。一个中国孩子，非常不错的孩子，去了美国留学，上很好的学校，品学兼优。但有一天当有人问他："You are from China, tell us something about your country."（你是从中国来的，那请跟我说说你的国家吧。）——"Oops, I know nothing about it."（不好意思，我对它一无所知。）因为我从小就上国际学校，我从小说着英语长大。

要真正在世界舞台上占据一席之地，你不但得用英语和外国人讨论黑格尔，跟他们聊乔布斯，你还得能用英语跟他们讲讲《孙子兵法》。除了能用英语键盘敲出没有语法错误的学术论文，你还可以提起毛笔，为你美国的好朋友家里写一副春联。这才是你将来在国际社群中让你受人尊敬的资本。我能想到最丢脸的事情莫过于在别人眼里你只是长得很像中国人，但却对中国一无所知。

回想我在美国做校长的经历，回想当年董事会通过四轮面试从那么多的候选人里最后选择了我，应该不是因为我的英语说得跟他们差不多一样好（我十几岁才开始学英语，27 岁才去的美国，当时也没有像现在的孩子这么得天独厚的英语学习环境）。他们也不是因为我的学历高才选择了我（当时我还没有拿到博士学位）。

那他们到底为什么会聘一个外国人，拿着一张工作签证，在一个多元民族的群落里，在美国的一所国际学校里做校长？我后来还真的问了一位董事会的成员，他告诉我说："因为你是一个中国人，你有跟我们不一样的成长背景和看事物的角度，你可以给这所国际学校带来不一样的东西。"

仅仅为了一张世界竞技舞台的入场券，就付出母语和母语文化的代价，我个人觉得是得不偿失的。除了少了刚才提到的"中国人视角"之外，和家人、族人之间少了可以进行深度沟通的语言，也是一件多么可惜甚至残忍的事情。虽然家长们都希望孩子成龙成凤、衣食无忧，希望孩子上全世界最好的学校，但他们心底里并不希望自己的子女遗忘了中国人是怎么过日子的。

他们会希望孩子爱吃汉堡也爱啃鸡脚，可以在长条桌上正襟危坐品红酒吃奶酪，也可以围着炭烧火锅的圆桌不分你我地涮羊肉卷儿和猪脑花，能听得懂《奇葩说》里各路大侠精妙的辩论逻辑和技巧，即使行走于世界各地，夜深人静时耳畔仍会响起费翔的《故乡的云》那温暖而熟悉的旋律。

所以，国际学校的校园文化定位是一个不容小视的问题，需要所有利益相关者高屋建瓴、从长计议。而现实情况是，很多双语学校里的校长、老师大都是外国人，很自然地，这样的双语学校所创设出来的校园文化不可避免地会偏重于西方化，但对于占群体九成以上的中国孩子来说，就有点尴尬了。当然，我觉得双语学校里的民主、轻松、自由的西方文化氛围其实也挺好的，比如老师们下班后常常会去街区里的小酒馆喝上一杯减减压，一块儿“吐槽吐槽”让人不省心的小鬼学生们；万圣节到来时，老老小小都扮成牛鬼神蛇，玩得不亦乐乎，百无禁忌，没有刻板的师道尊严和长幼有序的训诫与规矩——但是，这些不应该是全部。

有没有可能在孩子们穿着蜘蛛侠的小披风挨家挨户地玩“Trick or Treat”①的时候，也让孩子们在万圣节前后的重阳节恭恭敬敬地给家里的老人磕个头呢？有没有可能一边让食堂准备烤火鸡（中国人其实并没有那么爱吃）的同时，也让孩子们知道感恩节前后也是中国的“小雪”节气，按习俗要祭祀祖先、吃糍粑与汤圆呢？这些细节没有对错，却体现了这个学校的自我定位与文化身份认同。

我相信，随着跟外方校长一样懂教育的中国教育领袖的迅速成长，以及英语流利的本土老师的不断增加，在不久的将来，我们的文化自信和教育自信一定可以让我们有机会重新定义国际学校的校园文化，让在中国建造的、服务于大多数中国孩子的国际学校，一眼就能被人认出来。

我甚至一厢情愿地希望，即使在国际学校里读书的中国孩子，还是应该有点“家国情怀”的。这个词对小学生来说可能有点太抽象了，但文化这东西是有生命的，不能流于逢场作戏的形式主义，比如举办庆典时临时租一些盆花，甚至摆一些塑料花来充个门面之类的；文化得是一点一点从心里长出来的。如果不从小在孩子心里埋下文化的种子，我怕等他们长大了就来不及了。

很多家长可能正在做一件“捡了芝麻丢了西瓜”的事情，但是我不知道该怎么去劝阻他们。他们会用略带得意的神色告诉我他有一本美国护照，他可以送孩子去美国上中学、上大学。或者他有一本香港护照，在中国也可以去上德威、上哈罗，上那些本来外国人才能上的学校。

我并无意批评这类做法，但忍不住想提醒一句：那些在欧洲生产为欧洲人设计的，动辄上千上万元一小瓶的昂贵护肤品，真的适合亚洲女性的皮肤吗？就好比中国人视为国酒的天价茅台，有几个老外消受得起？贵的东西就一定是好的吗？用特权换来的稀罕东西就一定适合你吗？国际学校是一张诺亚方

① “不给糖就捣乱”，万圣节习俗。

舟的船票吗？这里有好多问题是值得深思和讨论的。

因为经常遇到家长们的困惑和焦虑，经常聊怎样让孩子在接受国际教育时不要放弃一个中国人该继承的珍贵遗产，我分析得多了，最后总结出了一个"代价理论"，英语谚语说：Every coin has two sides.（每一枚硬币都有正反两面。）付出人力、财力，毫无疑问肯定会有收获，但每件事一定都有一个相应的代价。你付不付得起这个代价、输不输得起这个赌注，是一个我们常常忽略的思考维度。

Dr. Qian's Theory of Price（钱博士的代价理论）

全家移民国外—可能融入主流社会—却放弃了中国的全部资源
送孩子去寄宿—提前适应外国学校—却过早地缺失了家庭温暖
上外国人学校—早日掌握流利英文—却对祖国和母语没有感情
公立学校血拼—起跑线上夯实基础—却摧毁了天真烂漫的童年
狂请家教补课—表面上提升了成绩—却培养了孩子的依赖心理
报各种课后班—孩子拥有很多证书—却消耗掉了对艺术的兴趣
成为一名虎妈—孩子可能略胜一筹—却破坏了家庭和谐与融洽
暑假全在学习—甩开同班同学一截—却伤害了孩子学习的热情
上了一所名校—可能得到一张门票—却学会为达目的不择手段

遇到这些问题的时候，我觉得家长们反而应该"患得患失"，应该冷静下来慎思所有可能的后果之后，再做决定。不要过早说出"不惜一切代价"这种让人不寒而栗的话。我们有没有可能不用付出一切代价，就可以实现一种不偏不倚的平衡，确保这些宝贵的东西在择校、留学的过程中不被妥协掉、放弃掉、交易掉？

二、什么是真正的"国际化"？

两年前我参加了一场由北京国际化程度最高的朝阳区举办的国际教育论坛，当时我发言的主题就是"中国味的国际教育还是国际化的中国教育"。我觉得这个文字游戏里有些值得我们思考和玩味的东西，我是学语言出身的，所以经常会试图从词汇本身找到答案。

International，词根 nation 的意思是国家；词缀 inter 即 carried on

between(发生在……之间),international 一词表“两国(或以上)的,超越国界的,国际关系的,世界的”之意。那么所谓“国际教育”,就应该是指发生在两国之间的、超越国界的教育。Internationalize,形容词转化成使动词,意为“使……国际化”;Internationalized,动词被动语态再变回形容词做定语,意思是“被国际化了的”。Internationalized Education(国际化教育),就应该像被国际化了的乡镇企业——海尔公司一样,他们不但把空调卖到了国外,也把员工打造成了一个有国际视野的团队。

同时也想借此文字游戏,给教育者、也给家长们抛出一些问题,希望借助这些问题,帮我们理清楚办学的思路、择校的标准,以及其他一些说不定更重要的、“生命不可承受之轻”的问题。

- 我们办学的主体是谁?
- 我们服务的对象是谁?
- 我们想要实现的目标是什么?
- 我们什么时候开始?
- 我们从哪里开始?
- 我们借鉴、采用的方法是什么?
- 我们怎么知道目标已经实现?
- 我们愿意和不愿意付出的代价是什么?
- 国际学校提供的就一定是国际教育吗?
- 必须是国际学校才能提供国际教育吗?

那到底什么是国际化?我斗胆做出了一个我自己的解读:

> 一群出生在不同国家的,带着不同文化背景、宗教信仰、生活习惯和思维方式的人,和平共处,互相理解,彼此欣赏,求同存异,取长补短,亲密协作,共同面对当下及未来的挑战,让人类社会的物质及精神文明得以延续和发展。

国际化的意思不是要把自己化掉,不是要全盘西化,不是盲目地照搬国外的办学方式,不是在中国建一个外国学校,而是参考别人的经验,来补充中式教育的不足。这个调子听上去比较 eclectic(折中主义),比较中庸,但这就是我在国际学校做校长的这几年里完成的一次文化的回归。揣着洋学历回国,兴冲冲希望利用西式教育来改良中国的教育，却蓦然发现其实中国的教育——尤其是中国古代、近代的教育，以大师辈出、文化高度自由繁荣的春秋战国时代、民国时代为例——其实根本不落后于西方。

古代中国的教育实质上是一种关于社会和人生的伦理学训练。学生们通过反复阅读经典来完善自己的道德、管理家庭和宗族事务，进而服务于国家和天下苍生。即使是有各种弊端的科举制度，从某种意义上说也更强调了广泛阅读和辩证思考的重要性，且并不一定比现在的高考制度对孩子造成的伤害更深。我个人一向对民国时期的教育心驰神往，曾经专门做过一场题为“民国时期的教育思想之 JIAN”的演讲。我起这个题目的时候就反复推敲这个“JIAN”字，并不是打错字了，而是因为我觉得大师们给了后人太多东西，一个汉字不够用了。这个“JIAN”字，代表了这些民国思想家学贯中西、高屋建瓴的“见”地，他们也会毫不留情地评“鉴”甚至批评当时的教育状况，他们还会把国外的一些好的教育理念推“荐”给中国的同胞同行，并“建”议政府、家长做哪些方面的调整和改善。

但最最关键的一个，是“谏言”的“谏”字。因为那是一群既有想法还敢把想法说出来的独立学者。我觉得中国的教育已经到了一个需要有人去大声喊的时刻，因为很多地方我们走错路了，走偏了，甚至走反了。所以我不遗余力地四处奔走，让更多的人开始思考教育最本质的问题。民国时期是中国教育的最高峰，虽然那是个动荡不安的年代，可以说是中国历史上最惨的一段时间，但恰恰在那种最艰苦的条件下，涌现出了一批“灿若星河”的教育家和教育思想家，他们更是一群葆有赤子心的理想主义者。

在我 2016 年出版的《图解中西方教育的异路与同归》中，我也通过对一些经典文字的温习再现了中国古典教育在强调“以人为本”方面的教育哲学。如果我还没有讲清楚的话，我再次重申：无论是西方的教育还是东方的教育，要评价它的好坏，要判断它是否有效，要看它是否遵循了教育的普遍规律，是否尊重并顺应孩子的天性，并帮助教育者和被教育者实现教育的目的——唤醒每一个孩子心中的潜能，帮助他们找到并完成此生的使命。

后来我离开了那种以“送孩子去一所外国大学”为目标的国际学校，转战到一所更注重中国传统文化的书院式学堂进行了另一种“国际化学校”的尝试和探索，秉承“根深中国、盛开国际”的校训，我为学校撰写的 Mission Statement（使命宣言）如下：

我们希望培德的孩子们瞻前而不忘古，顾此而不失彼，用既不自大，又不自小的态度探索宇宙，也探索他们的内心。他们不用付出母语和母语文化的代价，去获得一张所谓的世界舞台入场券。无论他们将来手持什么颜色的护照，选择在哪个国家定居，都能自信而自豪地展现一个中华儿女的文化基因和德智修养，并能用别人听得懂的语言，讲他们自己的故事，讲我们中国人的故事！

第四章

国际教育之挑战

——遇（预）见未来

第一节

我的"学术假期"——遇见未来

2017 年 1 月，我以一种略带戏剧化的方式被迫离开了我所热爱的校长岗位，成为一名"光荣"的独立教育学者。"独立"这个概念在英语语境里其实非常受人尊敬，它代表了一种"威武不能屈、富贵不能淫"的气节和不站队、不偏袒、不谄媚的做事态度。

就像美国的私立学校，称自己的协会为 National Association for Independent School（独立学校联合会）。我在美国做校长那些年几乎每年都去参加他们的年会，受益匪浅。印象最深刻的是曾经听到一位白发苍苍的老校长演讲中关于"独立"二字的理解，他是这么说的：

> "从产权上来讲，我们是私人拥有的学校，但从本质上来看，我们是独立学校。独立二字的根本意义就在于，独立于社会的正确或不正确的普世价值观和与之相应的评价体系，独立于政府的英明或不英明的教育政策法规，独立于家长的合理或不合理的问题和诉求。独立学校能生存下来并有可持续的发展空间，最可贵的地方就在于我们敢于坚持我们认为是对的东西。"

但同样一个词在中国却不怎么受待见，它多了一丝让人不安的"桀骜不驯"，少了一点让人放心的"权威背书"。虽然很多人手机已经用上了 iPhone X，但头脑却还停留在"你哪个单位的？""有介绍信吗？"的旧时代。一位非常关爱我的前辈告诉我他每次看见我"独立学者"的落款都会感到心酸，也有人担心我会饿死。

的确，独立确实意味着放弃校长的光环、稳定的收入，但是却给了我工作时间、地点、方式、节奏的自由，以及比这些自由更重要的言论和思想自由。最关键的，让我终于有时间去思考那些我一直以各种理由推迟去认真思考的问题：

- 到底什么是学校？
- 什么是学习？
- 1893 年现代意义的学校诞生之前人们如何学习？
- 符合哪些条件才能算学校？

- Schooling(上学)与 learning(学习)的关系和区别是什么?
- 一定要去学校才能学习吗?
- 义务教育是保障九年受教育的权利还是履行九年受教育的义务?
- 有没有必要对孩子、家长、社会分开讨论?
- 家长有没有权利让自己的孩子停止上学但开始接受教育?
- 教育和培训的根本区别是什么?
- 现在的学校和培训机构,谁在做教育? 谁在做培训?

- 幼儿园里学生到底该学些什么? 不该学什么?
- 幼儿园阶段对于一个孩子的成长到底有多重要?
- 这么关键的时期我们把孩子托付给了怎样一群人?
- 他们一般都有怎样的学历和履历? 受过哪些训练?
- 培训幼儿园老师应该选哪些必修课?
- 应该由谁来教这些课?
- 民办幼儿园到底开出多少工资给幼儿园老师?
- 北京的幼儿园老师一般都来自于哪里?

- 小学和幼儿园的最大区别是什么?
- 应该多大上小学,是看心理年龄还是生理年龄?
- 遇到特别不愿意上学的孩子应该怎么办?
- 小学老师的评价标准是什么? 谁定的标准? 合理吗?
- 小学老师和中学老师最大的区别是什么?
- 他们的职业素养如何提高?
- 他们和家长的分工应该如何体现?
- 家长没有做好的部分,学校有义务或有能力弥补吗?
- 家长对学校应该有哪些期待? 不能有哪些期待?

- 初中和小学的最大区别是什么?
- 初中生的识字量和阅读量分别是多少? 哪个更重要?
- 我国初中生的人均阅读量跟美国、以色列、日本的差距是多少?
- 初中生真的不能谈恋爱吗? 要不要首先跟他们谈谈“恋爱”这件事?

- 初中生长身体的时候,体能训练应该采用什么样的方式?
- 初中的学生能做些什么?
- 或者换一种问法,有哪些事是初中生肯定做不了的?

- 初中和高中的区别是什么?
- 高三的物理老师的知识结构是怎样的?除了物理他还会什么?
- 他最让学生尊敬的是他身上的什么品质或能力?
- 他每天最主要的工作内容是什么?
- 机器人干得了这活儿吗?
- 中国高中生的作息时间是怎样的?合理吗?
- 不合理却存在的理由是什么?这个理由靠谱吗?
- 整个高中三年那么苦是为什么?这种苦值得吗?

- 大学教育跟中小学的区别是什么?大学的办学目标是什么?
- 有多少大学生在认真学习?他们在学些什么?
- 他们学的东西有用吗?他们毕业的时候还会有用吗?
- 他们在为自己上大学吗?还是为了父母?
- 或许只是因为社会期待他们有一张大学文凭?
- 社会是谁?你说的就是用人单位吧?
- 用人单位最注重的到底是什么?真的只是那张纸吗?
- 他们希望知道你学过什么?还是你能做什么?
- 学历意味着什么?工作机会的保障吗?十年以后还能保住工作机会吗?
- 你的简历上除了大学的名字,还有什么信息可填?
- 文凭是用学时换的,学的东西没有价值,那文凭有什么价值?

- "硕士"到底是个什么东西?它的起源、发展是怎么个过程?
- 在当代语境里它的定义和使命有没有必要更新一下?
- 它和本科的最大区别是什么?它和博士的最大区别是什么?
- 硕士存在的理由是什么?硕士一定要读3年吗?
- 没有硕士就不能读博士吗?那硕博连读是怎么回事呢?
- 硕士学历能证明哪些方面的能力?
- 2017年取消"在职研究生"的背景和理由是什么?

● 读硕士是因为真喜欢，还是觉得硕士生会比本科就业机会大些？

● 读 master 的人是想成为“大师”，[①]还是不敢面对象牙塔外的世界？

● 博士真的需要 5—7 年才能读完吗？
● 还是不花个 5—7 年对不起那么高的学历？
● 第七年毕业的时候，他们第 1 年学的东西还有价值吗？
● 整整七年，有没有更有意义的事情值得去做？
● 博士到底值多少钱？什么样的单位需要聘用博士？
● 他们愿意花多少钱聘一个博士？他们最看重博士的哪些品质或能力？
● 每篇博士论文通常需要多长时间写完？多少字才算太多？
● 通常每篇博士论文写完有几个人会读？读完之后又怎样呢？
● 大学的研究成果如何转换成生产力？
● 文科博士和理工科博士的区别是什么？应该如何区别对待？
● 中国博士和美国博士的区别是什么？含金量差多少？

● 大学教授每天都在干什么？他们规定每周教多少课？
● 他们到底拿多少工资？他们拿这点工资能干什么？
● 他们还有什么别的手段可以让自己过上有尊严的生活吗？
● 雇佣学生做廉价劳动力有错吗？
● 大学教授的研究和教课的责任哪个更重？
● 有没有可能把这两种教授分开培养和对待？
● 要不索性从机构上把这两种职能也分开？

● 学历教育的收获和代价分别是什么？值不值得？
● 学历教育的时代会不会终结？最快是什么时候？
● 实体大学还会存在多久？
● 下一个失业的会是谁？为什么不是我？
● 哪些工作迟早会被机器人取代？哪些不会？

① 英语中 master 一词既可以指大师，也可以指硕士学位。——编者注

- 老师这个职业会不会消失？为什么会？为什么不？
- 即使这个岗位没有消失？教师的职能会发生哪些变化？
- 老师的角色到底是什么？老师该做什么不该做什么？
- 学习的方式和方法到底会发生哪些变化？
- 教育算是一种投资吧？反正大家都这么说。
- 如果算，成本、利润、风险、回报该怎样计算？你算过吗？
- 投资是不是就该有风险？我们有没有评估这个风险？
- 风险大了，就会产生泡沫不是吗？
- 泡沫迟早都会爆掉。股市、楼市崩盘的时候，很多人自杀了，那教育投资的泡沫爆掉会是一个什么场面？
- 学历跟货币有什么相同之处？
- 学历会贬值吗？会通货膨胀吗？
- 当每个人都有一千万的时候，一千万可能只够买个面包了。大家都有本科学历的时候，它还能换什么东西？
- 那大学到底还读不读了？
- 那些辍学的不担心就业吗？他们辍学后都去干了什么？
- 那些没辍学的都去干了什么？是他们想干的活吗？
- 号称美国"三大师"的律师、会计师、医师的白金饭碗还能捧多久？
- 下一个将被淘汰的工种是什么？
- 一定是蓝领吗？
- 十年后最热门的工作会是什么？
- 二十年后，还有工作留给人类去做吗？
- 没事情做，那我们做什么？

如果待在家里每天干想这些问题一定会疯掉，我决定出去走走，去看一看中国的其他城市，那些教育政策相对宽松的地方的学校正在发生什么变化。去看看世界的其他国家，那些我们认为极其发达或极其落后的地方，正在发生着什么事情。人家的学校是什么样子的？学生是如何学习的？整个世界的发展趋势是怎样的？教育在这样的趋势里将要扮演一个什么样的角色？

就这样，一个学校接着一个学校，一个国家接着一个国家，一个问题引出另一个问题，我竟然停不下来，不知不觉给自己放了一个一年多的sabbatical

(学术假期)[①]。算算自己兜兜转转、忙忙碌碌也做了七年校长了,虽然没人继续给我发薪水,但也该给自己充充电了。我把自己想象成一只小蜜蜂,飞到西来飞到东,采蜜喂饱自己的同时也传传粉,把优秀的教育创新范本传播到需要的地方,让它们在其他地方也有盛开的可能。同时也嗡嗡嗡地提醒大家危险临近,必要的时候再蛰一下那些叫不醒的"装睡人"。

在这一年里,我先后去了据说人民很穷但很幸福的尼泊尔,在释迦牟尼的出生地蓝毗尼的中华寺里住了一星期,观察寺庙和学校的相同和不同之处;我在加德满都的一家沙弥学校里教了一星期课,看师父不在的时候小沙弥们如何学习。

小沙弥们每天早上 4 点半就起床,我们周一到周五工作,周六周日会睡个懒觉,他们不会。他们高度自律,师父不在,他们也会这样做。然后他们念经打坐,每天都花很长很长的时间去思考,深度地思考,思考那些我们这辈子都没有思考过的问题,那些教科书上没有的东西,跟考试无关的东西。

这 18 个 11—17 岁的孩子,会照顾自己,也能照顾别人。师父在外面弘法的时候,他们很自觉地学习,大孩子帮助小孩子。他们画画,他们的画特别干净,跟他们的眼神一样干净。他们也和这个年龄段的其他孩子一样会调皮,但他们不会做任何伤害别人的事情。

尼泊尔的冬天也是有蚊子的,我们看见蚊子就会拍死它——但是他们不会。"难道就因为蚊子让我们很痒,我们就有理由剥夺了他们生存的权利吗?"这就是慈悲,我们学校里不会教这个。跟他们在一起的一星期,表面上看是我在给他们上课,其实是他们在教我,教我一些很重要的功课。

因为沙弥学校没有多余的床位,我必须下山去找地方住。地方很偏没有旅馆,于是我在一家孤儿院里住了一个星期。虽然出生不幸,但这些 4—18 岁的孩子相依为命的样子,非常动人。早起的时候,他们每一个都会对着镜子一丝不苟地梳头,大孩子帮小的上发油,编辫子,涂面霜,温情无比的画面,没爹妈的孩子更知道如何诠释互相照顾、相依为命。吃完早饭,孩子们把自己的碗和用来抓饭的小油手洗干净。孩子们整齐地按年龄、学校分开排着队,右手捂着胸跟着大一点的学长学姐念我听不懂的誓言……他们有极其旺盛的生命力,他们满怀感恩之心,脸上一直挂着真诚的微笑。我工作过那么多学校,但是我很少见到这样的微笑。

---

① 在绝大多数有灵魂的大学里,教授每七年就有一年的带薪学术假期,可以去访学、游历、写作,给自己充电。

从尼泊尔回来，我发现我们的教育真的出问题了。我们没有搞明白上学和学习的区别，我们其实忘了人类为什么要学习，我们学校里在忙着教什么？学术上我们叫它命题性知识，用大白话说就是那些要考的东西而已。而且我们知道这些知识考完了以后就再也没有用了。

我去了那个以创新和教育闻名世界的国家——以色列。在耶路撒冷，我拜访了八十高龄仍思维敏捷的历史学家 Meron Medzini，听他从历史的角度来解释教育的事；在海法，我拜访了为以色列培养了很多优秀中小学教师的 Gordon College of Education（戈登教育学院），听苹果杰出教育者分享他们怎样让老师跟上时代；在我人生导师 Ron Anton 神父七十大寿的寿宴上，我跟在座的教育家们分享并探讨中国教育创新的探索和实践。

我去了世界上最穷的国家之一——肯尼亚，在内罗毕最大的贫民窟，艾滋病感染率高达 40%的基贝拉村里，协助导演和他的“人类之光”摄制组拍摄一部关于人类幸福的纪录片《无用》，场景是那些食不果腹的孩子跟着一个心中有梦的老师学习芭蕾。我们采访了今年差点拿到卡塔尔王妃设立的教育界的“奥斯卡”——WISE 峰会[①]大奖的 Mike Wamaya，从他和他的学生身上看到了教育带给人们的希望和光。

我去了“万岛之国”——印度尼西亚，拜访了全世界最重视可持续发展的学校 Green School，在这所全世界最大最美的竹建筑校园里，听创校基金会主席 Tirka 和 Leslie 校长亲口讲述他们十年前是如何克服万难建起这所绿色学校，并实现了 John Hardy 夫妇环保梦想的历程。

我当然也去了全世界教育资源最丰富的国家——美国，三次。第一次的行程里，我拜访了美国最创新的高中 High Tech High；去巴尔的摩参加了最有可能推动美国基础教育领域变革创新的 NAIS（美国国家独立学校协会）的年会，听了我的偶像 Sir Ken Robinson 的主旨演讲，并拿到他亲笔签名的新书 *Creative School*。我正在翻译他教育创新五部曲的最后一本 *You，Your Child and School*。

第二次的行程里，我拜访了美国最创新的大学 Minerva University，最创新的 IT 职业学院 Make School。在湾区学费最贵的私立高中之一 Sonoma Academy带了一个中学生的夏令营；我去纽约参加了全世界影响力最大的潜能激发大师 Tony Robins 主题 为“Unleash the power within”（释放你的内在力量）的 Boot Camp，还见到了我在 ISTP 半岛国际学校最得意的学生麦天

① World Innovation Summit for Education，世界教育创新峰会。——编者注

天，知道她后来长成了什么样子。

第三次行程里，我和王建利博士、探月学院的Jason一起参加了夏威夷独立学校联盟参与组织的Hawaii School Empowerment Conference；并和2017年在教育界掀起惊涛骇浪的纪录片*Most Likely To Succeed*的制片人Ted Dintersmith以及这部纪录片在中国的积极传播者、夏威夷前教育部副部长Philip Bossert博士共进晚餐，并邀请他6月份到中国来给我们讲讲他9个月跑遍美国50个州的学校的所见所闻。

在西海岸，我们拜访了美国西部最好的大学斯坦福，去了他们最具创新精神的D-School和教育学院的Fab Lab，见到了我的老朋友、曾培养了包括一位中文教师在内的3名全美最佳语言教师的Duarte Silva教授，得到了他给的宝贵建议；我们去了Apple（苹果）公司斥资50亿美元建的时代感最强的新总部；在"不创新毋宁死"的Google（谷歌）公司的报告厅，听了曾在4个国家建了400所希望学校的Adam Braun介绍他正在打造的连锁创新职业学校Mission U。

在东海岸，我们约见了美国21世纪学习伙伴关系（P21）的理事Scott Brody先生；参观了引领整个美国科技进步的MIT和他们用项目制学习构建的跨学科创新学院Media Lab，他们为给我们着重介绍了和乐高公司深度合作的Lifetime Kindergarten项目；我们还见了专注创新空间设计的资深建筑师Frank Locker，和倾心STEAM项目制学习的海洋工程教授Kim Vandiver。

在美国最有技术含量的艺术院校，罗德岛设计学院，我们和把"A"（Art，艺术）塞进了STEM变成今天的STEAM的女英雄Babette教授一起草拟了2018年夏天在罗德岛设计学院共同组织STEAM全球峰会的方案。我们还去了美国最好的大学哈佛大学的教育学院和商学院，见到了几位哈佛中国教育论坛的主席，并跟来自中国的研究生们分享了中国教育创新的经验，希望他们学成归国参与到这场伟大的变革中来。

在中西部的克里夫兰，我们拜访了有着全美最好医学院和癌症研究中心却不怎么受中国家长和学生待见的Case Western Reserve University（凯斯西储大学），参观了他们有着最别致校园建筑的商学院；行程的最后一站，也是最重要一站，我们在美国顶尖私立学校Hawken School见到了发起MTC行动的英雄Scott Looney校长。

在这一年半的学术假期里，我拜访了国内外200多所学校及教育机构，邂逅了近千名教育工作者，在行走中更加坚信了未来教育的方向，也充满了前行的勇气和力量。

第二节

标准化考试之失——告别过去

其实我们早就知道，用一场标准化的考试，用几个冰冷的分数，绝不可能精确地描述和评价一个立体鲜活的孩子。我们也早就知道，用一种方法、一种尺度去评价猴子、大象、金鱼、老鹰爬树的能力是既不科学也不人性的。然而，当下的社会舆论环境和公众对于教育公平的简单理解，以及缺乏信任度的社会文化心理，都进一步强化了教育过程中对"选择结果的公正性"的非理性追求，进而加大了改革所面临的阻力，同时也可能削弱改革的效果。

越来越多的数据显示，标准化考试的成绩并不能有效地预测学生在大学乃至大学毕业之后的表现，而那些不太容易测量，也不太容易量化的软实力才对孩子一生的发展更重要。但我们为了图方便，为了所谓的"完全公平"，凑合着一用就用了几十年。

更可笑的是，水涨船高的标准化考试分数也已经无法帮助高校甄别出它们真正想要的人才。打个比方，清华大学要招 300 个好学生，收到 3 000 份申请，300 分满分的考卷前 1 000 人的平均分是 298 分，你说怎么选？美国大学虽然不会拒绝中国留学生每年贡献的百万亿美元学费，但他们从来没有停止过抱怨为什么这些从成绩单看上去品学兼优的孩子在美国大学的学术环境里却捉襟见肘、举步维艰。

无论是中国的高考，还是美国的高考，这根标准化考试"指挥棒"没被撅断之前，学校和家庭都会把所有的精力都花在提高标准化考试成绩上。"素质教育"和"因材施教"的口号喊得再响也没用，学生没有时间去做跨学科的、项目制的学习，没有机会实现个性化、差异化学习，也没有办法培养、发展那些真正重要的软实力。

所以，当我听说 MTC 这件事的时候，我是兴奋得夜不能寐的。盼了这么多年，终于有人勇敢地站出来说一句："Enough is enough!"（够了！）在 2017 年的 NAIS 年会上，Scott 振臂一呼，说要彻底改写美国高中申请大学提供的成绩单，要通过对学生掌握的知识、培养的能力及核心素养的全方位的综合评价，来替代原来粗暴单一的 GPA 和 SAT 等标准化成绩。

无独有偶，在千里之外的中国，一场伟大的教育变革也正在悄悄酝酿。一方面，从国家"新高考""自主招生"的政策出台开始，在中国最高教育科研机构——中国教育科学研究院的国际比较教育研究所王素所长的带领下，以 STEAM 为代表的教育创新正在得到越来越多的重视以及政策和经费支持。

自从2017年3月,《中国STEAM教育发展报告》在教育创新的排头兵北京八一中学公开发布之后,很多视野开阔、敢作敢为的公立学校校长已经迈开了大胆的改革步伐。

与此同时,来自民间的教育创新也已满地星火,渐成燎原之势。我非常尊敬的两位前辈,不遗余力地为这场野火“火上浇油”。一位是从来不怕说真话、对中国教育的乱象疾呼不止的21世纪教育研究院院长杨东平老师。另一位是蒲公英教育智库及《新校长》《星教师》杂志、蒲公英泉源学校的掌门人李斌老师,他一直在用媒体人的犀利和文人的风雅砥砺推动着教育变革。

每年由蒲公英教育智库发起的以“未来”为题的教育创新年会,以及由21世纪教育研究院组织的LIFE教育创新论坛对于每个对教育有情怀、有想法的人来说,都是不容错过的教育盛会。除了这两场年会,这两个机构一直以来还用期刊、书籍、专访、培训等不同形式不遗余力地搜集、整理全国教育创新的范例,为更多希望变革的学校积累了宝贵而实用的经验和教训。

在过去的一年多里,我拜访了国内外近200所学校和教育机构,在和近千名教育者的对话中,我学到了太多东西,也让我思考了更多的问题。在这一年里,我写了近30篇微信公众号文章,做了几十场演讲和培训,还和密友黄兆旦博士共同发起了一场国际教育创新论坛和工作坊,争取让更多的人了解并参与这些创新的想法和项目。

在这一过程中,我也似乎触摸到了一点全球范围内教育的发展趋势和脉动,迫不及待地想要和大家讨论教育将要面临怎样的一场“灭顶之灾”,以及我们可以采用的自救办法。

我本来打算在我接下来要写的《熊掌和鱼3——学校教育的前世来生》(暂定名)里,更具体细致地分享这些内容。但出书的周期实在太长,跟不上这个时代变化的速度。有些东西再不快点说出来让大家知道,恐怕就来不及了,比如这个让我感觉最震撼的数据:45.2%的美国在校生在6年之内没有拿到本科学历就离开了校园。

造成大规模辍学最直接的原因就是上不起。美国大学的学费本来就不便宜,通常在20 000—50 000美元一年,现在每年还在疯涨。美国和中国不同,并不是所有家长都会为孩子出大学学费。在美国,每个在校生平均背负2万到10万美元的学贷,每年全美国的学生贷款总额已经超过了1.4万亿美元,是美国排名第一的债务。大学生走出校门的那天就负债前行,我以前的美国同事工作15年后才还清这笔巨额贷款。

图 1　未来的教育会是什么样子?

在这样的情况下,很多学生,包括名校的学生,就主动选择了不要毕业文凭,提前就业、创业或做他们真正想做的事情。越来越少的学生和学费收入,以及终身教授体制造成的巨额人力成本,再加上建筑维修费用(越老牌的大学越贵)造成大学入不敷出,只能靠猛涨学费来维持,造成进一步辍学的恶性循环。

现在中国出国读高中大学的学生每年还在持续增长,千万不要误以为中国学生越来越优秀了,美国大学抢着要。很多美国学校顶着舆论的压力、顶着教授和本土学生和家庭们的反对,狂招中国学生的真正原因是:如果没有中国家庭每年源源涌入的高达150亿美元[①]的学费收入，学校恐怕已经维系不下去了。

学费昂贵是造成学生主动辍学的一个原因，但并不能解释全部。既然教育是投资，就可以按投资的逻辑来思考。我相信大部分人是把教育当成投资而不是消费的，如果最后的回报还是大过于早期的投资的话，还是会有市场。在我看来，更主要的原因是美国大学和中国大学一样，几百年来并没有发生本质的变化，它所能创造的价值，也就是投资的核心，正在大打折扣。

大学所提供的课程和学科设置，陈旧的选课、学分和学时制度，以及那套为配合工业革命和工业化生产的人才培养体系已经不能适应瞬息万变的世界的需求。很多人苦苦奋斗了十几年终于进入自己梦中的学术圣殿，但却失望地发现，老师的备课笔记貌似很多年都没有更新，他们学的那些知识还没等他们毕业就已经被社会淘汰。大学把自己当成就业培训站已经遭到有良知的校长的批判，但如果最后连就业都不能保障，那这张文凭的价值确实值得深究了。

从小就接受批判性思维训练的美国学生自然会心生狐疑，质疑这些课的必要性，质疑这些知识的相关性和时代性，质疑本科或研究生学历是否能证明自己的 competency（胜任力），并保证他们毕业后得到一份工作。于是你会看到家里不差钱的同学翘了那些已经交了昂贵学费的课不去上，自己再掏钱去接受校外培训，考一些资格证书，提高自己的 employability（就业力）。他们暂时不会退学，因为他们觉得哪怕学不到任何东西，昂贵的学费至少可以买来一张名牌校友会的会员资格——也许会成为将来重要的人脉资本和筹码。

而那些没有富爸爸的孩子们，就索性早早地傍上了跨国公司、科技公司、新兴产业公司的大腿，去做实习生，提前进入企业按真实行业需求设计的人才培养流程。还有一群跟乔布斯、比尔·盖茨、李嘉诚、霍英东有着一样创业者血统的年轻人，索性就把本来要买书、买知识、买学历、买俱乐部会员卡的钱省下来，自己去创业了。

大学应该迅速行动起来，根据社会发展的真实需求，重新思考大学和大学教授的使命和责任，重新规划学生能力素养体系的构建。像昆山杜克大学一样，开设更多的跨学科领域和专业，打破院系间和教授间的专业及行业壁垒。

---

① 这个不是精确数据，只为得出一个大约的数量级。按2016年出国总人数50万人来算，按平均的30 000美金一年的学费来计算，加上几乎同价的生活费，每年近130万亿人民币只是一个保守的估计。

如果连中国的中小学都开始 STEAM① 了，而美国的大学还停留在单一学科、单一专业人才的培养，也有点说不过去吧？

我肆无忌惮地批评美国大学的现状，因为不用担心它会被"和谐"掉。希望大家应该还不至于沾沾自喜地以为中国大学的辍学率没有那么高，是因为中国的大学比美国的大学质量更好、流水线更新吧！恰恰相反，可悲的事实是，中国的大学生，明明处在同一种场景或更糟糕的困境，面对同一种无聊或更看不见方向的困惑，却连批判性思考的能力都没有，却连辍学的勇气都没有。

绝大多数大学生还是像我父辈当年攒够了粮票才能包一顿饺子一样，天天去课堂上学那些考完就烟消云散的知识，攒够学分四年后换一张毕业证。他们的逻辑是非常被动而机械的，仅仅因为用人单位挂出的"本科以上"的招聘起点。但用人单位这么做其实只是希望达到迅速删选的效果，他们很快也会失望地发现，哪怕他们把学历门槛设成硕士、博士，也找不到他们想要的趁手的人才。原因很简单，大学这条流水线已经旧了，做出来的产品当然不可能符合时代的需求。就像当年的胶卷大王柯达、手机大鳄诺基亚一样，当时代变了，更新流水线成本太高、速度太慢，你就会死掉。

没错，高考曾经是很多中国家庭改变阶级和命运的唯一途径，但"寒门出贵子"的概率正随着中国社会的阶层急剧分化变得越来越小，这场考试淘汰竞争之惨烈程度是超过我们想象的。所有人在那一次考试中所承受的压力也是无以复加的，我短时间内无法找到精确的数据，或者这个数据没人能够真正统计出来。但是你只要在搜索引擎中输入"高考""自杀"两个关键词就差不多有概念了。死亡人数或许还有可能统计出来，还有些代价是根本无从计算的，比如健康、快乐、天真、好奇心和追寻自己真正梦想的机会，等等。

很多人为了表现自己的挽留和孝顺，不顾身患绝症、每天生活在不可忍受的肉体和精神折磨的垂死病人的一再央求，骗他们说"再忍一忍你就痊愈了"。我们知道"痛不欲生"这四个到底是什么意思吗？同样道理，很多大人面对已经面临精神崩溃的孩子使出同样招数，骗他们"再坚持一下就好了""进了大学就好了"。但问题是，真的是这样吗？真的挺过去就好了吗？这一切苦难都是有回报的吗？

且不说那些已经被挤出局的每年四百多万纯粹的陪练们，那些好不容易

① 2017 年 3 月，教育部出台《义务教育小学科学课程标准》，STEAM 终于名正言顺。同月，《中国 STEAM 教育发展报告》正式发布，中小学校长们开始积极寻找教育变革的出路。

一路过关斩将，把成千上万的竞争对手推下悬崖，挤过高考这根独木桥终于冲到对岸的学生，却发现那些所谓的名校并不是大人们给他们描绘的光明彼岸。很多学生因为这十几年的应试教育，耗干了他们的学习热情，在没有明确人生目标的情况下，披头散发地拼抢了这么多年，一旦实现了家长们“考一所好大学”的唯一期待之后，瞬间丧失学习动力。

这不是我的主观臆测，也不是一个曾经保送北大的学霸陷在自怨自艾的记忆里无法自拔。精神科主治医师，北京大学心理健康教育与咨询中心副主任、总督导徐凯文教授曾在网上发表过这样一段文字，他所公布的数字让人触目惊心：

> 我做过一个统计，北大一年级的新生，包括本科生和研究生，其中有30.4%的学生厌恶学习，或者认为学习没有意义，请注意这是高考战场上，千军万马杀出来的赢家。还有40.4%的学生认为活着人生没有意义，我现在活着只是按照别人的逻辑这样活下去而已，其中最极端的就是放弃自己。

这种因“找不到自己存在的价值”表现出情绪低落、兴趣减退、快感缺乏的貌似抑郁症的病情得到了“空心症”这一生动恰当的名字，而“空心症”正在超越因为学习压力和过度竞争造成的“焦虑症”，成为导致青少年结束自己生命的第一杀手。而很多家长却还舍本逐末地深陷在“孩子上的学校有没有名气”“他做的工作够不够在亲戚朋友面前吹嘘”这样的纠结中，而忽略了更重要的东西。在很多经历过饥寒交迫的长辈眼里，还没有心理健康和精神疾病的概念，只要吃饱穿暖了，什么事情只要咬咬牙就能挺过去，他们以为孩子乖乖待在学校里就肯定没事。

这段文字更加确认了我的猜测，并让我意识到我看到的只是冰山一角。中国大学生现在最不缺的，就是那些我20年前就觉得毫无意义的必修课，他们急需一些真正关心他们这个人而不是他们分数的人，跟他们聊聊当下、聊聊未来，聊他们对人生的困惑和好奇，聊他们对未来的兴奋和恐惧；或者只是有人愿意真诚、平等，不居高临下，不道貌岸然、不指手画脚，也不带任何功利心地去听听他们的想法。

第三节

如何找到自己的使命——认识自己

一、"认识自己"是成长的真正内驱力

回到最核心的问题，让孩子知道自己想成为一个什么样的人是教育最根本的目标。回避或忽略这个问题，只是纠结于送孩子去上什么样的学校，找什么样的老师，教给学生多少知识，提高多少分数，其实是家长和老师没有尽到教育的责任。人生不是一场别人设计好程序的游戏，你的任务也不是仅为了顺利通关而已。你的人生应该设计你自己的游戏，并制定游戏规则。无数研究证明，决定并预测一个人的学习与工作效能的最有效因素，既不是学校的条件、老师的水平，也不是家族的血统、父母的实力，而是 motivation，motivation，motivation——动机，动机，动机！对于一个人的成长而言，内驱力要远比外驱力更强大、更持久，也更有效。一旦一个孩子意识到自己想成为什么样的人，他就会有无穷的动力去努力实现自己的目标。

当然，一句"做你自己"说起来容易，但其实做起来也并没那么简单，并不是每个人天生都会的，也不是每个人都有这种去"寻找自己"的意识。这个跟财力和学历都没什么关系，那些开着豪车惹是生非的纨绔子弟堕落的根本原因不是挥霍不尽的财富，而是找不到自己存在的意义。在《奇葩说》上被高晓松怒批的"清华男神"读完博士还要问主持人他该选择什么工作，也充分证明了没有初心的学习和学历是教育的最大失败和资源浪费。资源不仅限于国家、社会、家庭投入的财力，更可惜的是巨大的时间成本。

我常常在接触一些从事服务业的年轻人的时候，心底生出莫大的同情和悲哀来。一个大楼的保安，只是被别人安排站在那里，比他空洞的眼神更空洞的是他的头脑。如果他在这里站多少年也还是对楼里有哪些机构，这些机构都是干什么的一无所知，那他注定一辈子只能做一个保安。

在我做过校长的几所学校，我都会强迫学校的保安去读书。每次一看到他们闲下来就捧着一个手机玩游戏、看视频，我就浑身难受，既心疼他们的青春韶华，又生气他们的不思进取，更担心他们将老无所依，他们完全不知道自己想要什么，也不愿意花时间去想。他们在宿舍里我管不着，在学校里我说了算。我说学生都已经开始上课了，你们就不需要一直站着。学校不是银行，不需要 24 小时如临大敌，把头盔摘了，坐下来看书。

一开始他们不愿意，说校长你别逼我，你让我干什么都行，我就是不爱读书。他们哪里是不爱读书，只是我们从小让他误会了"读书"这件事[①]。这是学校的罪孽啊！这是家长的罪孽啊！我说不要你们干任何事，我就要你们读书，读什么书都好，小孩子的绘本都行。他们才十几、二十岁啊，我问他难道你要做一辈子保安？他们答不上来。有的说想做点小生意，那我就推荐他们看李嘉诚和稻盛和夫的书。

还有博物馆的工作人员，在美国也一样，年纪轻轻的，每天在千百幅旷世作品前来回走，却从来没有真正驻足去欣赏过这些名画，太可惜了！我曾经尝试过几次，不为获得真正的资讯，只是想做个试验，结果都失望地得出同样的结论：他们对这些画一无所知，他们没有好奇心，他们甚至对自己都没有好奇心。

手机普及后，法国人平均每人每天看 200 次手机，中国人不会更少，因为我们还有法国人没有的微信。地铁里，除了玩游戏的，人们在手机上阅读的，90％以上都是毫无价值或低级趣味的东西。手机一族们通常用两种态度对待自己空洞的生命。一种是自黑，把自己称为"屌丝"（我至今不懂这个词的出处和确切含义，只知道它把自己贬得一钱不值），潜台词就是：我都这么惨了，你们还好意思说我吗？另一种是涂抹自己，用各种外在的、虚荣的，甚至是虚妄的东西，把自己包装成很高大上的样子：

我让你看到我（给人做保姆的）的豪宅，我借来的名车，我刚在韩国做的鼻子，我假装在巴厘岛度假的照片——反正朋友圈只是个虚拟空间，大家都是演员，反正你不知道我到底是谁，我过的是怎样的生活，我靠一张精致而没有辨识度的塑料脸在虚拟空间里求点赞。

很多人什么都敢做，就是不敢做自己。

二、我们如何去"认识自己"？

春晚之后，那首杜牧的小诗《苔》[②]突然就火了，成了妇孺皆能背诵的篇章。我第一次听梁俊老师和他的学生唱古诗是在蒲公英智库于南京中英设计周举办的优教育论坛上，支教的故事本来已经非常令人感动，用古诗词的美加上现代音乐的弹唱，是给那些山里的孩子们最好的礼物。但是我向来不喜欢

① 据统计，中国出版物 70％以上都是教材。同时，中国人均年阅读量很低，平均不到 1 本。

② 白日不到处，青春恰自来。苔花如米小，也学牡丹开。

被炒作得太热的东西，总觉得当人们一哄而上的时候就变了味道。

我本来就没那么喜欢牡丹，或者更精确地说，花本身是无辜的，但它所代表的雍容富贵的花语是我比较厌弃的。我也不太喜欢诗里用到的“学”这个字，虽然我理解并万分支持赵俊老师鼓励孩子们不要妄自菲薄的初心，但我只是希望大家在解读和传颂的时候，别走得太远。苔花有它非同寻常的美，自己绽放就好，根本不需要去学习或攀比牡丹。我特别欣赏爱心人士姚莉老师为她给贫困农工子弟建的纯公益的“百年职校”所定的培养目标：学做普通人。早些年的我可能还会认为“普通”二字给孩子们设了限，现在多了一点阅历之后，反倒特别认同“平常心”的态度，觉得“俯仰天地，宠辱不惊”是每个人都应该具备的基本素养。

错过了最适合认识自己的最佳时期，后面要补课是肯定要付出代价的。但就像写中国书法一样，与其在败笔上涂涂改改，不但欲盖弥彰，宣纸还会湿破，与其亡羊补牢，倒不如重新来过。我经常被一把鼻涕一把泪的家长逼问：孩子已经“半死不活”地沉迷在游戏或比游戏更可怕的事情中，那到底现在还能做什么？

我通常不敢给家长们开“药方”，生怕自己不了解学生、家庭、学校，开错了药，结果没给别人治好，还让“病情”更严重了。但看到这些孩子实在可怜，这本不是他们的错，他们只是应试教育和失败的家庭教育的牺牲品。我不开药方，开个食疗菜谱还是可以的。这菜谱既不是大师手笔，也不是祖上传承，只是我这些年的“阅”——读书，“历”——行走后的一些心得和反思，应该吃不死人。

尤其是去年这一年，有点像欧洲高中生的“Gap Year”（间歇年），也有点像美国教授的Sabbatical——学术年假，阅历的密度更高些，熬出来的汤应该更浓一些。尤其是在尼泊尔连“疗伤”带“寻找”的三周，让我有机会重新审视自己，确认此生的热情和使命。也感谢我在探月学院蹭的元认知课程，我花了点时间整理了一下我自己的成长和学习方式，总结成“钱博士的元认知七式”，希望对年轻人有些许参考价值。

（一）追问

我们从小一直在被训练做题，回答别人的问题，但很少有机会问问题：问大人，问自己，问那些跟考试无关的问题。所以在我看来，元认知的第一步就是“扪心自问”，这也是我在尼泊尔的中华寺求助的时候师父让我做的功课。问那些最本质的东西：人是什么？人和动物的区别是什么？生命的意义是什么？世界的本质是什么？学习是什么？成功是什么？如何定义成功？幸福是什么？你所期待的幸福是什么？

很多家长没搞懂“体力”和“心力”的差别，也误会了“时间投入”和“效能产出”的关系，误以为“做功课的时间越长，收获的一定越多”，他们会不惜代价地把孩子的时间用做题和各种补习班塞满，我一个朋友，小学六年在孩子身上花的补课费高达150万元。家长从小就给孩子制定了“成功”的目标，却不给他们留任何成长的时间，玩的时间，自问自答的时间。

我特别喜欢复旦大学校长杨玉良教授关于“虚度光阴”的说法，我也想给“空想”这个通常被理解成贬义的词汇正名，思考的时候就应该是放空的，思想应该是自由的，思考的底色不应该是Excel表格，而应该是蓝天白云。没错，“务实”是一种诚恳的做事态度，但“务虚”也是一种有意义的精神需求。你不把一些关键性问题问出来、想清楚，即使付出百分百的努力也只是缘木求鱼般徒劳。

（二）反思

问题列出来之后，有些抽象的东西，比如“你认为什么是幸福?”，是要在心无旁骛的冥想的状态中用直觉回答的。尼泊尔沙弥学院的那些小和尚们每天花几个小时打坐，就是在训练深度思考的能力。思考力、意念力和身上的任何一块肌肉工作的原理是一样的，是要靠练习才能获得的。很明显，这和那些每天把自己大把大把的生命接在手机充电宝上的人的生命质量和思考维度肯定是不一样的。

还有些具体的东西，比如“做什么事情可以让你废寝忘食?”，可以尝试从过去的经验中找到相关的证据，并整理出头绪来。反思也不仅仅局限于过去，也可以包括眺望未来，想象自己20年后的状态和所从事的事业。我在夏威夷东西方中心的领导力培训中，收获最大的课程就是Power of Envision（预想的力量），具体内容详见我同期出版的《鲑去来——我的美国留学往事》。

“反思”比思考还多了一个“反”字，这个字也很关键。其实我们每天获得的信息并不少，但是能记住的却不多，辛辛苦苦读完一本书，如果你不及时整理并反观自己做的笔记，不和其他读者讨论，不去给没读过的人分享，我担保几个月后，我再问你书里讲了什么，你根本说不出来。

别说文字形式的书，即使你看过的一部曾让你哭得死去活来的3D电影，或一个你听过的曾让你笑得满地打滚的段子，如果你不复述、不分享、不反思，再过几年，你很有可能会记不得你当时为什么哭、为什么笑。这就是反思的重要性，它是学习中不该被忽略却常常被忽略的一个环节。很多人曾问我：“钱博士你英文怎么学的，学得这么好?”我说：“我的英文不是学出来的，是教出来的。我中学就给老师做助教，给同学做家教，所以我高三的英文就免修了。”

除了总结出最有效的“学”的方式就是“教”之外，我还反思出孔子“教学相长”大智慧的另一个侧面：最好的“教”的方式就是“学”——跟学生一起探究一个连老师自己也不是很明白的课题，跟学生们一起去做一个连老师都不是很有把握的项目。这是真正解放课堂、避免让老师自己的瓶颈变成学生发展的天花板的最有效手段。

现在“项目制学习”这个词虽然火了，但我去一些学校参观时见到很多“假”的项目制学习，是为了做项目给别人看而做项目。有些老师为了最后的呈现效果，过度参与和干预，严重限制了学生的想象力，也折损了学生自发的动力。在我看来，最高级的项目制学习是老师放开手去让学生做他们真正感兴趣，并能够解决他们生活中真实问题的项目。

（三）行走

对于那些像我这样没有接受过正规冥想训练的人来说，一盘腿打坐就腰酸背痛，如坐针毡，严重影响心境。有些时候，还没来得及开始思考就已经昏睡过去。河源法师建议我不必拘泥于固定的方法和工具，也可以用“行禅”代替“坐禅”，一边规律地迈出脚步，一边通过念一些咒语帮助自己排空杂念。我问他念什么咒语，是“阿弥陀佛”，还是六字真言？他说念“脚踏实地”四个字就行。可见，工具不重要，万般法门，殊途同归。

当然，行走的过程本身也是无量法门，你走的弯路越多，看到的风景也越多，你邂逅的人、遭遇的事，都可能是你获得智慧很重要的路径和因缘。所以我特别建议间歇年的做法，现在青年旅社越来越普及规范，也有不少机构已经开始为年轻人创造低成本的旅行机会和条件，让 18 岁的蓬勃少年在开始按部就班的四年大学教育之前，在这个对一切正充满好奇的年纪，先去看看世界是个什么样子。

我今年 41 岁，在没耽误读书、工作、养家糊口的情况下，去过 40 多个国家，美国 30 多个州，中国 30 多个省，大小几百个城市，并不是因为我家财万贯，而是我始终认同学习的方式不光是读万卷书，更应该是行万里路，包括阅人无数，所以我会把买房买车、买奢侈品的钱省下来，用在“看世界”上。真正意义上的“行走”和旅游不一样，其实花不了多少钱；而且住青年旅舍、坐公共交通、吃路边摊绝对比住五星级酒店、打车、吃豪华餐馆更有意思。

在行走方面，也不光是在行走方面，家长们还需要花很大力气克服的是不愿意让孩子吃苦的态度。大部分家长不舍得让孩子吃自己吃过的或没吃过的苦，并一口咬定这就是父母的天职。但间歇年的正确打开方式里最关键的一条就是:用越少的的钱,走越远的路,遇到越多的挫折,才能学到更多的东西,如果让孩子带着父母的信用卡上路,那还不如就在游戏厅待着呢——还安全。

(四) 学习

学习这个短语要拆成两部分。“学”指的是遇到自己不懂的东西时,比如“如何用量子力学解释中医中药”,抱着一种终身学习的态度,通过越来越丰富多元的资源和途径,不断引诱、满足并继续喂养自己的好奇心。绝不因为自己已经获得的知识、先见、荣誉、学历而故步自封,也不因为自己的年龄、身份、职位、资历而耻于下问。

而“习”,从繁体字形“習”上就能看出,上面两个翅膀,下面本来一个日,后来演化成白,意思没变,说的就是小鸟在太阳底下日复一日勤奋学飞的故事。要告诫我们的就是养成不断挑战自己舒适区的态度,并随时愿意试错、自省、反馈、改进,并以此模式往复循环的一种习惯。

(五) 行动

说实话,行禅也并不是很适合我,因为我好奇心太重,经常被路边的花花草草,鸡犬牛羊分了心。最后真正让我静下心来的还是“行动禅”——做自己最喜欢做的事情。对我来说最喜欢的事就是教书,就是和孩子们在一起。我最后的救赎和顿悟其实发生在加德满都郊区台湾慧光法师建的沙弥学院和我下榻的孤儿院里。

当你每天跟那些一无所有的孩子们在一起,看见他们充满求知的眼神和无邪单纯的笑靥,我清楚地听到心中因愤怒、委屈、失望、背叛、悲伤种种负面情绪越堆越高的冰川轰然倒塌的声音。去阿拉斯加看过冰川崩解的人会真切体会这种声响,它振聋发聩,经久不息,力量无穷。它是一种棒喝,它是一种宽恕,它是一种解脱,它是一种治愈,帮助我再次确认了此生的使命,并让我以一种不可想象的速度从阴影中走出来。

行动还有一个好处,它也会帮助你换个角度思考问题。我们一直都太纠结于“我们能获得什么?”这个问题。上什么样的学校,请什么样的家教,报什么样的兴趣班,去哪个国家,拿什么学历,读什么专业,买哪个区的房子,买几个门的车……这些问题不断滋生着各种烦恼,而且环环相扣,让你越陷越深。

但是如果你能换一个思路,想一想无论在什么学校的什么课堂上学了什么,我能用学到的东西为父母做些什么,为家里做点什么,为学校做点什么,为社区做点什么,为比我不幸的人做点什么,为无家可归的猫猫狗狗做点什么,为环境做点什么,为这个岌岌可危的世界做点什么,当你忙着想这些,做这些事情的时候，你就没有时间烦恼了。行动，尤其是那些帮助别人的行为，无论大小，不但会让你意识到自己有多么幸运，还有那么多人在为了那些你想当然的资源和便利苦苦挣扎，它也会让你学会“感恩”——一项事关你终身幸福的能力和素养。

（六）试错

不知道是不是因为中国好几代人都活在穷困和穷困留下的阴影里，以至于活得很没安全感，很怕犯错。自己走的每一步都走得战战兢兢，患得患失。更不用说是在教养子女这个问题上，再淡定的父母都会在某种压力下双膝发软。我见过平日里都有人撑伞的官员为了（孙）子女入学的问题白头搔更短，我见过在商场上叱咤风云的富豪为了求一个入学名额对校长低三下四。

我并没有像某些被家长和供不应求的市场情势宠坏的校长那样，享受这种大权在握的快乐，相反我觉得有点悲凉。家长们之所以会失去这种心态的平衡是因为他们已经无意中用未必科学的方法和指标把中国的教育资源做了一个“鄙视链”的排序，然后发现跟自己平日里所占据的财富或权力资源不匹配。于是他们开始焦虑，开始使出浑身解数送孩子去最难进的学校，这时候他们关注的是焦点非常有可能是自己在“鄙视链”中的段位，而不是孩子的真实需求。

其实我们除了高估了学校教育的作用和影响，低估了家长自身的言传身教和耳濡目染之外，还忽略了另一个重要的事实：我们从失败或挫折中学到的东西远远多于我们从成功中的收获。给自己留出试错的空间也是我特别希望给到年轻人的建议。就试试嘛！大不了就失败嘛！最多浪费一年嘛！有什么了不起的嘛！就当生了一场大病好了！

我在高中时真的曾因病休学过一年，那种被强迫间歇年的经历当时感觉天都塌下来了，现在回过头去想想，那不但是收获颇丰的一年、特别开心的一年，更是对能成为今天的我很关键的一年。因为那一年我读了很多平时想读没有时间读的书，比如金庸和三毛全集、四大名著；去了很多我一直想去没有时间去的地方，比如去我父母各自的老家扫祖坟；最关键的是，我终于有了时间去思考一些我一直没来得及思考的问题，十六七岁的孩子其实对人生、对世界、对自己充满了各种问题。

不过这条建议能否生效，最关键的决定因素不是孩子，他们十七八岁有什么不敢的，大多是家长们不愿意放手给孩子这样的试错机会，他们自己谨小慎微地过了一辈子，只希望孩子“平平安安”地，按部就班地过完跟他们一样“比上不足比下有余”的一辈子。他们要么因为担心孩子犯错而全权代劳，要么撒出自己这一辈子吃的盐，用他们有限的经历为孩子们做出他们认为最“正确的”决定。

（七）社群

细细想想“考试”这件事情其实还挺荒谬的，它可能是我们这辈子唯一遇到的场景：你被关在一个封闭空间里，在限定的时间内，不能借助任何工具，不能与任何人讨论协作，独立完成一项任务（且不论考试的内容和方法有多么地狭隘而无现实意义）。我们从小生活在一种近乎“弱肉强食”的丛林法则中，对于那些在应试教育环境里成长起来的人，我们从小被灌输的是要拼要赢，要打败所有人才能拿到奖学金、推荐信、保送名额、入党资格、出国和晋升的机会。我们需要主观上非常努力才能挣脱出个人输赢的藩篱，寻求团队的胜利，实现合作共赢。我们习惯了“举手表决”“大字报”“无差额选举”“听领导的”“老师说的”，但却根本没有机会被问到我们真实的想法、不同的意见，只能在形式主义和“伪自由”的泥潭里越陷越深。

但我们生活的这个时代，每个人已不再是一个孤岛，除了吃喝拉撒睡，很少有事情是一定要我们去单独面对的。但协作的能力并不是天生的，平等、民主、试错、反馈、迭代这些概念和技能也是需要练习的，你越早开始锻炼，越容易驾轻就熟，包括提前练习如何找到伙伴的技巧。但有时候我们太习惯在虚拟空间中交流，反倒遗忘了人类本来有的面对面交流的能力，光靠“朋友圈”你是找不到真正的朋友的。

三、我对“幸福”的理解

我还想分享一点点我自己关于“幸福”的理解，这也是从尼泊尔回来后思考得比较多的问题。因为当我在和家长们谈教育理念的时候，是绕不开“幸福”这个概念的。大部分的家长，撇开过程中的种种纠结和焦虑先不说，最终是希望孩子幸福的。撇开过程中的种种取舍和细节先不说，最终，教育本该是让人更幸福的。但为什么教育投入和平均学历的普遍提高，以及由教育普及间接造成的生产力提高与生活水平提高，都没有让我们的生活变得更幸福呢？我感觉不知不觉中，我们正在慢慢从物质幸福时代过渡到精神幸福时代，那我们是不是也应该更新一下衡量幸福的标准了？我尝试列了一些我自己对精神幸福的定义。

表1　钱博士对精神幸福的定义

	物质幸福时代	精神幸福时代
衣	一线大牌、限量版、今年最流行、光鲜挺拔的洋装革履	手工缝制、宽松舒适、天然材料、植物印染的棉麻衣裙
食	酒足饭饱、大鱼大肉、野味珍禽、米其林三星、无限量自助	少而精、七分饱、要半份菜、自己煮、有机食材、尝试辟谷
住	市中心、面积大、楼层高、装修气派、有随叫随到的保安、保洁	近郊、树多、环保节能、高科技智能、对宠物友好、"断舍离"、自己种花种菜
行	有不止一辆车、有私人司机、有私家车库、有牛气的车牌	能走路就走路、天气好的时候骑共享单车、先试试顺风车再打车
车	全进口的、世界顶级品牌、马力足、发动的时候要让别人都听见	节能减排、新能源、高科技、占用空间小、停车方便、安静
健康	身体健康、吃得下、睡得好、不生病、不去医院、不吃药	提前预防疾病、常常拂拭心头尘埃、有精神和灵性的探索和追求
爱情	找到一个门当户对、有房有车、能让我过上衣食无忧生活的人	遇到一个彼此信任、欣赏、宠爱，有共同语言、相似价值观和不一定相同兴趣的人
友情	结婚时有几十桌客人来捧场，发朋友圈有不少人点赞	有三两个可以倾诉的知己，有难时彼此愿意挺身而出
亲情	四世同堂、儿孙绕膝、有老人带孩子	不和父母住在一起、各自有各自的生活、见面时有高质量的陪伴
工作	做挣钱多、来钱容易的事或稳定、安逸、不劳神不吃苦的事	做让自己开心且擅长的事、即使没人给钱也愿意做的事
地点	离地铁站近点或打车方便点、摩天大楼里的拐角办公室	少有喧闹的地方，最好可以在家上班，兼顾家庭的需求
时间	朝九晚五也好、朝八晚四也行，尽量别加班、别上夜班	有可以自主支配的时间、不打卡、必要时可连续工作但得有长假期
旅行	住五星酒店、坐头等舱、包车包司机、上车睡觉下车拍照	自由行、住特色民宿或扎帐篷露营、坐卧铺火车、和当地人一起坐公交
休闲	蒙头睡觉、刷微信、打游戏、打通宵麻将	烘焙、书法、读书、听经、运动、远足、诗社、泡茶喝、做家宴请客

（续表）

	物质幸福时代	精神幸福时代
阅读	成功学、管理学、人际学、腹黑学、星座、玄幻、盗墓、穿越、生死恋	经、史、哲、美学、佛经、圣经、山海经、古希腊神话等“无用之书”
报班	有证书的、可以在升学或升职时候加分的、可以拍照晒朋友圈的	感兴趣的、纯消遣的、自己感到开心且充实的“无用之事”
购物	为了面子、为了虚荣、为了优惠、为了拥有、为了给别人看	为了生存和自己想要的雅致生活真实而必要的需求
生日	期待别人帮你筹办一个大派对、收到昂贵而特别的礼物	设计一个给别人的惊喜、不打招呼地去见一个很久没见的老朋友
成就	自己得到了什么，包括地位、财产、荣誉、奖励	为别人做了些什么、为世界往更好的方面改变做了什么
关心	股票、房价、比特币、择校、养生、升迁、投资、搞关系	教育公平、保护环境、正义、未来、世界和平、诗和远方
教育	更高的成绩和学历、(个人和学校)排名更靠前、更有水平和名望的教授、更容易找工作、待遇更好的专业、更有钱有势的校友	符合自己兴趣的专业、适合自己气质的学校、愿意倾听自己的老师、愿意一起为梦想奋斗的小伙伴

有人说，钱博士谈教育可能还有点本钱，但是谈幸福恐怕没什么资格。教育为什么能让人幸福？因为教育的本质就是让每个人成为最好的自己，但前提是你知道自己是谁、想成为谁。而我们现在的基础教育和高等教育阶段都存在着非常严重的自我认知不足和学习动机匮乏问题。无论哪个年龄段，学生们既不是为了求知而学习，也不是为了兴趣而学习，更不是为了理想而学习。大家只是为了在下一个学段争夺更稀缺的教育资源而披头散发地学习，为了大人们所定义的“幸福”而学习。

这种功利主义严重碾压理想主义的教育，最明显的失败之处就是：知识越多越没有智慧，证书越多越没有能力，学历越高越没有文化，地位越高越没有修养，财富越多越不幸福。这样的教育把我们变成了别人眼中的“优秀的就业者”，甚至是钱理群教授描述的“精致的利己主义者”。

在很多人眼里，包括在我亲爹亲妈眼里，有很长的时间，我是一个极其失败的学霸案例，他们甚至希望我躲在美国不要回来“丢人现眼”。他们不能理解，那么多光环、天分、资源和努力程度比我低的人日子都过得比我“滋润”，而我一个40多岁的美国大“海龟”，租房子住，出门坐公车，没一份“正经”工作，一双皮鞋穿了十几年，打过无数次鞋掌还不舍得扔掉。

我妈更不可能理解：明明腰疼得快要断掉为什么还要坚持趴着写书；明明手指已经抽筋还忙着在微信群里推送我众筹的书，并耐着性子回复那些买了你的书就把你当成淘宝店主的人；明明自己都已经没有生活保障了还把现在唯一能够养活自己的写书、演讲的收入捐出来做公益。我有时候也没办法回答她的这些问题，对"生活安稳"是最高纲领的母亲来说，越解释她越担心得睡不着觉，有些事情对她的伤害远大于我。在我从校长岗位上下来的一年里，她的头发整个白了，牙齿也掉得只剩下四颗，我却不知道如何安慰她。

直到我从一诺在其创办的微信公众号"奴隶社会"上发表的《人到四十明白的事》里读到特蕾莎修女的这段话时，心生默契，顿觉"云很淡，风很轻"（王菲和那英《岁月》里的歌词），赶紧发给妈妈看。

People are often unreasonable, illogical and self-centered; Forgive them anyway.

（人们经常是不讲道理、没有逻辑和以自我为中心的，但你还是要原谅他们。）

If you are kind, people may accuse you of selfish, ulterior motives; Be kind anyway.

（即使你善良，人们可能还是会说你自私和动机不良，但你还是要善良。）

If you are successful, you will win some false friends and some true enemies; Succeed anyway.

（当你功成名就时，你会有一些虚假的朋友和一些真实的敌人；但你还是要成功。）

If you are honest and frank, people may cheat you; Be honest and frank anyway.

（即使你诚实而坦率，别人可能还是会欺骗你；但你还是要诚实坦率。）

What you spend years building, someone could destroy overnight; Build anyway.

（你多年来苦心营造的东西，有人会在一夜之间把它摧毁；但你还是要去营造。）

If you find serenity and happiness, they may be jealous; Be

happy anyway.

（如果你找到了平静和幸福，他们可能会嫉妒你；但你还是要幸福。）

The good you do today, people will often forget tomorrow; Be good anyway.

（你今天做的善事，人们往往明天就会忘记；但你还是要做善事。）

Give the world the best you have, and it may never be enough; Give the world the best you have anyway.

（即使把你最好的东西给了这个世界，也许这些东西永远都不够；但你还是要把最好的东西给这个世界。）

You see, in the final analysis, it is between you and God; It is never between you and them anyway.

（你看，说到底，这是你和上帝之间的事，而绝不是你和别人之间的事。）

Mother Theresa
特蕾莎修女

我不是基督徒，我也没有要把这些写出来标榜自己，但是我还挺想让大家知道并试图理解我的幸福来自哪里，那种发自内心的不受胁迫、不受裁决的自由。当然最最重要的还是我很早就知道我自己想要的是什么，什么让我真正快乐。我要感谢我的父母一直以来的支持和“放任”，让我一直能够按照自己定义的幸福标准过我的一生，并把我喜欢做的事情变成我的事业和终生奋斗方向。对此，我毫不掩饰我的洋洋自得、沾沾自喜和无限感恩。

好了，不说了，再说下去就没朋友了。但我只是分享我个人成长的体会，不裁决、不比较、不说教、不辩解。一辈子说长长，说短短，每个人有自己的价值取向，只要自己心态好，不受攀比心、虚荣心和世俗眼光的绑架、拖累就好。也不要总是把对标的眼光定格在那些比我们表面上更富足的人群，却往往忽略了那些拥有的东西比我们少、获得的幸福却比我们多的人。

第四节 国际教育的生命力——预见未来

20 世纪末我在北大待了四年，21 世纪初我也曾在中国四所“双一流”的大学工作过四年，亲眼见过中国大学生从前和现在的状态。撇开少数特别明白自己想要什么的学生，大部分学生活得浑浑噩噩、蝇营狗苟，要么小心翼翼地盘算着毕业后如何找一份不失体面的工作，要么索性赖在学校里不敢离开。大学校园要么沦为精致的利己主义者的加工厂，要么成了他们逃避竞争的冠冕堂皇的借口。一旦发现自己虚度的青春并没有为社会创造更多价值的时候，他们内心的自卑更会发酵成为一种“眼高手低”与愤世嫉俗。

除了 Cowardice（怯懦）、Cynicism（犬儒）和 Vanity（虚荣），大学校园还盛开着另一朵恶之花——Academic commercialization（学术商业化）。没有气节的大学把学位当成礼物献媚官员，以换来资金和项目的支持。虽然中国从体制上早就走出了封建社会的时期，但很多人的精神还留在封建时代，对“学而优则仕”“金榜题名”和“顶戴加身”充满了阶级主义和特权主义的幻想。

20 世纪 80 年代，国家为了体现“尊重知识和人才”，出台了干部“年轻化、知识化”的英明政策，明确把高学历当成录用和提拔的重要条件，没想到却演变成了一场“博士大跃进”的灾难。用“博士帽”换更高级别的“乌纱帽”已经成为一种堂而皇之的交易和约定俗成。而更可笑可悲的是，“博士大跃进”造成了严重的“学术权力市场化”和“博士群体官场化”。

2007 年，中国已经超越美国成为世界最大的博士学位授予国家，而且超过半数以上的博士去政府当了官，而不像早年约有 90% 留在大学或科研机构里。有人一定会跳出来说，我们作为人口大国，拥有世界第一的博士人群是理所当然的“国之幸焉”，干部作为经营这个国家的精英群体拥有高学历，更应是理所当然的“民之幸焉”。

但如果你稍微调查一下，官员们的读博动机是什么？他们都修了些什么课？他们亲自去上了哪些课？谁帮他们写的毕业论文？他们工作应酬的日程表这么满，他们是用什么时间学习的？他们的博士和别人的博士有什么差别？中国的博士和美国的博士有什么差别？为什么美国很少官员有博士学位？你就差不多能想象隐藏在“大规模的学位半买半送”现象之下的学术造假和更赤裸裸的学历浮夸事实了。

我们中国人习惯了随大流，明明知道可能是死路，但因为前面还有 1 000 个人在走，他们就不会愿意停下来想一想，还有没有别的路。不信你就去北京南站观察一下，自动扶梯的长队已经堵成那样了，没有行李的人也不愿意去走楼梯，即使保安扯着嗓子劝。是懒吗？不是，跟围满了人的地摊大甩卖都会吸引更多的人一样的道理，在大多数人看来，人多的地方有安全感。因为自己失去了判断力，就愿意追随大多数人的选择。哪怕一起被骗，也多个人平摊了埋怨和自责。

就因为我们喜欢从众的恶习，因为我们不敢挑战现状的怯懦，大部分人还活在一种自己给自己营造的安全感里。中国虽然不像印度一样有臭名昭著的种姓制度，但阶级分化已经形成。大部分人的安全感是来自于看到脚底下还有不少人垫着底。我们会给自己催眠：无论时代怎样变化，先失业的，先被社会淘汰的，先被饿死的肯定不是我。

但事实真的是这样吗？此时此刻，其实无论是国际学校还是国际化学校，无论是体制内还是体制外的学校，都遇到了一个前所未有的巨大挑战。学生们的对手不再是跟你争抢保送北大名额或哈佛大学全额奖学金的同学，校长们的对手也不再是跟你争夺"谁考入北大清华或美国排名前50大学的学生人数更多"的隔壁学校，我们所有人正在面对一个更可怕的敌人——时间。

我们还没意识到人类社会已经悄悄地从互联网时代进入了人工智能时代，这个世界变化和发展的速度已经远远超出了我们的想象，但很多人对未来和人工智能却还没有生出足够的敬畏心来，或者可能因为我们对它还不够了解。那我们先来简单科普一下，根据未来科学家们的说法，人工智能可以被分为三个层次：

- 弱人工智能：擅长于单个方面的人工智能，比如Alpha Go(阿尔法狗)打败柯洁[①]。而且，它正在以进行时态发生在诸如无人驾驶、智慧医疗、金融交易、法律咨询等我们熟知的领域。
- 强人工智能：各方面都能和人类比肩的AI(人工智能)，人类能干的脑力活它都能干。当Alpha Zero不仅像Alpha Go那样能在海量数据中实现快速计算，还能学会学习的时候，我就有种不太好的预感。
- 超人工智能：在几乎任何领域都比最聪明的人类大脑聪明很多，包括科学创新、通讯和社交技能。也就意味着人类一直自信优于机器人的最后城堡——情感也已经被人工智能攻克了。

奇点大学校长、谷歌公司工程总监、谷歌未来科学家雷·库兹韦尔在他的《奇点临近》一书中，预测超人工智能出现的时间点是2045年。而对于强人工智能，专家预测出现时间的中位数为2040年。如果说，在这之前，人工智能还

① 中国围棋职业九段棋手。

在悄悄地、慢慢地在各行各业玩“换人游戏”，那么到了 2040 年，人工智能就很有可能要玩“杀人游戏”——在大多数人类从事的行业中无情地碾压人类了。

20 世纪 80 年代，小名叫“流水线”机器人让包括我父母在内的很多体力劳动者失去了工作岗位。而在未来几十年之内，小名叫“人工智能”的机器人也将用一个我们难以想象的速度揽下几乎所有人类目前从事的工作。那些自以为站在金字塔顶的高薪高俸的白领从业者，无疑将会成为下一波下岗大潮的主力，包括但不仅限于曾被家长们最希望孩子成为的会计师、律师和医师，以及那些什么都不管、只负责带领学生刷题的高年级单学科老师。

可能跟我从事的职业有关，我对时间特别敏感，比很多人更惶恐，甚至更悲观。很多其他领域更注重当下：今年研发了什么新的产品？这个月的 KPI 是什么目标？今天卖出了多少件货？而教育却是面向未来的，教育的效果和成绩往往要在十几年甚至几十年之后才能显现出来。所以做校长的那些年，我常常从噩梦中醒来，学生在梦里指责我：你们当年为什么没教我这个？

为了让大家有一个更直观的想象，我想邀请大家跟我一起回忆一下好莱坞经典大片《泰坦尼克号》里的几个画面。

> **画面一**：先灌进海水的当然是穷人和水手们住的底层船舱，住在更高楼层的有钱人冷眼旁观，还误以为自己能幸免于命运之手的玩弄。Rose 的母亲，这位没落的贵族夫人竟然还问救生艇有没有分等级的。
>
> **画面二**：Rose 的未婚夫 Karl 企图用钱去买逃生的席位被刚正不阿的船员拒绝后，又使出卑劣的手段，抱起一个陌生小女孩谎称自己是她唯一的亲人骗取本该属于妇孺的求生机会。
>
> **画面三**：当社会底层的人群发现唯一的逃生之路被担心有人跟他们争抢有限的求生机会的权贵阶层派来的船员堵死的时候，他们联合起来用武力砸穿了隔离贫富区的那扇铁门。

虽然泰坦尼克号的故事发生在一百多年前，但它所描绘的危机场景和众生百态却恰到好处地映射了当下我们所面临的危机。如果我们具体阐述这个比喻的现实意义的话：第一，冰川代表了科技，它既是人类赖以生存、发展、延续的淡水资源，同时也是撞漏了钢铁巨轮的罪魁祸首；第二，大海就像我们现在所处的这个最坏的也是最好的时代，它可以不声不响地托举起如“泰坦尼克号”一样辉煌的梦想，也可以瞬间变脸，掀起滔天巨浪，淹断你所有的资源，并吞噬你的生命；第三，泰坦尼克是我们这个社会的缩影，也代表了这个貌似固若金汤的旧体制，但一旦被撞开一个洞之后，将以我们猝不及防的速度土崩瓦解，如果整艘船都难逃沉没命运的话，船上的每一个人都不可幸免，只是个时间先后的问题。

我并没有鼓励大家都退学的意思，也并非想一棍子打死所有的传统教学方式，只是想提醒大家，大学文凭已经不一定是能保障你安全或温饱的一张一等舱船票。当被三姑六婆们问你“考不上大学还有啥出路?”这样过时的问题的时候，你倒不如反问一句：“大学毕业以后还有什么工作剩下?”

面对飞速发展且变幻莫测的未来世界，快速的应变能力和适应能力将成为最核心的生存技能之一，而绝不是仅仅靠一口流利的英文或哪所中外名校的一纸文凭。现代意义上的高效学习不应该是用“4 年读完本科”“本科毕业马上读个 3 年的硕士”这样大投入、长规划的方式去进行，而应该是“学一点、做一点、再学一点”的节奏，是一群大人和小孩一起“试错、反馈、迭代”往复循环的学习模式。

现在，稍微有点实力的家长都铆足了劲儿把孩子送去国际学校，或直接送去国外读大学甚至中学，还会因为孩子上的大学比邻居家小孩的学校高了几个排名而沾沾自喜，或者用不无幸灾乐祸的口气谈论着还在为买不买学区房纠结的亲戚，以为自己抢到了一张诺亚方舟的船票。

我很负责任地告诉你，虽然以英美为代表的西方国家的教育，在过去的几十年遥遥领先于中国，但目前大家遇到的是一样的挑战，一样逃不过时间车轮的碾压。不是我乌鸦嘴，说不定“船大难掉头”，那些百年历史、百年盛誉的名校也同时积累了百年包袱和百年灰尘，可能需要更长的调整和应对时间。

看到那么多家长还在集体无意识地用那套旧的逻辑去思考，把高考这场比赛的起跑线一再地往前推，甚至让本该让孩子好好玩的幼儿园都沦陷成拼识字数、词汇量、知识点、计算力的战场，我实在心急如焚。离孩子考大学还有整整 15 年，家长们有没有想过，这 15 年里世界会发生怎样翻天覆地的变化?如果突然有一天他们不需要高考了呢? 你这一切“努力”和对孩子的伤害就毫无意义了。

Scott 校长预计 MTC 要用 5—7 年时间完成“New Model”这套全新的评价工具的开发和落地。可是，第一，我们等不起，中国 0—6 岁儿童总数 1 个亿，6 年就是 2 个亿，想想他们的未来我就睡不着觉。第二，从以往的经验来看，美国挖一个地铁口的时间，中国三条地铁线都建成了。就像我亦师亦友的同事王建利博士常说的：“说不定我们弯道超车的时候到了!”所以，我们不光要参与MTC在美国的行动，我们还要在中国同时推动类似的测评工具的研发并加速它的发生。

反正我的死党已经调侃我不做教育家而要做呼吁家了，那我就索性再扯开喉咙喊一嗓子：如果我们还希望在2045年奇点到来的时候，有一群20—30岁最有创造力的年轻人可以跟人工智能对抗或对话的话，我们必须在2018年就毫不犹豫地开始这场全民的行动，让更多的跨界人才和资源果断加入这场激动人心的教育变革中，像一土学校、探月学院以及所有致力于教育创新的机构一样，勇敢而坚定地迈出顺应时代变化的步伐。只有这样，才有可能让中国的千年智慧重放光彩，才有可能让中国的下一代成为拯救世界的英雄。

在此书即将封笔之际，我有幸应英国惠灵顿公学之邀，与6位英国专家一起，对惠灵顿中国天津校区进行为期4天的年检。在年检过程中，我听了一堂别开生面的语文课，魏宗雅老师把讲台完全让给学生。Candy和Irene两位同学的导读，让我如寻回一位失散多年的老友般，心中淌过一股温润而激昂的暖流，也促使我决定用孩子们重新解读的这首戴望舒的《寻梦者》为本书画上一个句点，期望未来的教育，能让每一个大人和孩子都成为真正的寻梦者！

寻梦者

戴望舒

梦会开出花来的，
梦会开出娇妍的花来的：
去求无价的珍宝吧。
在青色的大海里，
在青色的大海的底里，
深藏着金色的贝一枚。
你去攀九年的冰山吧，
你去航九年的瀚海吧，
然后你逢到那金色的贝。
它有天上的云雨声，
它有海上的风涛声，
它会使你的心沉醉。
把它在海水里养九年，
把它在天水里养九年，

然后，它在一个暗夜里开绽了。
当你鬓发斑斑了的时候，
当你眼睛朦胧了的时候，
金色的贝吐出桃色的珠。
把桃色的珠放在你怀里，
把桃色的珠放在你枕边，
于是一个梦静静地升上来了。
你的梦开出花来了，
你的梦开出娇妍的花来了，
在你已衰老了的时候。

附　录

附录一　钱博士给准留学生家长们的一封信

孩子们的世界比我们的大

亲爱的家长们：

孩子留学，你们肯定比你们的孩子更着急，操更多的心，你们会对自己说："总不能让这么小的孩子自己独立去搞定一切吧？"但我特别想说："为什么不呢？在电脑还未普及的90年代，我们就已经做到了，在信息如此发达的今天更没有道理不可能。"千万不要因为你觉得孩子应该出国就让孩子出国，不要仅仅为了让孩子有更好看的简历而让他们去留学。

就好像旅行一样，你大摇大摆地走进旅行社喊一声："老子要出去玩一个月，花多少钱都无所谓。"旅行社的职员恭恭敬敬地帮你沏上一壶茶，在电脑上帮你选好目的地，订好头等舱机票、空调大巴和专车接送，订好当地最豪华的五星级酒店，有双语导游兼翻译全程陪同，照顾你吃喝拉撒睡——听上去是不是好省心？可这样的旅行还有意义吗？

留学也是如此，如果让那些自己都不一定出过国的"留学顾问"们帮你找好学校、选好专业，替你撰写个人自述，帮你搜集甚至伪造成绩单和推荐信，找人替你考试，冒充你面试，然后还帮你申请签证、订机票、安排美国的接机、租房子……那就很容易导致这一服务的继续延伸：找人代你去上课、帮你做作业、替你写论文，最后再给你造一份假文凭——功德圆满——但这样的留学还有意义吗？

家长又问我：你说这个不能做、那个不能做，到底我们能做什么？我觉得你们该做的第一件事就是坐下来，好好听一听孩子自己的想法。他们的世界注定比我们大人的世界更大！别轻视他们，说不定他们真的有一个拯救地球的梦想呢！你想提供、你能提供多少支持我们先不讨论，我们大人能不能至少给到他们道义上的支持，让他们不轻易放弃这个梦想。

孩子可以更新，甚至可以改变梦想，但永远不要评价和轻视他的梦想。让孩子学会有他自己的想法，让他逐渐拥有自己独立面对这个世界的勇气。这种可贵的品质，一半是像音乐家的耳朵、美食家的味蕾一样是天生的，一半是像童子功一样从小练起来的，而不是大人们教会的。

如果你真的想为孩子做点什么，带他去旅行吧，带他去看看世界吧！让他去看那些曾经让你屏住呼吸的地方，让他去经历你和你的伴侣在生他之前做过的事情吧！或许你因为忙着养家糊口已经不记得什么值得再去的地方，那就让他带你去一个你也没去过的地方吧！让他见到那些在课本里面、在校园里面见不到的东西吧！让他写作文的时候讲属于他自己的故事、真实的故事吧！

让他跟你一起做家务吧！一个从来没进过厨房的人即将要去到一个饮食文化跟中国完全不同的地方，你不担心他会吃不饱吗？你也希望他深更半夜打越洋电话回来，问你西红柿炒鸡蛋应该怎么做吗？还是你想烙一张巨大的饼让儿子套在脖子上去留学？或是你要让他把脏衣服寄回来让你洗完再寄回去？你真的以为他天生就知道勾芡的时候得先用凉水和淀粉而不是干粉直接洒进汤里吗？

让他进入到你的工作圈子吧，让他看看你们这些大人们到底在干些什么吧！如果连你都不喜欢你的工作，那就索性让他嘲笑你无聊的工作吧！至少当他做选择的时候可以先划掉这个选项！也让他知道你作为父亲，为了让他能衣食无忧，必须做这无聊的事情，让他至少学会感恩吧！或者跟他谈谈你未竟的梦想吧，如果你还没有忘记的话！

跟他一起去做志愿者吧！如果你实在没时间，至少鼓励他去做义工吧！你们都先把"这个大学排名多少？""这个专业将来能不能帮他找工作？""这个大学的毕业证能为他带来什么好处？"这些蝇营狗苟的问题先放一放吧！先问一问"你想为这个世界做点什么？"吧！我们当下的教育已经为这个社会培养了太多精致的利己主义者，再多一些这个星球就不再适宜人类居住了。我们需要几个真正的领袖、真正的英雄，能把自己从索取者变成贡献者的人。

这时候家长们或许会用老祖宗的话来反驳我："人不为己天诛地灭。"这个世界如此残酷，竞争如此激烈，不狠一点，不自私一点，不钻营一点，怎么混得下去？连老天爷都不会帮你。我的老天爷唉！中国有很多以讹传讹的成语，这句话是对社会祸害最深的。大家都知道"为"是个多音字，而这句话里的为是应该念第二声的，是成为的"为"，而不是为了的"为"，说的恰恰是，"如果人不能成为自己，连老天都不会眷顾"。而反过来，如果一个人找到了那件让自己废寝忘食的事情，做一千遍、一万遍，他一定会成为这个领域的佼佼者，他一定不用担心养活自己的问题，还有可能让这个世界为他感到骄傲。

跟他聊一聊自由吧！无论他出不出国，他很快就要获得这个珍贵的宝物了。无论你想不想，你也必须面对放飞他的时刻了。一只从小被圈养的小狮子放回丛林将没有生存的机会，一个被“呵护”了一辈子的人突然得到自由的时候，他是不懂得怎么使用的，后果也是很严重的。与其等到他上飞机的那一刻你才剪断那根风筝线，然后听天由命，不如提前让他知道他已经是自由的。

但同时也请告诉他，世界上没有绝对的自由，让他理解什么是有节制的自由，什么是有条件的自由，什么是有责任的自由。获得这种驾驭自由的能力只有一条捷径：从小给他更多的自由和做选择的权利，以及为自己的选择承担后果的机会。更多的自由培养更多的责任，那种“两耳不闻窗外事”的孩子是读不好书的，那种“我想干什么就干什么”的孩子也终将一事无成。

不要帮他或者花钱让别人帮他完成所有的申请工作，甚至帮他选专业。甚至还告诉他万事不用他操心，爸爸都能花钱帮你搞定。我还真的见过这样的蠢货父亲，因为不忍心让孩子吃学车被教练骂的苦，竟然托人花钱给孩子买了本驾照。不知道是不是自己亲生的，怎么可以用这么残忍而危险的手段去爱你的孩子?!

难道真的被不知所措的父爱冲昏了头脑，以至于不明白“用钱买来的东西一定不值你花的这些钱”的简单道理？更何况是花钱买一张通向悬崖的 VIP 贵宾快速通关卡。中国人爱找关系、爱抄近路的心态存在太久，以至于成为一种积习、一种恶习，需要极大的自制和勇气才能克服。“鄙视链”的出现更进一步加深了大家的焦虑和恐慌，只能加倍地努力去积累更多的物质财富，搭建更广泛的人脉来给子孙后代一个所谓的保障。殊不知，在此过程中已经付出了巨大的代价。你创造的条件越多，剥夺孩子独立成长的机会也越多。

教育是知行合一的事情，理论学了太多没有用，最后必须要付诸行动才是真正的学习成果。留学也是教育，不能超脱于教育的基本规则和规律。爸爸妈妈们，不如学会示弱吧！学会跟孩子说“这件事爸爸也不会，我们一起来找到答案好吗?”“这个包很重，妈妈一个人拎不动，你可以帮我吗?”我相信这是把一个男孩子变成一个男子汉最简单有效的工具，也是所有打算放飞孩子的父母的一门必修课，如果不及格，就别送孩子出国。

钱志龙　教育博士
2017 年 10 月 10 日

附录二　中国教育生态缩影图

在过去的一年半里，我带着"教育的本质到底是什么?"等一系列问题走访了国内外200多家学校、科研单位、创新机构及教育媒体，参加了几十场教育界的各种论坛、峰会、演讲、培训。同行们给了我很多启发和教诲，借此机会向他们一一致敬并致谢，也借他们的存在，描绘一幅中国教育生态缩影图，为有志于重构中国教育生态的小伙伴们勉力提供一份尚不完整的索引(排名不分先后)。

(一) 学校及教育研究机构

北大附中(王铮、Spencer)

探月学院(Jason、Zale、Lu、Hans)

一土学校(李一诺、申华章、郭小月)

惠灵顿中国教育集团(乔英、Helen)

惠灵顿上海校区、天津校区、杭州校区(Gerard Macmahon、Julian Jeffrey、Paul Rogers)

世外教育集团(徐俭)

协和双语学校(卢慧文、全力)

昆山杜克大学(Denis Simon、刘经南、李含果)

成都先锋学校(刘晓伟、崔涛、桔子)

成都好奇学校(池晓)

蒲公英泉源学校(张传勋、周浩)

北京中学(夏青峰、任炜东、刘乃忠、文娟)

北京市八一学校(沈军、朱凯、陈咏梅)

二七一教育集团(赵丰平)

潍坊昌乐二中、潍坊峡山双语小学、潍坊瀚声国际学校(张申、韩相福、王守海)

百年职校(姚莉、张力)

京西学校(柯马凯)

青岛桦园学校(薛清)

君诚国际学校(张爱君)

成都万汇教育集团（宋栗汶、蓝继红）

西华国际学校（简劲宏、Greg）

上海临港中学（周晓敏）

云谷学校（冯晨、Cherry、香港汉基国际学校方泰德、华倜）

孔裔国际学校安仁分校（孔令涛）

成都华德福学校

北京师范大学（刘嘉学、王立军）

北京南山华德福学校（唐莹莹）

合肥市屯溪路小学、合肥师范附小三小、合肥市望湖小学、合肥师范附中（陈雪梅、陈罡）

苏州国际外语学校（Helen）

清华大学继教学院（合肥包河区80位校长、80位园长、清华附小CBD校区）

对外经贸大学北京中国学中心（Jim Caime）

一土教师领导力学院（金英玉）

北大附中朝阳未来学校（纪科）

福山正达国际学校（石惠新）

温莎双语幼儿园（张建春、金海燕）

伊顿国际幼儿园（王伟）

互联网教育学院（吕森林）

北京电影学院（张磊）

天立教育集团、中美教育研究协会（邓婷）

西安欧亚学院（陈阳、苗婷）

重庆巴蜀学校（李永强）

海德京华国际学校（Jennifer Sachs）

河北省保定市师范附属学校（王淑英）

清华凯文国际学校（王实）

北京民族小学（马万成）

成都棕北中学（张华）

成都棕北小学（徐映）

成都华阳中学（祝长水）

扬州梅岭小学（陈文艳）

新教育实验（朱永新）

中国教育科学研究院（王素、徐艺广）

21世纪教育研究院(杨东平、黄胜利、马志娟)
蒲公英教育智库(李斌、张莉)
北师大教师教育研究所(袁丽、宋萑)
中科院自动化所青岛智能产业技术研究院(刘希未)
北京市海淀区教研院(吴颖惠)

High Tech High, CA(Larry Rosenstock)
Minerva University, CA(Robin、Eoin、书草)
Make School, CA(Jeremy)
Stanford University, CA(Duarte Silva)
Buck Institute of Education, CA(Bob Lenz)
Google, CA(Edel、Michal、Adam Braun)
Apple, CA(Selina Huang)
Konstella, CA(Eric)
Summit High School, CA(志敏)
Sonoma Academy, CA(Janet)
Media Lab @ MIT, MA(Tracy)
Rhode Island School of Design, MA(Barbett)
School of Education & Business School @ Harvard, MA(施一帆)
Case Western Reserve University, OH
Hawken School, OH(Scott Looney)
Mastery Transcript Consortium, NY(Stacey Caldwell)
Unleash the Power Within, NJ(Tony Robins)
Gordon College of Education, Israel (Yeheskel Taler, Igalsheinis, Galit Caduri)
The Green School, Bali, Indonesia (Tirka Widanti, Leslie)
A Ballet School in the Slum, Kenya (Michael Wamaya)
A Monastery School in Kathmandu, Nepal (慧光法师、叶师姐)

(二)教育峰会、论坛、演讲、培训

LIFE峰会(杨东平、黄胜利、Laura McBain、臧秀霞、吴虹、李迪)
蒲公英核心素养峰会(李斌、李蓓、李大圣、孙明霞)
顶思国际学校峰会及TIDE国际教师发展大会(Ivan、Kelly、Tony Jackson、王燕)

高顿教育女性领导力论坛(李亦非)

中国园长发展论坛武汉场、西安场(李俊杰)

耶鲁中心教育论坛(John McBryde、Caleb Archer、王实)

新高考改革下学生发展指导体系建设研讨会(朱凯)

地球之眼 *Most Likely to Succeed* 观影会及教育私享会(葛儿、飞岩)

昆山杜克大学北大附中论坛(Denis、王建利、秦春华)

教育创新论坛及工作坊(黄兆旦、Bill Gaudelli、Ahmed Hussain、Ami Dror、沈元骏、江冰)

探月芬兰教育小论坛(Pekka Peura)

翊翎资本 Mars Day 及未来教育中心论坛(王斌、刘经南、刘丽彬、海远、张璐鸥)

协和双语学校跨校区师训及软实力国际研讨会(卢慧文、全力、James Waldron、占胜丽)

有养学院大师课(周洲)

北京国际图书博览会(张保庆、王旭明)

探月学院 *Most Likely to Succeed* 观影会(Philip Bossert、马志娟)

新学说国际学校在线四库全书发布会(吴越)

北京市八一学校、青岛榉园学校、北京陈经纶中学、河北保师附属学校 STEAM 教师工作坊

芥末堆 GET 大会(陈一帆、詹娜)

北京大学教育学院形成性评估论坛(陈向明、黄晓婷、Brent Duckor)

TEDx 崂山场、TEDx 北大附中场(Lisa、崔璐)

一土嘉年华及中芬教育之夜(李一诺、梁晓燕、祁靖一、周文胜、金穆兰、Jinjing、郑德林)

探月学院《让学校重生》《为孩子重塑教育》图书中文版发布会(Ted Dintersmith、魏薇)

国际儿童音乐节(Rebecca Kanthor)

长江游轮上的群岛大会(顾远、周贤等)

《耐撕爸妈》录制(周洲、凯叔、毛大庆、阿雅)

《带路英雄》拍摄(王晓甜、Angel Chen)

《无用》纪录片拍摄(张磊和人类之光团队)

Crossboundaries Summer Social(董灏)

北大附中集团校音乐节(龚琳娜、老锣、涂冉)

中国营地教育联盟课程工作坊（赵蔚、Angel、付永、王旭）

问对教育智库“第一线校长”培训（李勇、马东贤、赵腾达）

成都“叶子客厅”（叶子姐、灯灯哥、姚曦、施济、白雪、童晓喵、奕萍、小七）

蒲公英项目制学习峰会（李斌、梁国立、白宇极、张涛、Carrie）

国际化教育行业年会（马学雷、欧阳华、刘国荣、哈罗、余苏、益孟德）

探月学院开放日（杨东平、刘丽彬、Stacy、华倜）

夏威夷大学校友会（David Lassner、贾婷、Cindy、Daniel、Weiwei）

上海人寿教育论坛（范萌莉、宋菊花）

MAP 第二届教育评价国际高峰论坛（王兰柱、陈曦、刘晓）

惠灵顿教育节及惠灵顿天津分校年检（Steve Jacob、David Byrne）

金融博物馆先锋大讲堂（崔玲、盛佳）

探月学院引导技术法、哲学元问法、项目制学习、测评工作坊（Michael、Oscar、Mark、Billie、SCALE）

北师大基础教育监测与评价学术年会

未来学校创新教育国际论坛（王建利、姚曦、Frank Locker、史超、罗清红）

成都探月行（陈静萍、薛野、张璐、梁俊、天投集团领导）

北大教育学院 PISOM 培训班（范皑皑、吴越）

乡村笔记——湘西写作营（汪星宇、金一斐、杨涵茵、子茵、Frank）

DE 未来训练营演讲“重新想象教育”之“柴达木百公里徒步”（付永）

（三）教育培训机构、媒体及独立教育工作者

教育投资	翊翎未来教育中心（王建利、王斌、徐海远）
	北京艺美公益基金会（陈铉美）
	唯猎资本（老肖）
素养教育	CareerX（黄尔诺）
	儿童戏剧教育专家（叶逊谦）
	百造学堂（连晓刚）
	ATAG 观美教育（涂冉）
营地教育	启行营地教育（赵蔚）
	天使与坚果派（陈蓉）
	一念间主题客舍夏令营（王芳）
	石舍学校（老黄、草妈）
	DE 徒步（付永）
教育科技	葡萄教育科技公司（阿泰）

	云脑科技(张本宇、龙志勇)
	酷课创新教育(郭鹏)
	华师大科技园思来氏教育测评(Nash)
教师培训	开普博雅(王建利、Nancy)
	一初教育(吴霞、竹晞)
	重庆课堂内外教育集团(段晶鑫)
	日敦社(叶子姐、灯灯哥)
教育地产	麓湖生态教育创新城("罗三最")
	阿那亚小镇(马寅)
	天府新区投资集团(张璐)
	金地教育(王南、马远新)
	金茂教育(费英卓)
文学素养	童书妈妈(三川玲)
	凯叔讲故事(王凯)
	大美汉字(廖蓉、苏金良、孟德宏)
	文而已读书会(顾成文)
	《给孩子的童年书》(张贵勇)
	网红作家(红娘子)
留学准备	优你教育(黄兆旦)
	出出国和卡思科领导力学院(张哲)
	环球学生汇 EduCare(Gin、翁韬)
	嘉沃教育(Kathleen)
家长教育	幸福种子(陈航武)
	兰慧 U+(顾秋香)
	动能教育(欧爸、刘锦明)
	父之爱教育(董振刚)
	家学研究专家(杜正之)
	儿童教育作家(小巫)
	《生命合伙人》作者(戴亚楠)
乡村教育	美丽中国(潘勋卓、尹芳)
	昌平农家女学校(吴浣苓、罗兆红)
	真爱梦想基金会(潘江雪、谢鹏)
	乡村笔记(汪星宇)

灵性教育　尼泊尔中华寺(河源法师)
中国佛协(圆慈法师)
易经专家(Roger Coe)
彼得圣吉高徒(倪韵岚)

教育媒体　《新教育家》(姚曦)
《中国教育报》(张圣华)
《中国教师报》(何炳章、雷振海、郭瑞)
《新课程评论》(杨鸿燕)
《菁 Kids》(杨姣、Venessa Jencks)
《Little Star》(Xing)
《留学》(王阳)
《新京报》教育版(巫慧)
《招商银行黑金卡会员刊教育特刊》(王抒今)
腾讯教育(沈珂)
搜狐教育(王学涛)
芥末堆(初九、陈一帆)
外滩教育(厉校麟)
蓝橡树(张伟琪)
新学说(吴越)
一起上私校(彭昆)
远播教育(李霞、Alex)
博雅小学堂(邓瑾、赵凌)
中国网教育频道(曾瑞鑫)
爸爸真棒(曹慧颖)
央视国际频道(王宁、潘登)
华文书局出版集团(胡俊生、周磊)
南京师范大学出版社(戴联荣、丁婧)
广西师范大学出版社(赵艳)
三联出版集团(王博文)
湛庐文化(董寰、郝莹)

此外,以下还有一些我已结识了掌门人,未来期望拜访的机构。它们分别代表了传统教育、财商教育、自然教育、美学教育、双语教育、性教育、公益教育、生命教育、学前教育领域，以及体制内外的各种创新教育的探索实践，也构成了中国教育生态繁花似锦的版图。在此一并致敬，也十分期待日后的共同切磋与交流（排名不分先后）。

安格先锋学院（黄娟鹃）、石家庄创新国际学校（胡佳孟、辛天明）、德稻PBL（Luke）、学语文（王真华）、深圳中学（高清）、简耕教育（刘芳）、英国家庭营地教育（Esther、Simon）、童行（郝景芳）、GATE青少年财商教育（Helen）、乐高基金会（Georgine）、北京市朝阳区教研中心（田虹）、北京市朝阳区教育科学研究所（陈磊）、NYU上海现代舞系（Aly Rose）、Steve Jobs School（Maurice Hond）、新东方满天星（周佳）、儿童性健康教育国际研讨会（熊芬）、新英才学校（蓝春）、巴蓝思创新教育（邝其昌）、亦庄耀华国际学校（王浩镔）、十一学校（赵俊）、中锐教育（毛恩）、苏州科技园区海归子女学校（华晓杭）、福州树德学校（邱淼淼）、善行者徒步（刘菁媛）、元培学堂（赵孝萱）、上海兴伟学院（陈韦明）、OEC青少年社会自然教育（徐鹏）、半书房（黄祥风）、英孚教育（Lucy）、深圳梅沙书院（王赫）、伊顿学园（陈忠、王方）、谦谦自牧学堂（王胜岭）、埃尔特教育（张释文）、YIA青少年创新学院（孙海虹）、深圳山之雨华德福（王羲烈）、游美体验营（Marc、李景辉）、鼎奇幼教（翟乾宇）、东莞市道明外国语学校、小牛津学校、TLC School（李元正、Sally Cheng）、上海美国学校（Sue、Crickett）、大嘴巴皮影戏工作室（崔鹏）、上海常青国际学校（张恒）、中华教育改进社（夏涛）、小苹果树学堂（宋立慧）、一公斤书包（安猪）、深圳蛇口学爱会（青芒果）、伏羲学校（姜来、华洁）、牛栏山一中（李惠）、一起读书墨迹留香（揣淑茵）、EverKids（红杏）、乐行公社（金山）、清华终身学习实验室（赵荻）、阳光书屋（高任骋）、营天下（Lily）、吴虹（沪江网）、时光印记（阮同民）、瑞思教育（王辉）、平和国际学校（万玮）、西外外国语学校（林敏）、日日新学堂（王晓峰）、天悦国际学校（高薇）、浙师大附属永康崇德学校（林刚丰）、家庭美育（大非）、Whittle School（Charles）、子乐学堂（老涂）、南京大禹童军会（张约麦）、新灵犀空间（廖晶）、启明书院（肖剑雄）、《中国创新教育》作者江学勤、深圳莲心仁智实验学校（赵丹）、新教育教师互助协会（季小菁）、娟子妈妈讲故事（王娟）、合肥八中（王建明）、扶鹰教育（张恒溢）、乐成国际学校（王燕）、立洋教育（李艳萍）、北京中芯学校（周宪明）、博实乐教育集团（程晋升）、中黄国际教育集团（崔建社）、赫德国际学校（华洁）、北外集团（范晓红）、晟华教育（陈育梅）、上中国际部（刘炼）、嵊州逸夫小学（马东贤）、远川阅读（张建）、深圳明德实验学校（程红兵）。

群岛大会部分成员：AHA 社会创新研究院（顾远、周贤）、澳门同济慈善会（Sherry、李黎、常江）、三有 PBL 开源实验室（周华杰、沈立岑）、Why Us（张熹）、乡村公益教育女神（梁晓燕）、蜗牛电台（白雪）、本一书院（王海铭）、益博公益阅读（余炳廷）、Dreamook 萌克教育（邓豪）、杂学校（苏仰志）、特殊儿童性教育（Mag）、海星创学社（Anna）、儿童得道（Amelie）、达到（丁晓雯）、可能教育（赵介亭）、Flow 学院（胡小越）、乐行（钟进、高菲、圆子）、即兴派（诗曼）、蓝鱼书店（许冬）、爱豆豆性教育（李治浩）、中国文化产业基金（陈财茂）、同心互惠社、同心童子军、益游学（Lulu、王博）、独立教练（静雯）、巴别梦想家（璐瑶）、教育天使投资（黄显峰）、乐鱼儿童成长空间（Tim 谢明泽）、自然之觅（李想）、ICE-Interchange Education（詹娜）、爱大爱创心社（刘雪梅）、歌路营（杜爽）等。

后　记

读完这本书，我希望你已经不再只纠结于“送不送孩子去国际学校”“送不送孩子出国”的二元思维里，或“给孩子报什么兴趣班，给孩子补点什么课”那样的问题里欲罢不能。无论你是家长，还是教育工作者，或者你是年轻的学龄读者，我都希望你跟我一起，踮一踮脚尖，尽你最大的能力眺望一下未来，想象一下10年后的世界、10年后的你，以及你在这个世界中所扮演的角色。

我有一些同龄的甚至比我更小的朋友，正在经历提前到来的“中年危机”，担心着自己的工作分分钟被机器人替代，担心着自己“比下有余”的薪水会成为老板裁员的优选目标，担心着没有足够的竞争力重回就业市场去和年轻人竞争同样的工作岗位，他们体力好、期待低、耐加班、搬家容易、交通成本低、养老养小的责任少、大病小恙的概率小、生儿育女的时间迟……

即使工作相对安稳的那些，也没好到哪里去，终究不是自己喜欢的事情。当年只是因为父母的一个“学好数理化，走遍天下都不怕”的执念和没有商量余地的强行干涉，选了一个“更容易找工作”的专业。现在为了养家糊口，日复一日做着那份没有激情的差事，往往又因为没完没了的加班根本无暇去享受那所谓的更好的生活。

我不知道怎么安慰他们，因为我也是他们，我也有点小紧张，甚至有点不自信，经常感觉对年轻人聊的话题一无所知。唯一让我感到笃定而庆幸的是，我无比热爱我做的事情，我也不觉得我的工作会太快被机器人取代。因为我仍然可以为了一个有关教育的想法兴奋得睡不着觉，因为我还经常为了有关教育的事情开怀大笑或泣不成声，而机器人最不容易取代的就是那些要投入情感去做的事情。

不过有一件事情悄悄发生了变化，以前我特别喜欢跟比我年长的人在一起，他们能教我好多东西，但是最近我发现自己越来越嫌弃那些人还没老心已经老了的人。他们用一个巨大的透明玻璃柜盛着自己的学历、职称、官衔、经验、成就，甚至所遭受的苦难，小心翼翼地高举着玻璃柜招摇过市，对未来一副有恃无恐的表情。我怕和他们一起做事，我怕和他们辩论，我怕和他们说不明白。当我提醒他们机器人将会取代人类时，他们挥舞着拳头大喊："不可能！机器人再厉害，不也是人类造出来的嘛！"当我告诉高中老师，学生没有他们也一样可以学习的时候，他们又跳起脚来大喊："不可能！我们教师是人类灵魂的工程师！"

相反，我现在一天不和年轻人在一起，就没有安全感。一有机会，我就愿意和他们一起做点什么没做过的事。我会竖着耳朵听他们在聊些什么，我能学到些什么新的东西。我最近跟年轻人学到的就是区块链技术以及它对教育，尤其是教育评估的借鉴价值：

第一，真实性。首先，我们需要大量的数据沉淀，才能更精准地判断学生的学习行为习惯。而区块链技术的信任机制，保证了海量数据的真实性。用人单位除了可准确获得学生的学业成绩之外，还能了解那些纸笔考试成绩之外的信息，包括那些在工作中更重要的软实力及其他职业素养，实现应届毕业生与用人单位的高效对接。最后，高校可利用区块链技术的"真实性"特质，构建安全可靠、不可篡改的学生信用体系，助力解决学生信用缺失及高校学历造假等问题。

第二，去中心化。一方面，区块链的去中心化特性，将使得各大在线教育公司减轻对中心服务器的依赖，降低对中心服务器的维护和优化成本。另一方面，基于区块链技术的"分布式"特性，可将从不同教育机构修来的学分或学习成果绑定、组合，申请认可此学习模式的教育机构的认证。

第三，可追溯性。区块链技术的可追溯性，使得查询学习者过往完整的学习经历成为可能。我们可以更全面地分析学生的学习行为，可以对学生的学习成果与学习过程进行更精准的评估，同时还能实现对教育资产与智力成果的版权保护，从源头上解决知识产权纠纷问题。

现在很流行《爱丽丝梦游仙境》里红桃皇后说的那句话："在这个国度中，必须不停地奔跑，才能使你保持在原地。"王建利博士常说："我们在跟时间赛跑。"Jason 也经常引用奇点大学的校长库兹韦尔对 2045 年人工智能将不可避免地超越人类智慧的"奇点预言"。以此倒推，如果寄望让 2045 年 25 岁的年轻人还有机会跟人工智能对话或对抗的话，我们只剩下短短 2—5 年的时间更新我们的教育生态系统。

如果你读完这本书，感觉心里有个声音在跟你说话；如果自我诊断后发现你跟我一样，觉得自己的心理年龄比生理年龄小，年少时的梦想也还没死透；

如果你对宇宙和自然心存敬畏，肯放下之前取得的成绩和荣誉，愿意成为一个终身学习者；如果你对蝇营狗苟、精致利己的生活已心生厌倦；如果你对教育有发自内心的热情，并愿意为重塑中国的教育生态做些什么，或许我们可以聊一聊。

钱志龙博士微信公众号二维码

1 2

3

1. 探月学院创始人 Jason
2. 探月学院联合创始人 Zale
3. 与翊翎资本团队拜访昆山杜克大学

4 4. 昆山杜克大学校园

5 5. 昆山杜克大学校园夜景

6
7

6. 与恩师徐俭校长
   同台演讲
7. 271教育集团赵丰平
   总校长

8　8. 一土学校的孩子们给自己准备午餐

9　9. 一土学校创始人李一诺（右一）和郭小月校长（左一）

10
11
12

10. High Tech High 创始人Larry Rosenstock

11. Make School 创始人Jeremy

12. Minerva 大学CEO Robin(右一)

13
14

13. 对Jason 和他的梦想百般呵护的王铮校长
14. 惠灵顿中国创始人乔英理事长

15　16

17

15. 启行营地创始人赵蔚

16. 新学说国际学校四库全书发布会

17. 与尼泊尔沙弥学院的小沙弥们在一起

18
19

18. 蒲公英智库创始人李斌（右二）和舒大军校长（左一）

19. 与百年职校张力校长（右一）达成“钱志龙奖学金”发放意向

20
21
22

20. 怡海教育集团的同事与学生们

21. 培德书院的教工团队

22. 在中国传媒大学校园里

23
24
25

23. 一土团队访学271教育集团

24. 青苗国际双语学校顺义校区教师团队

25. 青苗国际双语学校东润校区创始团队

26
27
28

26. 国际教育创新教学论坛

27. 教育创新教师工作坊师生

28. 中国教育科学研究院王素所长（前排左三）及其团队

29. 青岛榉园学校创新教育工作坊
30. 纪录片*Most Likely to Succeed*的制片人Ted（右三）
31. BIE 掌门人Bob（左二）和Brent教授（左一）
32. 以色列Gordon师范学院院长 Yeheskel（右二）

33
34
35

33. 罗德岛设计学院 STEAM推动者Babetta（右二）

34. 哈佛商学院的中国学生们

35. 斯坦福大学教育学院Duarte 教授

36
37
38

36. MTC 总裁 Stacey（左三）访问北京中学

37. MTC 发起人Scott校长（右三）

38. MTC总裁Stacey（右三）访问八一中学

39. 乡村笔记湘西研学写作营

40. 成都叶子客厅的教育创新斗士们

41. 《新教育家》杂志社社长姚曦（左一）和问对教育掌门李勇（右一）

39

40　41

42

43　44

42. 肯尼亚基贝拉贫民窟的孩子们

43. 巴厘岛Green School的校长Leslie

44. 送加德满都孤儿院的孩子们上学